«Über dem Kibo wohnen Leute, die heißt man
Wakonyingo. Männer und Frauen werden dort so groß
wie anderwärts die Kinder. Ihr Kopf aber ist viel größer
als bei anderen Menschen. Darum strecken sie sich
nicht zum Schlafen aus wie wir, sondern setzen sich nur
an die Hauswand, und so schlafen sie im Sitzen
und angelehnt. Fällt aber einmal ein Mkonyingo hin,
dann kann er sich nicht allein wieder aufrichten,
weil sein Kopf zu schwer ist. Er muss warten,
bis ihn seine Genossen aufrichten. Jeder Mkonyingo
trägt deshalb ein Horn an der Seite, damit er um
Hilfe blasen kann, wenn er hingefallen ist.»

Bruno Gutmann, «Volksbuch der Wadschagga.
Sagen, Märchen, Fabeln und Schwänke,
den Dschagganegern nacherzählt» (1914)

P. Werner Lange

Traumberg Kilimandscharo

Vom Regenwald zum tropischen Eis · Ein Reisebericht

AS Verlag

www.as-verlag.ch

© AS Verlag & Buchkonzept AG, Zürich 2008
Gestaltung: www.vonarxgrafik.ch,
Heinz von Arx, Urs Bolz, Zürich
Druckvorstufe/Fotolithos: Matthias Weber, Zürich
Fotografien: P. Werner Lange
Druck und Einband: Kösel GmbH & Co. KG, Altusried-Krugzell
ISBN 978-3-909111-51-0

Inhalt

KAPITEL 1

HINTER DER FENSTERSCHEIBE

Jenseits von der Schranke, dort drüben im anderen Land, steht ein Affenbrotbaum: bleifarben, riesig, mit flaschenförmigem Stamm und merkwürdigem Astwerk, das an Wurzeln erinnert. Aus den Wolken und am Stamm eines solchen Baumes herab, so wird es erzählt, sind die Menschen einst auf die Erde gekommen. Sie ließen sich Zeit dabei, denn Affenbrotbäume leben ewig. Und vor allem durfte eines nicht geschehen: Wer eine der zarten, nach verwesendem Fleisch riechenden Blüten abbricht, der endet, das weiß hier jedes Kind, im Rachen eines Löwen.

Im Schatten des Baumes liegt ein Hund mit schlammverklebtem Fell und sieht mir mit fiebrigen Blicken zu. Um ihn nicht zu reizen, gehe ich behutsam von Kenia nach Tansania. Der Hund bemerkt es und sieht jetzt wohlwollend herüber. Dann steht er auf, nagt einen Augenblick lang unschlüssig an einem Lauf und kommt mir hinkend entgegen.

Es wäre sinnlos gewesen, nach der Passkontrolle in Kenia wieder in den Bus zu steigen, der mich von Nairobi nach Namanga gebracht hat und jetzt den ziegelroten Fahrweg hinabrollt, wenige Meter nur, von einer Grenzstation zur anderen. Vorbei an Händlerbuden, die aussehen, als ob sie aus Treibholz gezimmert wären und allein von vergilbten Plakaten zusammengehalten würden. Die Blätter preisen die Wirkungen von Waschpulver, Wurmkuren oder Hautbleichkreme: BE AS NICE AS SHE IS! AND THEY WILL ALWAYS LOVE YOU! Darüber das lachende Gesicht der Sängerin Whitney Houston mit falschem Haar, falschen Wimpern und lackierten Lippen. Davor der Hund und ich.

Weiter vorn umringen Maasaifrauen in rotbraunen Lederumhängen den Bus und reden drängend auf die Fahrgäste ein.

«Necklaces, Maasai milk-bottles, Maasai milk-bottles!»

Sie schwenken Halsketten aus bunten Glasperlen und schwefelgelbe, mit Brandmalereien verzierte Flaschenkürbisse. Die rasierten Köpfe glänzen in der Sonne, unter den Umhängen sehen die glatten, braunen Storchenbeine hervor. Auf Schultern und Gesichtern, selbst noch in den Augenwinkeln, kriechen Fliegen umher.

Immer sind es Frauen, die handeln. Ich habe Maasaimänner auf Motorrädern daherkommen sehen – fast nackt, einen Speer oder ein Mobiltelefon in der freien Hand –, als Nachtwächter, Reiseführer, Lehrer oder Lastwagenfahrer und als Diamantenaufkäufer im Vorhof der Hölle von Mererani, doch niemals als Händler in einem Laden oder an der Straße. Vermutlich sind sie zu stolz dafür. Vielleicht überlassen sie solche Geschäfte auch notgedrungen den Frauen. Maasaifrauen sind stark. Es gibt da sonderbare Dinge, das Alkishuroto zum Beispiel: ein

Krieger zu werden, ist der Traum jedes Maasaijungen. Krieger zu sein, heißt stark, furchtlos und listenreich, aber auch selbstlos und sanftmütig gegenüber Schwachen und der Gemeinschaft sein.

Brauch, bei dem Frauen dem Vieh eines Mannes, der sich gegen Lebensregeln verging, schon einmal die Beine brechen oder seinen Lieblingsbullen schlachten. Ein Brauch, bei dem sie ihm Schmach bereiten, indem sie ihn mit Kuhdung beschmieren oder ihn gnadenlos verprügeln. Auch weiß man nicht recht, was sie während ihrer geheimen Zeremonien unter heiligen Bäumen oder am Gottesberg Oldoinyo Lengai treiben, ob sie dort wirklich nur um Fruchtbarkeit bitten.

Ringsum liegt Steppe: verdorrtes Gras, stachlige Flötenakazien und nach Kampfer duftende Leleshwabüsche. Es ist Grenzland, sichtbare Absurdität – hier wie dort derselbe Himmel, dieselben Büsche, eine Fahrspur im roten Lateritboden. Mir fällt ein, dass Karen Blixens freudloser, irrwitziger Schwede Emmanuelson, dessen Besuch auf ihrer Farm sie in «Jenseits von Afrika» schilderte, auf seinem einsamen Weg von Nairobi nach Arusha hier entlanggekommen ist: 90 Meilen unter weißglühender Sonne, im verschwitzten Frack und mit aufgeplatzten Schuhen. Die lächerliche Summe von vier Rupies, ein paar belegte Brote sowie eine Flasche Chambertin 1906 in den Jackentaschen. Er war in Eile – sicherlich wegen der Kassenprüfung im NORFOLK HOTEL, in dem er Karen Blixen zuvor oft bedient hatte.

Die streunenden Hunde im Grenzland und die Löwen in der Steppe ließen Emmanuelson unbeachtet. Die Maasai dagegen fanden den Landstreicher im Kellnerfrack unterhaltsam, nahmen ihn gastfreundlich auf, gewährten ihm Unterschlupf in ihren Hütten, die ihm wie aus Lehm geformte Bäuche, schützend wie ein Mutterleib, erschienen sein müssen. Das war ein treffender Eindruck. Die Maasai handelten damals noch nicht mit Flaschenkürbissen, und es gibt eine Geistesverwandtschaft zwischen Nomaden und jenen, die auf der Flucht sind vor Kassenprüfungen, vor dem Gesetz oder vor der verstörenden Sicherheit des Besitzes. Überdies hat Emmanuelson sie gut bezahlt: mit pantomimischen Darstellungen seiner Abenteuer in aller Welt. Denn erzählen konnte er ihnen dergleichen ja nicht – ihm war weder das Maa noch das Kiswahili geläufig. Aber er war ja nicht nur Kellner gewesen, sondern auch Schauspieler, geübt in tragischen Rollen. Die Töchter und Söhne der Wildnis werden ihm gebannt zugesehen haben. Sie verstanden ihn wahrscheinlich sogar noch besser als Karen Blixen: Als er ihr nämlich auf die Frage, weshalb er nicht in Paris geblieben sei, wo er zuvor gearbeitet hatte, erwiderte, er wäre gerade noch rechtzeitig herausgekommen, fand sie diese Antwort rätselhaft. Den Maasai brauchte Emmanuelson gewiss nicht zu erklären, weshalb man zuweilen fortlaufen muss, wenn das Dasein gar zu sicher erscheint.

Hätten die Maasai, grübele ich, wohl auch eines dieser sorgfältig gebleichten, hübsch lackierten Geschöpfe von den Plakaten, Whitney Houston zum Beispiel, aufgenommen? Nein, wohl kaum, denn soviel ich weiß, sind sie nicht sonderlich musikalisch.

«Sie kommen aus Äthiopien?»

Der tansanische Grenzwächter besieht die Stempel in meinem Pass. Auf seinem Gesicht spannen sich pfeilförmige Narben. Ein Kamba, denke ich, jetzt machen sie das mit den Schmucknarben nicht mehr, weil man sie sonst schon als Kinder in der Schule hänselt. Den hier haben sie noch verspottet, und nun ist er sesshaft, uniformiert, beamtet und hat einen Landstreicher aufgespürt. Und zwar einen wohlhabenden.

Wo beginnt die Fremde? Sicherlich auch dort, wo man beschließt, Uniformträgern sehr bedachtsam zu begegnen. Der Mann will mich, so scheint es, herauslösen aus der Gemeinschaft der Mit-

Das Lächeln einer Maasaifrau für einen Fremden: selbstbewusst, erfahren, nicht ohne Argwohn und Spott.

reisenden, irgendwie bloßstellen, vereinzeln. Vielleicht ist in Äthiopien die Beulenpest ausgebrochen oder sonst etwas, für das man Lösegeld zahlen muss, wenn man keine schützenden Papiere vorweisen kann.

«Zuvor war ich in Äthiopien, aber jetzt komme ich aus Nairobi.»

Wieder spannen sich die Narben. Der Beamte greift nach einer ledernen Reitgerte, die vor ihm auf dem Tisch liegt, und weist damit seitwärts.

«Gut. Für den Hund brauchen Sie trotzdem eine Bescheinigung!»

Tatsächlich, hinter mir steht der Hund mit dem fiebrigen Blick. Er ist mir unbemerkt in die Grenzstation gefolgt, während ich an Emmanuelson dachte und daran, ob ich so wie der Schwede reisen könnte: im schmutzigen Frack, ohne Schutzimpfungen, unter von Zecken wimmelnden Leleshwabüschen nächtigend, während ringsum Löwen brüllen.

Ich jage den Hund fort, bekomme meinen Pass zurück und steige in den Bus. Die Maasaifrauen sehen verächtlich herüber. Ja, ich weiß, ihr hättet eine ganze Rinderherde über die Grenze gebracht: ohne Bescheinigung! Aber ich wollte ihn nicht in meiner Gesellschaft haben, diesen dürren, hinkenden Mischling. Er ist weder Schauspieler noch Ober-kellner, sein mimisches Talent ist gering, und von Chambertin versteht er erst recht nichts. Er kann ja, wie alle afrikanischen Hunde, nicht ein-mal bellen, nur jaulen. Was soll ich denn schon ausrichten gegen einen Grenzwächter mit Reitgerte, der uns beide offenbar hoch zu Ross ver-folgen könnte?

Trotzdem sehe ich noch eine Weile unschlüssig hinterher, als der Hund davonhinkt.

Die Fahrgäste haben auf mich warten müssen. Verdrossene Mienen. Die blonde Frau mit dunklem Haaransatz und der an Stacheldraht erinnernden Tätowierung auf dem Oberarm – sie lümmelt, die Beine auf eine Rücklehne gelegt, neben einem weit geöffneten Schiebefenster – verdreht sogar die Augen. Ich halte sie für eine Nachtclubsängerin oder für etwas Schlimmeres. Wenn sie einmal nicht mit ihrem Walkman herumspielt, unterhält sie sich mit dem Fahrer über irgendwelche Lokale in Arusha. Ich habe nachgesehen: Keines dieser Lokale wird in meinem Reiseführer erwähnt. Die Übrigen sind Zeitung lesende, schweigsame Afrikaner mit Diplomatenkoffern, wahrscheinlich Beam-te, die von einer Konferenz in Nairobi zurückkehren. Einer hat mir, als ich ihn auf kiswahili fragte, wann wir in Arusha ankommen, in betont gewähltem Englisch geantwortet und sich sogleich wieder abgewendet. Der Mann betrachtet jetzt sein Spiegelbild in der Fensterscheibe und zupft an der Krawatte.

Hinter der Scheibe verschwinden die Maasaifrauen. Eine Begegnung der neueren Art. Früher landeten wir mit Glasperlen und Tand an ihren Küsten, und sie kamen allein mit ihrer Neugier. Nun ist es umgekehrt. Und so, werfe ich mir in Gedanken vor, reise ich viel zu oft: hinter einer Scheibe. Draußen zieht das vorbei, worauf man sich einlassen wollte. Manchmal spiegelt, blendet es, manchmal beschlägt die Scheibe, und man kann eine Fratze oder ein Herz daraufmalen. Aber das sieht schon niemand mehr. Alle sind längst auf und davon. Mir kommt das schlammverklebte Hundefell in den Sinn. Dann sehe ich Pfützen auf der Straße. Ich bin empfänglich für schlechte Vorzeichen, und sie sind ohnedies unübersehbar: der abweisende Afrikaner, der anhängliche Köter, überall Pfützen, Hinweise auf heftige Regenfälle. Die Reise wird meinen kleinen Vorrat von Selbstgefälligkeit und Ironie wohl bald aufzehren. Wenn ich ein wenig Hirn im Schädel hätte, würde ich schleunigst nach Hause fahren und in Ruhe etwas über tätowierte blonde Frauen mit dunklem Haaransatz schreiben.

Vor den Umrissen des Meruberges tanzen Windhosen, umarmen einander und versinken in gewaltigen Staubwolken. Dort ist das Land noch trocken, staubig und rissig. In der Ferne dahinter dämmert der Kilimandscharosockel: blauviolett wie eine Echsenzunge.

Daneben liegt Arusha. Strahlend weiß oder vom Regen verwaschen, mit stolzen Türmen oder ländlich flach. So wenig ebenmäßig wie alle afrikanischen Großstädte. In Afrikas Architektur fehlt etwas, das europäische Stadtbilder zusammenfließen lässt: das Mietshaus, der Wohnblock. Rechts geht es zur Straße nach Dodoma, auf der Safaritouristen zum Manyarasee oder zum Ngorongorokrater fahren: vorbei an der Schlangenfarm und am Supermarkt, in dem man die gesammelten hölzernen Albträume Afrikas feilbietet. Das war auch Emmanuelsons Weg, aber natürlich gab es damals weder die Schlangenfarm noch den Supermarkt. Er fand schließlich eine Anstellung als Kellner in einer Bar in Dodoma. Kaum ein Mensch kann sich nunmehr vorstellen, wie eine Bar in Dodoma aussah. Das muss für Emmanuelson, insbesondere nach Paris und dem noblen Norfolk Hotel, eine wirklich umwerfende Erfahrung gewesen sein.

«Casparsson», sage ich zu dem abweisenden Afrikaner auf dem Sitz vor mir. «Jetzt fällt es mir ein. Er hieß gar nicht Emmanuelson, sondern Otto Casparsson. Die Blixen hat seinen Namen verändert. Ich glaube, ich kannte einen Verwandten von ihm: meinen Russischlehrer Jakob Casparsson. Der kam aus dem Baltikum und ist beim Schlittschuhlaufen eingebrochen und ertrunken. Bis zum Frühjahr, in dem das Eis taute und er bleich und gebläht aus dem Kleinen Wannsee auftauchte, erzählten alle, die Russen hätten ihn nach Sibirien verschleppt.»

Der Mann wendet sich um, sieht mich lächelnd an und sagt: «Und wissen Sie, was ich glaube? Ich glaube, dass Sie ein wenig betrunken sind!» Hm. Das wäre möglich. Es gab Chardonnay zum Frühstück.

Wir fahren südwärts, zum Hotel MOUNT MERU, wo der Bus gewöhnlich eine Stunde lang hält, bevor er nach Moshi weiterfährt. Zur Linken wirbt ein Schild für ein chinesisches Restaurant. Warum erheitert mich jetzt die Vorstellung von einem Maasai, der unter dem rot und golden lackierten Pagodendach eines solchen Restaurants sitzt, um ihn her Papierlaternen mit Seidentroddeln, Goldfischgläser, türkisfarbene Gipslöwen und falsche Jadeschnitzereien aus Plastik? Von einem Afrikaner, der sich mit Essstäbchen und einer Portion Garnelen à la Szechuan abmüht? Wie komisch ist es wohl für einen Chinesen, mich dort sitzen zu sehen?

Gegenüber liegt das Freilichtkino, in dem ich zum ersten Mal «Jenseits von Afrika» sah. Eine hübsche Erinnerung. Wenn geküsst wurde, applaudierte das Publikum johlend, bei Denys Finch Hattons Beerdigung stöhnte es, Bror Blixen wurde ausgebuht, und hin und wieder stand jemand auf und ging seitwärts, um dort unbekümmert, den Blick weiterhin auf die Leinwand gerichtet, zu pinkeln. Erstaunlich, wie vergnügt ich das alles wahrnahm. Im Kino daheim kann mich schon ein Popcornfresser zur Raserei bringen.

Wir halten am MOUNT MERU HOTEL. Auf dem Parkplatz mahnen Schilder: «Lock your doors». Richtig. Ich gehe zur Bar und kaufe ein Sandwichpaket. Das zweite heute. Das erste ist mir in Nairobi gestohlen worden: auf der Terrasse vom NORFOLK, als ich mit John zum Abschied Wein trank und zusah, wie das Gepäck aufgeladen wurde. Es war gut gekühlter Chardonnay aus Südafrika, am frühen Morgen sehr bekömmlich.

«Du musst aufpassen wie ein Luchs», hatte John gesagt, «wir sind hier in Nai-Robbery. Manchmal reicht der Fahrer deine Koffer auf der anderen Seite wieder herunter, und weg sind sie.»

Sicherlich ein guter Ratschlag. John lebt in Nairobi und kennt sich aus. Ich beobachtete den Fahrer, während er das Gepäck auf dem Busdach verstaute, mit schrägen Krähenblicken. Dabei verschwand freilich

Andenkengeschäft in Arusha. Oft wird angenommen, die Schnitzkunst gehöre den Traditionen afrikanischer Völkerschaften an. Meist war sie jedoch das Ergebnis handwerklicher Beschäftigung in Missionsschulen und wird heute von Verkaufserfahrungen bestimmt.

das Sandwichpäckchen, von dem wohl jemand annahm, es enthalte etwas Wertvolleres als belegte Brote. Im NORFOLK verpacken sie den Imbiss in eine Art Juwelenschachtel.

Um das später ins Tagebuch zu übertragen, schreibe ich eine Notiz darüber auf einen Bierdeckel, obwohl mir die Gefahren allzu realistischer Darstellung bekannt sind, und schlendere dann umher. Im Shop neben dem Hoteleingang stehen wiederum Maasaifrauen, aber diesmal sind sie aus Holz. Ihre hochgestreckten Arme halten Wasserkrüge auf den Köpfen. Das tun Maasaifrauen nicht gar so häufig, doch derart können die Schnitzer die Brüste schön herausarbeiten, und das gefällt den Kunden. Es sind leichtfertige Frauen aus dem weichen Holz von Bleistiftzedern. Man reibt es mit schwarzer Schuhkreme ein und hält die Figuren dann kurz übers Feuer. Das bringt Glanz, die Politur dringt tief in die Holzporen. Die Käufer mögen es ja gern tiefschwarz.

Daneben werden Makondeschnitzereien angeboten: so genannte Lebensbäume im Standardmaß von einem Fuß, in dem das Holz aus Moçambique geliefert wird. Wir sprechen von Ebenholz, aber es ist Mpingo aus der Familie der Rosenhölzer, African Blackwood, Dalbergia melanoxylon. Man hat Mpingoholz im Wrack eines antiken Schiffes im Mittelmeer gefunden, denn es wurde schon während der Pharaonenreiche geschätzt. Und wer eine Oboe, ein Klavier oder einen Dudelsack besitzt, der kennt es ganz gut. Mpingo ist inzwischen rar geworden, der Kubikmeter kostet 10 000 Dollar, hergerichtetes Mpingo für den Instrumentenbau oder für Intarsien sogar 14 000 Dollar. Der Baum braucht siebzig bis zweihundert Jahre, bis man ihn für solche Zwecke verwerten kann, und er wird deshalb nun ein wenig geschützt. Aber man kann nichts schützen, wenn es in der Savanne steht und der Kubikmeter davon 10 000 Dollar kostet – das ist unmöglich.

Die Makondeschnitzer bekommen es sicherlich preiswerter. Überall sieht man hier die kunstreichen, eindrucksvollen Mpingoplastiken mit Darstellungen aus ihrer vielgestaltigen Geisterwelt: Da tanzt Nijoni mit durchschnittenem Hals, sucht Siminingas Schlange nach Opfern für den Herrn der Wege, und der bösartige Judi durchbohrt Wanderer mit seinem Horn.

Aufbrüllend hüllt der Bus sich in eine Wolke aus Dieselqualm. Allein mit dem Fahrer, geht es weiter nach Moshi. Eigentlich wäre Arusha der bessere Ausgangspunkt für die Wanderung durch das Kilimandscharogebirge gewesen, die vor mir liegt. Denn in Arusha gibt es gepflegtere Hotels, ein abwechslungsreicheres Stadtbild, zahlreichere Reiseunternehmen. Aber in Moshi habe ich Bekannte, Leute, die mir bei früheren Reisen – einer Safari durch mehrere Nationalparks sowie einem vom Schneesturm verdorbenen Aufstieg auf den Kibo – behilflich waren. Und wenn auch der herbe Charme mit Ölfarbe bemalter Betonwände in Moshis SUMMIT LODGE nicht mit dem des MOUNT MERU HOTELS vergleichbar ist, geht man doch gern auf vertrauten Wegen, deren Fallgruben man kennt oder wenigstens zu kennen glaubt.

Draußen dunkelgrüne Kaffeeplantagen, Mangobäume, sogar Reisfelder. Das nahe Gebirge hat mit fruchtbarem Lavaboden und Wasserreichtum die Wirtschaft der Menschen begünstigt. Ein seltenes Bild auf diesem Erdteil, der allein in seinen Katastrophen verschwenderisch ist. Nach links zweigt ein schmales Asphaltband zum Arusha-Nationalpark ab, zu den Momellaseen – wohl bekannt aus «Hatari» mit John Wayne und Hardy Krüger. Momella war das Hauptquartier der Tierfänger in jenem Film: einem liebenswerten, heute nur noch komischen oder rührenden Dokument, das etwas über das Bild verrät, das wir einmal von uns und von Afrika hatten. Wenn man so ungalant ist, die Damen Brandy und Mama Tembo dazuzuzählen, dann wimmelten da sieben Zwerge heftig rauchend und trinkend um den heftig rauchenden und trinkenden Riesen John Wayne herum und bedienten sich unbedenklich aus der afrikanischen Trödelkiste. Aber das empfand man damals als ganz wirklichkeitsgetreu. War es wohl auch.

Im Radio plärren die Spice Girls. So ist das heute: Popgedudel auf irgendeinem Flughafen, danach das Rauschen der Triebwerke, in der Mikrowelle aufgewärmte Hühnchenkeulen mit grünen Bohnen und Tabascosoße, dazu Weißwein im Plastikbecher, und schon wird man auf einem anderen Kontinent von demselben Gedudel empfangen.

Als ich mich mit dem Fahrer über das Wetter unterhalte, zählt der mit Behagen und einem kleinen, höhnenden Lachen Unheil aus aller Welt auf: verheerende Brände in Griechenland, Maul- und Klauenseuche in Großbritannien, die Russen haben mit einer Unterwassersonde vom Nordpol Besitz ergriffen, in Australien kämpft man seit Wochen mit Buschfeuern und Überschwemmungen. Besonders lustig findet er, dass der kanadische Premierminister vor laufenden Kameras ein Steak verspeist hat, um den Zuschauern die Angst vor verseuchtem Rindfleisch zu nehmen. Offenkundig ist der Mann ein aufmerksamer Hörer populärwissenschaftlicher Rundfunksendungen, und er erzählt noch, amerikanische Genforscher würden behaupten, dass wir der letzten oder vorletzten Generation angehören, die sterben müsse.

«Glück gehabt!», knurre ich. Er sieht verdutzt herüber, fragt aber nicht, wie das gemeint ist.

Erst weit hinter Arusha, als rote Termitenhügel wie übergroße Meilensteine die Straße säumen und eine Steppenlandschaft weite Ausblicke gewährt, zerreißt für einen Moment die Wolkenschleppe über dem Gebirge. Links leuchten fahl die Gletscher auf dem Kibo, voraus erscheinen Mawenzis schroffe Konturen. Um die Hänge ziehen rauchgleiche, faserige Wolken, aus denen Regen in die Täler fällt – ein Anblick, als ob die Berge brennen würden. Es ist Juli, Südwinter, die Regenzeit hätte schon vor Wochen enden müssen. Wegen der Kälte im Hochgebirge keine besonders gute Zeit für Bergtouren. Aber bei erfahrenen Kilimandscharoreisenden wie Hans Meyer, Fritz Klute oder Eduard Oehler ist nachzulesen, der Juli sei einer der trockensten Monate, nur im Juli wären die Berge oft den ganzen Tag über frei von Bewölkung. Nun sieht es aus, als ob Wetter und Literatur in einem etwas nachlässigen Verhältnis zueinander stünden.

Ich lese im Reiseführer, der Berg, den unser Duden noch immer trotzig den Kilimandscharo nennt, sei nur eine unter den drei höchsten Erhebungen im gleichnamigen Gebirge. «Das Kilimandscharogebirge misst etwa 60 mal 40 Kilometer und ist somit annähernd so ausgedehnt wie der Harz. Seine Berge sind Schichtvulkane, entstanden an einem Nebenarm des Ostafrikanischen Grabens, drei Breitengrade unter dem Äquator. Der älteste ist der verwitterte, nur selten und dann lediglich für Stunden schneebedeckte Shira (3962 Meter), es folgen der zerrissene, bisweilen verschneite Mawenzi (5149 Meter) und schließlich der ebenmäßige, gletschergekrönte Kibo (5895 Meter), der höchste Gipfel Afrikas und höchste freistehende Berg der Erde.»

Neueste Vermessungen haben den Kibo um drei Meter erniedrigt, aber das nimmt ihm noch lange nicht den Vorrang. Von uns wird er gern Kilimandscharo oder – mit der fragwürdigen Vertrautheit von

Hinter der Scheibe: eine häufige Form der Begegnung. Das Zusammentreffen wird selten als lästig, die Trennung jedoch beiderseits als angenehm empfunden.

Touristen – kurz Kili genannt. Die eindeutschende Schreibweise stimmte bereits seinen ersten Besteiger, den in Leipzig wirkenden Wissenschaftler Hans Meyer, etwas unbehaglich, sodass er seinem 1900 erschienenen Standardwerk über das Gebirge den Titel «Der Kilimandjaro» gab. Das war nun allerdings etwas nahe an der englischen Aussprache – Kilimanjaro – und wurde somit zum Politikum: Das Kilimandscharogebirge gehörte ja bis 1918 der Kolonie Deutsch-Ostafrika an, aus der dann das britische Tanganyika und späterhin der selbständige Staat Tansania hervorgingen. Vorziehen sollte man, schreiben die Autoren des Reiseführers, wohl die Schreibweise «Kilimanjaro», die auf den Landkarten und Wegweisern dieses Landes verwendet wird, und vor allem wäre es an der Zeit, dass wir uns auch von liebgewonnenen Übertragungen wie Suaheli, Dschagga oder Massai trennen. Gut, ich will es versuchen.

Am Stadtrand von Moshi durchziehen tiefe Rinnen den dunkelroten Lateritboden neben dem liederlich aufgetragenen Asphalt. Das sind die

Pfade der Fußgänger, vom Regen wie Hohlwege ausgespült. Seit langem hätte es nicht mehr regnen dürfen. «Den Juli», schrieb Hans Meyer, «möchte ich für Bergfahrten in diesem Gebirge durchaus empfehlen, auch wenn ich damals beim Biwakieren im Süden des Kibos beinahe erfroren bin.» Das ist nun weit über hundert Jahre her. Sicherlich hätte ich mich doch noch einmal erkundigen sollen.

«Summit Lodge», murmelt der Fahrer andächtig, als ob er mich vor der Sankt-Pauls-Kathedrale absetzen würde, und bremst. Vielleicht träumt er davon, einmal hier zu übernachten und wie ein Tourist mit einem kühlen Glas Whisky in der Hand auf der besonnten Terrasse zu sitzen, aber das dürfte ihn dann mehr als einen Wochenlohn kosten. Das Hotel grüßt mit blühenden Pflanzen, bizarrer Architektur, einer vom Wetter gebleichten, vier Meter hohen Makondeschnitzerei aus Kossobaumholz und der Aufschrift SUMMIT LODGE WELCOME über dem Eingang.

Es ist später Nachmittag, weder die Kellner noch der Geschäftsführer sind da, aber eine junge Frau an der Rezeption erwartet «Mister Lendsch». Sie ist geschminkt, und das sieht, wie es bei sehr dunkelhäutigen Frauen nicht anders sein kann, ziemlich albern aus. Vielleicht möchte ich deshalb nicht, dass sie einen meiner Koffer, nach dem sie schon griff, in mein Zimmer trägt. Dort herrscht zweckmäßige Kahlheit: zwei eiserne Bettstellen mit verwaschenen Laken, ein Schrank, eine winzige Duschecke, grauer Betonfußboden, grüner Ölfarbensockel. Der Rest bis hin zur unter der Decke baumelnden Glühbirne ist geweißt, gesprenkelt mit zerquetschten Mücken und den Abdrücken von Gummilatschen, die als Fliegenklatschen benutzt worden sind. Hierher kommt nur, wer eigentlich ganz woandershin will. Beim letzten Mal schwamm ein gebrauchtes Präservativ im Toilettenbecken. Ich habe in scheußlicher Angst vor Besuchern wohl eine Stunde damit zugebracht, bis es endlich hinuntergespült war.

Ich packe aus, dusche und gehe gegen sechs Uhr den Weg zwischen den Hütten und Maisfeldern hinter dem Hotel hinauf, gefolgt von einer

Schar neugieriger Jungen, die mir erst hoffend, dann monoton ihre verlangendsten Wünsche zurufen:

«Chiclets, Cola!»

Der Kleinste, es ist auch der mit den meisten Löchern im Hemd, bekommt einen Kaugummi. Er steckt ihn in die Hosentasche, lächelt und wendet sich mir wieder zu:

«Chiclets, Cola!»

Hm. Aber die Zeit habe ich gut gewählt. Hinter den von spitzblättrigen Agaven begrenzten Feldern öffnet sich die Landschaft hinein in jene Stimmung, mit der Ernest Hemingways berühmte Erzählung ausklingt: «So weit er sehen konnte, so weit wie die ganze Welt, groß, hoch und unvorstellbar weiß in der Sonne war der flache Gipfel des Kilimandscharo. Und dann wusste er, dorthin war es, wohin er ging.»

Ein unwirklicher Anblick. Im Westen verschwindet die Sonne in tiefhängenden, golden geränderten Wolken. Über der rostroten, von vertrockneten Maisblättern und Stängeln bedeckten Erde erhebt der Kibo sich in hellem Violett. Das Eis auf dem Gipfel strahlt schmerzhaft rein und weiß. Klar sind die Konturen bis hin zum Mawenzi. Das alles treibt entrückt, überirdisch, durch einen meerblauen Himmel. Es erscheint undenkbar, dass Menschen dort hinaufgelangen könnten: auf das gläserne Wolkenschloss, auf den glühenden Himmelswagen, das kalte Mondhorn.

Wieder im Hotel, spiele ich den freundlichen Alten und kaufe den Kindern Coca-Cola. Sie trinken hastig und mit wachsam weit geöffneten Augen, als ob jemand ihnen die Flaschen wegnehmen wollte. Die Kellner bekunden lärmend eine ehrlich wirkende Freude, als sie mich erkennen. Wahrscheinlich sieht man hier nur wenige Gäste wieder. Es gibt Victoriabarsch. Wie stets zuvor sind die Bataten und die grünen Bohnen dazu fast roh. Meinetwegen. Ich bin nicht zum Essen hergekommen. Dann erscheint endlich ein überaus gewichtig gewordener Jaipal Singh.

Mein Reiseveranstalter. Richtig, nicht nur meiner: Er betreibt eine große Agentur für Safaris und Bergwanderungen, handelt mit Schnitzereien, besitzt dieses Hotel und darüber hinaus wohl noch ein Stückchen von der Stadt. Jaipal Singh ist Inder – und auch wieder nicht. Schließlich wurde er hier geboren und erwähnt gern, er sei mehr Afrikaner als der Bürgermeister von Moshi, denn der wäre einige Jahre jünger als er. Mich würde es interessieren, in welchem Status Singh sich wirklich sieht, aber es wäre wohl taktlos, danach zu fragen. Wie ich ihn kenne, würde er mit einem Gleichnis antworten, etwa so: Für Leute, die zwischen Mahlsteinen leben, ändert sich nichts, wenn der obere Stein nach unten und der untere nach oben wandert.

Mein Abenteuer soll übermorgen beginnen. Zelt und Isoliermatte kann ich hier ausleihen, Einzelheiten muss ich allerdings mit einem Mann von Ice Peak Mountain Climbing besprechen.

«Wir geben das an Ice Peak ab», sagt Singh und streicht sich bedauernd über den blauschwarzen, glänzenden Bart, «weil wir für diese Route keinen Kundenkreis haben.»

Hamid Jalal, der Geschäftsführer, ein schmaler Schatten mit glühenden Augen und wie gewöhnlich mit einem Teller Makkaroni in der Hand, setzt sich zu uns, und wir verschwatzen den Abend. So, wie wir es mögen: in der satten Bosheit der Jahre, einander die Menetekel des Alters weisend. Mister H., erfahre ich, bleibt aus, seit er die von ihm geführte Gruppe nicht mehr zum Gipfel begleiten konnte, weil ihm fortwährend die Kartoffelsuppe aus dem Gesicht fiel. Mister K., der früher hier auf der Terrasse zum Vergnügen der Gäste Biergläser fraß oder Rasierklingen zerkaute – überdies konnte er, wie vormals Joseph Thomson, nur erheblich betrunkener, seine Schneidezähne mit der Zunge nach vorn klappen und saß dann gern stundenlang so herum –, Mister K. also schickt nur noch von zittriger Alkoholikerhand gekrakelte Neujahrsgrüße. Ach, jeder Stuhl hier könnte Geschichten erzählen, um die Schriftsteller sich prügeln würden. Lediglich Mister E., wird mir gesagt, klettere bisweilen noch auf dem Meru und auf dem Kibo umher und sei inzwischen ein in ganz Deutschland berühmter Ostafrikaexperte und Autor. Davon habe ich nie gehört, aber das behalte ich für mich.

«Und Mister T., ist der noch am Leben?», fragt mein Gegenüber und sieht betont harmlos beiseite. Das ist eine Herausforderung. Denn er weiß, dass ich über den Mann nicht gern spreche.

«Darüber kann man sehr verschiedener Meinung sein.» Hamid nickt zufrieden und winkt einen Kellner heran.

«Verdammt noch mal, ich habe dich für einen dieser späten Selbstfindungsmänner gehalten», sagt er dann, «und nie geglaubt, dass du wirklich zurückkommst!»

«Weißt du, wenn ich nicht mehr als mich selbst finden könnte, dann wäre das eher ein Grund, zu Hause zu bleiben. Nein, keine Selbstfindung, kein Kräftemessen, keine Grenzerfahrung, kein Meditationswandern. Ich will nur ein wenig gehen.»

Um uns her die botanische Globalisierung: Bougainvilleen, Oleander, Jacaranda – wir könnten auch in Mittelamerika, irgendwo in Griechenland oder in Indien sein, aber etwas ist anders. Seit es dunkelt, verströmen Jasminblüten ihren süßen Duft, vielleicht sind es auch Frangipani. Zwischen den Büschen huschen Fledermäuse wie Schattenwesen umher. Sie tragen hier den hübschen Namen «popo», doch mancher fürchtet sie. Fledermäuse stehen mit Zwergenzauberern im Bunde, ergreifen bisweilen Menschen unter den Achseln und tragen sie hoch hinauf in den Bergwald, in dem böse Geister hausen: «dege la watoto» zum Beispiel, die Mutter der toten Kinder, Herrin des Bösen Blickes, die in der Gestalt einer Eule umherflattert, Männern die Hoden verdorren lässt und Frauen ihre blutige Scham zeigt, sodass sie nie wieder gebären können.

Die Nacht ist weich und sehr viel weiter als anderswo. Ostafrika: Hier haben wir das aufrechte Laufen erlernt und auch das Weglaufen, hier sind unsere ersten Pfeile geschwirrt, hier haben wir zum ersten Male Fleisch gegessen, das uns zu dem machte, was wir sind. Aber nur deshalb zu kommen, um Spuren jener fernen Vorfahren zu finden, würde die Reise wohl nicht rechtfertigen. Oder doch? Die Vergangenheit formte uns und die Erde viel mehr als die Gegenwart. Ist eine Reise der Beginn oder vielmehr das Ende von etwas, kann sie eine Heimkehr sein, eine Odyssee?

Noch erscheint alles vorläufig. Was für ein vieldeutiges Wort: Man ist vorausgelaufen, endlich ohne Vorgänger, Vorteile, freilich auch weggelaufen, zu weit vielleicht, zu läufig, zu hungrig nach Befriedigung der Sinne. Ein ziemlich egozentrischer Zustand. Immerhin fort vom unbeständigen Klima, von ebenso wechselhaften, schwer durchschaubaren Menschen, von ihrer angestrengt dargestellten Individualität, die nur den allgemeinen Mangel verdecken soll, von eigenen Eitelkeiten und Begierden, vor allem heraus aus dem Käfig der Abhängigkeiten. Also Flucht? Flucht hat kein Ziel.

Ich spüre, dass mich jemand beobachtet. Es ist ein zwergenhaft kleinwüchsiger Mann, der mit einem Hirsebesen den Hof fegt. Er hat einen ungewöhnlich großen Kopf und hohe Backenknochen. Aus der Staubwolke heraus erreicht mich sein stechender Blick. Braune, rotgeäderte Augäpfel. Ein böser Zwergenzauberer?

«Hadzabehalbblut», sagt Hamid. «Das Früchtlein einer Vergewaltigung. Die rauchen ständig banghi. Die sehen dich gar nicht.»

Afrikanische Sonnenuntergänge stimmen uns oft schwermütig – das könnte
die Wirkung einer tief schlummernden Erinnerung sein.

KAPITEL 2

ÜBER DEM HORIZONT

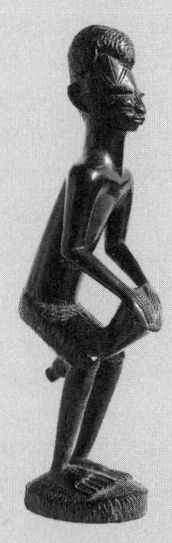

Beim Frühstück – auf dem für mich reservierten Tisch steht ein schwarz-rot-goldenes Fähnchen, und eine Gruppe britischer Vollbartträger grüßt freundlich auf deutsch, als sie vorbeigeht – bedient die mütterliche Kellnerin mit dem Fettsteiß. Sie erinnert sich daran, dass ich gern ausschweifend frühstücke, kommt ab und zu mit der Kaffeekanne herüber und fragt nach diesem und jenem. Wie es meiner Frau und meinem Sohn geht, ob ich etwas zu waschen hätte oder zu nähen. Hier ist es leicht, sich bei jemandem für solche Aufmerksamkeit zu bedanken: Man bringt ihn zum Lachen. Da mir nichts anderes einfällt, erzähle ich ihr mit pantomimischer Untermalung von der gestohlenen Sandwichbox. Sie biegt sich auch späterhin immer wieder kichernd und führt den übrigen Kellnern vor, wie ich den Busfahrer misstrauisch beäugte und dann vergeblich nach meiner verschwundenen Wegzehrung suchte.

Vor mir Hans Bessers «Natur- und Jagdstudien in Deutsch-Ostafrika». Darin Besitzanspruch von ungewollter Komik: «Deutsch-ostafrikanisches Flussschwein», «Deutsch-ostafrikanische Schopfantilope», «Deutsch-ostafrikanischer Buschbock». Lebten nahebei auch Britischostafrikanische Flussschweine? Besprangen deutsch-ostafrikanische und britisch-ostafrikanische Schweinchen einander, oder hatten sie vielleicht Rassenvorurteile? Zwei Sätze brennen sich mir ein: «Die meiste Unruhe unter dem Wilde rufen die Wildhunde hervor. Waren solche in größeren Mengen jagend durch die von mir übersehene Steppe gekommen, so dauerte es Wochen, bis sich das Wild wieder einfand und harmlos wurde.» Da sind sie wieder, die hechelnden Verfolger aus meinen Albträumen.

Später besehe ich im Hof die Zelte. Zum Glück. Das erste ist an der Seite aufgeschlitzt, groß genug für einen eindringenden Wildhund. Am zweiten hängen nur noch Leinenreste, doch das dritte – vom Hausdiener murrend herbeigeschleppt – wurde wohl erst einmal benutzt. Vorsichtshalber bringe ich das Prachtstück in mein Zimmer. Jenseits vom geöffneten Fenster die Geräusche der Nachbarschaft: Mörserstampfen,

Ziegenmeckern und das klagende Gestammel eines Mannes, zuweilen übertönt von heulendem Gesang. Dort drüben, hat mir die mütterliche Kellnerin erzählt, ist eine Erweckungssekte eingezogen. Manchmal bezichtigen die Leute sich lauthals irgendwelcher Sünden, begleitet vom Chor: «Oh, oh, oh Herr, er hat gefehlt!»

Da klopft es – der Mann von Ice Peak Mountain Climbing ist gekommen. Er findet die von mir gewählte Route ganz großartig und lacht ständig vor sich hin. Die Tour muss ihm also recht blödsinnig erscheinen. Anstelle der Kibo Hut setzt er eine mir unbekannte School Hut in den Ablaufplan, möchte ansonsten nur den Preis aushandeln, über Trinkgelder reden und möglichst schnell wieder verschwinden. Ich gebe zu bedenken, dass wir am Gipfeltag wohl vierzehn, fünfzehn Stunden unterwegs sein könnten, und will wissen, ob man notfalls beim Lava Tower zelten darf. Ja, man dürfe überall zelten, sagt er, nur müsse für den Führer und die Träger eine Höhle oder ein anderer Unterschlupf nahebei sein. Wunderbar. Ich zeige ihm meine Karte, auf der eine Biwakhütte am Lava Tower eingezeichnet ist, frage auch danach, ob die Hütte am Arrow Glacier noch immer zerstört sei. Aber offenbar hat der Mann, den schon sein Leibesumfang nicht gerade als Alpinisten ausweist, noch nie eine Landkarte jener Gegend gesehen. Der Bergführer jedoch, versichert er kichernd, kennt sich bestens aus, er nur deshalb nicht, weil man ja normalerweise den Kibo nicht überschreitet, so wie ich es tun will, sondern nach dem Gipfel schleunigst die Maranguroute hinuntergeht.

Soviel ich weiß, kann man bei seiner Firma wesentlich abenteuerlichere Unternehmungen buchen, als ich sie vorhabe, frage aber noch nach der Verpflegung und, schon recht lustlos, nach Begegnungen mit Wildhunden, über die ich in John Readers Kilimandscharobuch üble Dinge gelesen habe: Wildhunde griffen einen Träger an, bissen ihm einen Finger ab, und Schlimmeres war nur deshalb nicht geschehen, weil im wirklich letzten Augenblick eine Wanderergruppe erschien.

«Den Proviant kaufen Sie gemeinsam mit dem Bergführer in Rongai. Was die Wildhunde anbelangt, so sind das Ammenmärchen – die gibt es in solcher Höhe überhaupt nicht. Außerdem wimmelt es dort nur so von Trekkern.»

«Vertrauenswürdige Leute wie Wilfred Thesiger und seine Begleiter haben berichtet, sie seien sogar in der Gipfelregion, auf dem Weg zum Uhuru Peak, von Wildhunden verfolgt worden. Die Geschichte wird immerhin im Routenführer des kenianischen Bergsteigerclubs erwähnt. Wie viele Trekker werden denn auf meiner Route unterwegs sein?»

«Nun, also zurzeit wohl gerade niemand.»

Dabei wendet der Icepeakmann verzückt die Karte hin und her, fragt, ob man so etwas in Deutschland kaufen könne und ob ich sie ihm später schenken würde. Ich sehe ein, dass dieses Gespräch sinnlos ist.

Am Nachmittag nimmt mich Hamid Jalal mit in die Stadt. Er hat mir seinen Friseur empfohlen, den Figaro der indischen Gemeinde von Moshi. Als ich mich über blühende Bäume am Straßenrand wundere, sagt er abschätzig:

«Irgendwas blüht hier zu jeder Jahreszeit. Warst du mal in Goa?»

Oh, das ist lange her. Dreißig Jahre. Ich erinnere mich an die mächtigen Brettwurzeln eines Baumes, die das Mauerwerk einer Kirche aus der Portugiesenzeit sprengten, an den silbernen Sarkophag des heiligen Francisco Xavier, an die tanzenden Hippies am Fluss, an mit rotem Gewürz eingeriebene Tandurihühnchen und an eine Art Arrak.

«Nein, ich meine die Menschen», sagt Hamid.

Ich grübele, aber mir fällt nur einer ein: Das war nahe am Hafen, ein alter Mann, dürr wie Stroh, lag am Straßenrand und starb. Wahrscheinlich war er verhungert. Ich sah das damals zum ersten Mal und fühlte mich hilflos wie niemals zuvor. Was tut man da? Es gab keinen Rettungsdienst, den man hätte rufen können, und die übrigen Leute gingen gleichgültig vorüber. Schließlich war es dort durchaus nicht anstößig, auf offener Straße zu verhungern. Und um den Toten würden sich die Straßenkehrer kümmern. Wie überall in indischen Großstädten.

«Ich war nicht lange dort und weiß nichts über die Menschen. Weshalb fragst du?»

«Meine Familie stammt aus Goa. Urgroßvater ist als Kontraktarbeiter zum Eisenbahnbau herübergekommen. Vielleicht fliege ich mal hin.» Wir kennen uns schon ein wenig. Deshalb sage ich nur:

«Du wirst auch dort nicht finden, was du suchst.»

«Mag sein», er schüttelt den Kopf, «aber ich kann mir den Versuch leisten.»

Der indische Haarkünstler bedient mich dann ganz hervorragend. Während der nächsten drei, vier Wochen werde ich ohne einen Kamm auskommen. Er plant, erzählt er nebenher, einen Besuch bei Verwandten in England und würde die Reise gern in Deutschland unterbrechen. Allmählich kommt mir der Verdacht, dass er dann bei mir wohnen möchte, aber das spricht er nicht aus. Ich verweise ihn feige an die Indian Community von Berlin und habe keine Ahnung, ob es so etwas gibt.

Über dem Gartenlokal am Clock Tower, in dem Hamid auf mich wartet, funkelt der Kibogipfel. Wunderbar helles, trockenes Wetter. Wahrscheinlich bin ich wieder einmal umsonst besorgt gewesen, sehe von allem nur die dunklen Seiten. Zum Beispiel die Abfälle in den nach Urin und faulenden Früchten stinkenden Vorstadtstraßen: ganze Hügel aus zerfetzten Plastikbeuteln und aufgeplatzten Plastikflaschen. Eine Ziege fraß gerade das einzige Blatt Papier, das dort umherflog. Wir sind die ersten Menschen, deren Müll nicht verfaulen wird. Unsere Vorfahren hinterließen Muschelhaufen und Knochen, ein paar Pfeilspitzen, Keramikscherben und Lehmziegelhügel, Marmorsäulen, Pyramiden. Wir dagegen werden der Erde lästig. Es ist ein Wunder, dass sie uns nicht abschüttelt.

Wir sehen dem Verkehr zu: den vorbeihuschenden Dalla Dallas, Kleinbussen, die eigentlich nicht mehr als 15 Insassen Platz bieten, aber wenigstens 25 befördern. Überzählige Fahrgäste hängen aus der geöffneten Schiebetür, stehen drinnen, stoßen sich die Köpfe und werden

Der Kibo über dem Clock Tower von Moshi.

hilflos von frechen Taschendieben betastet. Ein Dalla Dalla streift das andere, es gibt Schrammen, aber die Fahrer fahren nur einen Augenblick nebeneinander her, beschimpfen sich, halten nicht an. Dazwischen Radfahrer, die Gepäckträger schwer beladen. Jedes der Fahrräder stammt aus China, während die Dalla Dallas ausschließlich aus Japan kommen. Doch es sind nicht viele, die da fahren. Die Leute laufen: Kinder in bunten Schuluniformen, Frauen mit Körben, Schüsseln oder Blechkanistern auf den Köpfen, Angestellte, verwaschene Krawatten über den ungebügelten Hemden.

Am Nebentisch sitzt eine betrunkene junge Frau, die schon deshalb auffällt, weil sie ein weißes, festliches Kleid mit vielen Tüllrüschen trägt. Sie singt etwas vor sich hin und malt mit den Fingern in einer Bierlache. Ihr Begleiter streichelt unter dem Tisch ihre Schenkel. Dann gehen beide hinaus, und als die Frau zurückkommt, sind ihre Knie mit Erde beschmutzt.

«Manche von denen», sagt Hamid, «schaffen in ihrem Brautkleid an. Es ist schließlich das beste Kleid, das sie besitzen.»

Wir gehen schweigend.

Nach dem Abendessen das große Packen: links die Sachen, die im Verschlussraum zurückbleiben, rechts das Gepäck für den Berg – alles für die verschiedenen Abschnitte des Aufstieges sorgsam in Plastiktüten untergebracht.

Zelt, Schlafsack, Isoliermatte, Kleidung, der Krempel vom Bergstock bis zur Sonnenbrille, das Bündel kopierter Reiseberichte zum Spurenlesen, die «Flora of East Africa», das Tagebuch, ein Kiswahiliwörterbuch, Walkman, Kassetten, Kompass, Fernglas, Taschenlampe, Kamera. Schließlich auch das Diktiergerät, obwohl ich es wahrscheinlich wiederum kaum benutzen werde, weil es eine Bequemlichkeit gestattet, in der aufgeregte Mitteilsamkeit das Wesentliche überwuchert – kein Mensch kann das später alles aufschreiben. Dazu den Petrarca für den Gipfel. Und als Reiselektüre, wie schon so oft, Dantes «Göttliche Komödie». Sie ist lang genug für eine Woche, lesbar im Maß der Schritte, und im «Inferno» sowie im «Purgatorio» ist viel vom Wandern und vom Bergsteigen die Rede. So etwa in den ermunternden Zeilen «Der Berg ist so beschaffen,/Dass unten immer alles schwierig scheinet,/Doch immer leichter wird, je mehr man steiget.» Das schrecklich langweilige «Paradiso» jedoch lasse ich stets aus.

Der Tag endet im Gespräch mit der britischen Bartträgergruppe. Es ist mir unangenehm, dass sie mich nach meinen Kenntnissen vom Kibo fragen, weil einer der Kellner ihnen erzählt hat, ich sei schon oben gewesen. Ich habe ihre Nähe bisher höflich gemieden und geahnt, was ich nun zu hören bekomme: Erzählungen von Klettertouren in den Alpen, vom Klettern an vereisten Wänden im schottischen Hochland, in Peru und in Kanada. Ich könnte vielleicht mit den Schrammsteinen aufwarten und müsste dann lange Zeit erklären, wo die liegen. Was die Briten berichten, ist sehr anziehend, aber ich bin nun einmal kein Bergsteiger in ihrem Sinne. Es gibt keinen Berg, für den ich mein Leben bewusst riskieren würde, und bisweilen stößt mich der Bergsportrummel, der in der alpinen Kultur häufig vorherrschende Wettstreit um besonders unzugängliche und gefährliche Routen, einfach ab. Und ich sehe, ganz ohne Selbstgefälligkeit, das Laufrad, das Spiel mit schnell wachsendem Einsatz, in das jemand unweigerlich gerät, wenn er sich irgendwo auf dem weiten Feld zwischen Ehrgeiz und Sucht nach Erregung verirrt.

Gewiss, ein Achtung gebietender Sport, aber die Helden der Höhen sind wohl eher andere. Hat vielleicht jemand, nur so zum Beispiel, mal einen anerkennenden Satz über die Tausenden geschrieben, die in einer Höhe von mehr als 4000 Metern in den südamerikanischen Silberminen schufteten, damit ihre Familien satt wurden?

Hinzu kommen einige wahrscheinlich ganz zufällige Erfahrungen, die mir Begegnungen mit Bergsteigern beschert haben: Manchmal strahlten sie eine beängstigende Gefühlskälte aus, die wohl von der Eigenart dieses Sportes begünstigt werden mag. Vorgänger interessierten sie ebenso wenig wie ihre einheimischen Begleiter, die ihre Ausrüstung, ihre Verpflegung schleppten und damit den Erfolg erst ermöglichten. Es zählte nur der Rekord. Sie wussten kaum etwas über die umgebende Natur, das Land und seine Bewohner. Dabei hatte ich mir vorgestellt, sie hätten zuvor erregt und immer wieder die Berichte von früheren Besteigungen oder über ihr Scheitern gelesen, hätten viele Stunden mit dem Betrachten alter Karten und Fotografien verbracht, würden Berge wie Prinzessinnen verehren. Und von erhöhten Ausblicken und Einsichten – wie etwa der Ventoux sie Petrarca gewährte oder Cézanne sie unter der Montagne Sainte-Victoire gewann – hörte man selten. Andererseits gibt es unter ihnen freilich auch tief empfindende, künstlerische Charaktere – spürbar in Texten von, auch nur so zum Beispiel, Eugen Guido Lammer –, deren Vorzüge zweifellos gleichermaßen «von der Eigenart dieses Sportes begünstigt» werden.

Was soll ich also den jungen Männern raten? Sie wollen morgen die Maranguroute hinaufgehen. Also: nicht um den Weg zum Wasserfall hinter dem Marangutor, um den Maundikrater, um die Upper Route hinter Horombo und damit um Zebra Rock betrügen lassen, sehr langsam gehen, unmäßig viel trinken, zum Schlafen den Kopf hochlegen. Denn es geht in ganz kurzer Zeit bis über die Höhe des Basislagers am Mount Everest hinauf – warum wird eigentlich immer alles daran gemessen? Zudem mein Loblied auf Schafwollsocken, Talkumpuder, Franzbranntwein und bittere Schokolade.

Dann jedoch reden wir über die schrecklichen Preise auf ihrer Insel, über Edinburgh, wo sie studieren, über das Tusker-Bier, das wir trinken, und es wird fröhlich und laut. Während die anderen ein Lied singen, in dem Mary sich auf Cherry reimt, sagt Harry zu mir:

«Du, das wäre nichts für mich, lone wolf, so wie du umherziehen willst ... So ganz allein.»

«Ich bin nicht allein.»

«Na ja, mit Schwarzen ...»

Die Briten sind bereits nach Marangu gefahren. Einsam liegt mein Gepäck auf der Treppe. Ich fühle mich gut, gehe aber dennoch aufgeregt umher. Bei den Spielen, die man gewöhnlich spielt, gibt es wenigstens eine berechenbare Größe: Das ist man selbst. Doch in diesem Spiel ist alles ungewiss. Und ich beginne, wie man so sagt, nicht gern zu nähen, ohne vorher einen Knoten ins Fadenende gemacht zu haben.

Der Landrover mit Icepeakmann und Fahrer kommt pünktlich um neun. Wir verlassen Moshi. Zur Linken schwebt der Kilimandscharosockel über Feldern und Weideland, zur Rechten säumt fern das Paregebirge den Horizont. Es ist klar und angenehm warm wie an einem Spätsommertag daheim. An der Straßengabelung in Marangu biegen wir ostwärts auf eine Schotterpiste ab, die schon bald in einen Sandweg übergeht. Dem Wagen fehlt eine Türscheibe, und ich sehe vergnügt, wie graubrauner Staub das schwarze Wollhaar meiner Begleiter verfärbt. Vermutlich sehe ich nicht besser aus. Sich lächerlich zu machen ist immer viel leichter, als vom Stuhl zu fallen.

Am Rand der Piste stehen verdorrte Maispflanzen und Bananenstauden mit schlaffen Blättern. Offenbar ist hier der Regen ausgeblieben. Später Schonungen – das dort sind Bleistiftzedern, Material für Bretter, Kisten und hölzerne Maasaifrauen – und Sägewerke: eine unerwartete Szenerie. Bei Naremoru eröffnet sich erstmals eine freie Aussicht über grüne Felder zum Kibo.

«Hier fotografieren alle!», sagt der Icepeakmann.

Dann muss ich es wohl auch tun, zumal der Berg bei der Abfahrt hinter Wolkenbänken verborgen war. Im oberen Abschnitt von schütteren Schneefeldern bedeckt, bietet er jetzt jenen Anblick, den man vom Amboseli-Park in Kenia her sieht. Wir fahren ja inzwischen unmittelbar an der von gekalkten Steinen markierten Grenze zu Kenia entlang – die Hütten hinter der Steinreihe gehören zu Oloitokitok. Dort drüben, am Kimana Swamp, stand vor einem halben Jahrhundert das Zelt eines Jagdaufsehers ehrenhalber, der dort monatelang mit seiner Frau, bisweilen auch mit seiner Kambageliebten Debba, in der ausschweifenden Weise lebte und jagte, die sein Mythos von ihm forderte: Ernest Hemingway. Der Kibo erscheint in der Beschreibung jener Zeit nur noch als «der Berg». «Schnee auf dem Kilimandscharo» war längst geschrieben. Alles Bedeutende war geschrieben. Der vom Leben und vom Gin verbrannte künftige Nobelpreisträger saß kahlgeschoren in einem ledernen Kambaumhang vor dem verglühenden Lagerfeuer und notierte heitere Belanglosigkeiten oder ergötzte sich daran, einem Denkmal hämisch die Lippen zu schminken.

«Die Welt zerbricht jeden … Aber die, die nicht zerbrechen wollen, die tötet sie.» Was meinte er wohl damit: «die Welt»? Gewalt, Betrug, Niedertracht, Neid, Missgunst? Die zerbrechen und töten selten. Das Altern immer. Es zerbrach auch ihn.

Der Icepeakmann redet fortwährend dummes Zeug. Als ich mir eine Zigarette anzünde, nimmt er mir die Schachtel aus der Hand und deutet grinsend auf die Aufschrift. Da steht: «Smoking Damages Your Health».

«Life damages your health!», sage ich und nehme ihm die Schachtel weg.

«Kann sein», erwidert er, «aber Raucher sterben einen schlimmen Tod.»

«Bist du sicher, Schmerbauch, dass du einen leichten Tod haben wirst?»

Nun ist endlich Ruhe. Ich kann mir ungestört die Landschaft besehen und die gekalkte Steinreihe, an der vor langer Zeit mein Zelt stand und an der diese Geschichte hier eigentlich begann.

Bei der Hütte eines Rangers, kurz vor Rongai, erwarten uns meine künftigen Begleiter: der Bergführer Tomasi Mtui, ein hoch gewachsener, etwas deprimiert wirkender Chagga mit Schnauzbart und dünnem Kinnbart, der vergnügte Zeltdiener Anderson, der Träger Elias, dünn und großäugig wie ein Hungernder, der stämmige, schwitzende Musa in dicker Nylonjacke, ebenfalls Träger, und unser Koch, ein nachdenklicher, schauderhaft schielender Alter. Er wirkt etwas unheimlich, wohl auch auf die anderen. Mancher Afrikaner glaubt ja, Schielende könnten die Welt der Geister ebenso gut sehen wie jene der Menschen, sie seien deshalb eher irgendwelchem Zauber ausgesetzt. Seinen Namen verstehe ich nicht, aber ich bin erfreut, mit ihm einem Skeptiker nach meinem Gusto zu begegnen. Die Begrüßung verläuft zwanglos und herzlich. Unterschiede der Hautfarben gibt es ohnehin nicht mehr. Ein Blick in den Rückspiegel hat mir gezeigt, dass ich nach dem Staubbad während der Fahrt wie ein Mohr aus alten Kinderbüchern aussehe.

Bis auf Tomasi Mtui tragen alle verwaschene und teils geflickte Kleidung, ihre Füße stecken in alten Tennisschuhen. Auf dem Rückenteil von Musas löchriger Jacke leuchtet ein Greenpeace-Regenbogen.

Wir warten auf den Ranger, weil wir uns bei ihm abmelden müssen. Die Männer sortieren derweil einen stattlichen Haufen von Kanistern, Gasflaschen, Korbtaschen und Bündeln. Gemüse, Bataten, Früchte, Wasser, Petroleum und anderes mehr ist bereits vorhanden, aber es muss noch einiges gekauft werden. Mir sind vor allem Schokolade, Honig, Kaffee und Hühnerfleisch wichtig.

Der Ranger kommt nicht. Wir hinterlassen bei seiner Frau einen Zettel mit allen erforderlichen Angaben, fahren los, und als ob der Bursche nur darauf gewartet hätte, schlendert er dann den Fahrweg herauf. Es gibt ein unglaubliches Theater. Als der Mann schimpfend eine Gasflasche prüft – besser gesagt, er entlässt einen großen Teil unseres Propanvorrates in die Luft –, wird uns klar, dass er sich nicht nur aufspielen will. Ich raune dem Icepeakmann zu, dass ich ein paar Dollar dabeihabe. Der nickt und zieht endlich ein Bündel Geldscheine aus der Tasche. Hakuna matata, kein Problem. Das war es, wir fahren davon.

An der Dorfstraße in Rongai – wie schön, sie führt geradlinig auf den Berg zu – die letzten Einkäufe. Ein Vergnügen. Es heißt nicht: hiervon zwei, davon drei, 800 Shilling, auf Wiedersehen. Handel bedeutet hier auch Zuwendung, Mitteilung, Austausch. Niemand gibt etwas hin, ohne nach der Verwendung zu fragen, nach dem Weg. Ich muss zwar mit Nescafé zufrieden sein, bekomme aber sonst alles, was ich mir gewünscht habe. Darunter ist ein zerknautschter Karton mit Schokolade, dessen Inhalt tropische Wärme dauerhaft miteinander verschweißt hat. Zum Fleischer lasse ich die anderen allein gehen, sehe nur von fern, dass da ein Zeburind ohne die geringste Rücksicht auf seine Anatomie zerstückelt wird. Was soll das werden: willkürlich herausgeschnittenes, nicht abgehangenes Fleisch, später zubereitet von unserem schielenden Koch, der kaum fähig sein kann, Dinge zu erkennen, die weiter als eine Handbreit von ihm entfernt sind? Zum Glück können wir noch zwei Hühner kaufen: magere, zerzauste, ängstlich zappelnde Wesen mit zusammengebundenen Beinen, deren erbarmenswürdiger Anblick vegetarische Regungen weckt, bis der Koch sie endlich gemeinsam mit einer Flasche Konyagi, tansanischem Kognak, in einer Korbtasche verschwinden lässt. Offenbar ist der Mann auch noch ein Säufer.

Vorbei an Zedernhainen und einer Baumschule führt die Fahrspur hinein in den Wald und zum Wendeplatz. Nochmals beginnt das Las-

Aufbruch im Waldgürtel über Rongai

tenverteilen und Bündelschnüren. Seltsam – darunter sind Schaufeln, einige Kartons mit Nägeln, ein Kanister Butterfett, den ich ebenfalls nicht bestellt habe, sowie allerlei Werkzeug. Für die Leute in der School Hut, höre ich, als ich danach frage. Ach so. Und ich hatte mit dem Ice-peakmann um den Preis der Tour geschachert, bis es mir peinlich wurde. Sicherlich nicht entschieden genug, denn es ist doch klar, dass das zusätzliche Aufgebot von mir bezahlt wird. Meinetwegen: fünf Männer in Tätigkeit und Brot – ich bin derzeit der größte Arbeitgeber auf der Rongairoute, und das ist doch wohl eine wirklich gute Rechtfertigung für meine Anwesenheit.

Landrover, Icepeakmann und Fahrer entschwinden. Wir folgen dem Forstweg durch einen enttäuschend lichten, schmalen Waldstreifen, der bald in Baumheidebuschwerk übergeht. Zum einen sind wir wohl schon 2000 Meter hoch, zum anderen fällt an der Nordseite des Berges weitaus weniger Regen als im Süden. Auch wurde hier in größerer Höhe als im Süden gerodet. So blieb nur Raum für den dünnen Gürtel aus Wacholderartigen, aus Afrikanischen Oliven und den manchmal von mörderischen Würgefeigen erdrosselten Albiziabäumen. Mboromo

39

nennen die Chagga die Letzteren und behandeln mit einem Extrakt aus ihrer Rinde das Malariafieber. Wird die Rinde zerrieben und geschnupft, soll sie Kopfschmerzen vertreiben. Derlei Weisheiten entnehme ich fortwährend und zum Befremden meiner Begleiter der «Flora of East Africa».

Zum Lunch eine Überraschung: am Rastplatz Tisch und Bänke, roh gezimmert, aber sorgfältig vom vorausgeeilten Anderson mit Früchten, Keksen und der Thermosflasche mit Ingwertee auf einer bunten Kanga gedeckt, einem Tuch, wie es die Frauen hier als Überwurf tragen. In die Kanten sind oft Sinnsprüche eingewebt, und auf dieser Kanga heißt es «Dunia Duara», die Erde ist rund. Es gibt immer einen Weg, würden wir sagen.

Die Mannschaft speist abseits. Kurz erwäge ich eine Geste der Brüderlichkeit, weil Anderson zwischen den beiden Tafeln hin und her laufen muss, aber das wäre vielleicht ein Missgriff. Der Mann tut seine Arbeit, er ist jung, und er tut sie gern und gut. Er möchte dafür Anerkennung, unerwünschte Hilfe würde ihm als Kritik erscheinen. Und wer bin ich denn, dass ich voraussetze, es wäre für meine Begleiter erfreulich, wenn wir gemeinsam essen würden? Freundlichkeit und Mitgefühl sind liebenswerte, kostbare Eigenschaften, erleichtern die Begegnung. Wenn man jedoch einander noch sehr fremd ist, kann etwas Respekt vor den vorgefundenen Verhältnissen nicht schaden.

Das Gelände steigt weniger steil an als auf der von Süden heranführenden Maranguroute, auf der ich mich vor zwei Jahren zum Kibo hinaufquälte. Ich marschiere also zügig vorwärts, getrieben auch vom klagenden Hühnergegacker in der Korbtasche des Koches. Hinter mir besorgtes Geraune. Während der Pause fragt mich Tomasi, ob ich jedes Jahr Trekkingtouren unternehmen würde. Da gewähre ich ihm herablassend Einblicke in das bewegte Leben eines großen Gebirgswanderers. Abgesehen davon, dass ich nach dem Gespräch eine meiner Lesebrillen liegen lasse, wird solcher Hochmut schon am Abend mit schmerzenden Knien bestraft.

Wir sprechen zudem über den Weg, der vor uns liegt. Früher, vor der Erschließung weiterer südlicher Zugänge, war die Rongairoute neben der schon im 19. Jahrhundert erschlossenen Maranguroute der meistbegangene Aufstiegsweg. Jetzt wird sie vorwiegend von Leuten benutzt, die bei einem Münchener Reiseunternehmen buchen. Letzteres hat auch die Mittel zur Wiederherstellung der School Hut – sie war einstmals Unterkunft und Ausbildungsstätte für einheimische Bergführer – aufgebracht. Der Hauptstrom von Norden kommender Bergwanderer fließt jetzt jedoch von Naremoru her über Mawenzi Tarn zur Kibohütte. Und auch sie, ich höre es mit saurer Miene zum wiederholten Male, gehen nach dem Aufstieg zum Kraterrand auf der Maranguroute hinab.

«Da gibt es Hütten, bequeme Kojen mit Schaumgummimatratzen, geschotterte Wege, Brücken, bei den Mandarahütten sogar Duschen. Es werden Regenschirme und Bier verkauft, und in Marangu erwartet dich der Bus!»

Hm. Ich unterdrücke eine Bemerkung darüber, wie sehr ich mich nach dem Kauf eines Regenschirmes sehne, und stehe auf.

«Du hast in deiner Aufzählung die schönen T-Shirts mit dem Aufdruck ‹I climbed Kili› vergessen!»

Sieht man ab von Gehölzen aus Baumerika, liegt der Waldgürtel schon hinter uns. Wir können dort, wo das Gras nicht allzu hoch ist, mühelos Wegbiegungen abschneiden. Dabei sehe ich oft alte und frischere Elefantenlosung, groß wie Kanonenkugeln. Dann zeigt mir Tomasi sogar zwei Bullen, die fern von uns im Buschwerk stehen. Durch das Fernglas sieht man sie mit den Ohren fächeln, obwohl es, jedenfalls für afrikanische Verhältnisse, recht kühl ist. Unternehmungslustige Gäste, meint Tomasi, herübergekommen aus dem benachbarten Amboselipark in Kenia. Vielleicht sind die grauen Bergsteiger vom Aufstieg erhitzt.

Das Schönste, kommt mir in den Sinn, was über Elefanten je gesagt worden ist, hat wohl Bertolt Brecht geschrieben: Dass sie List mit Stärke vereinen und dies nicht die kümmerliche List ist, die ausreicht, um einer Nachstellung zu entgehen oder ein Essen zu ergattern. Dass ihre Ohren verstellbar sind – sie hören nur, was ihnen passt. Dass sie eine dicke Haut haben, in der Messer zerbrechen, aber dennoch ein zartes Gemüt. Dass sie gern tanzen, gleichermaßen gute Freunde und gute Feinde sind, Kinder lieben. Und sich zum Sterben ins Dickicht zurückziehen. Und dass sie etwas für die Kunst tun: Sie liefern Elfenbein.

Früher haben hier viele Elefanten gelebt, so viele, dass eine Legende der Chagga vermelden konnte, auf dem Kibo befinde sich ein riesiger Elefantenfriedhof, und die Höhlen am Berg seien bis unter die Decken mit Elfenbein gefüllt. Jetzt soll es noch etwa 200 im Kilimandscharo-Nationalparkgebiet geben: in der Landschaft zwischen den Flüssen Namwai und Tarakia.

Eine halbe Stunde und tausend Schritte weiter erheben sich plötzlich wiederum Bäume aus dem Gras- und Strauchland. Ihre Äste sind auf ungewöhnliche Weise mehrfach gegabelt – Botaniker nennen das dichotom verzweigt. Das Laub ist trocken und glänzend, erinnert an Stechpalmen oder Lorbeer, während die rissige Rinde eher der von Eichen gleicht. Als die merkwürdigen Bäume schließlich in Gruppen beisammenstehen, treffen wir, wenig mehr als zwei Stunden nach dem Aufbruch, auf die Höhle 1: ein verrußtes, lang gezogenes Loch in der Stirnwand eines erstarrten Lavaflusses, davor ein ebener Platz für mein Zelt, Tisch und Bänke unter einem weit ausladenden Baum. Wir sollen nach diesem Spaziergang bereits 2830 Meter hoch sein.

Ich massiere meine Knie mit Franzbranntwein und beginne zu rechnen, weil die Landkarte nur Angaben in Fuß enthält. Ja, das stimmt annähernd, wir sind wirklich am ersten Tag schon höher als die Mandarahütten, an denen für Wanderer auf der südwärtigen, der Maranguroute, der erste Aufstiegstag endet. Gut gelaunt rufe ich Tomasi und rede mit ihm über unsere weiteren Vorhaben. Als wir in Details geraten, habe ich den Eindruck, dass er seine Ortskenntnisse über die Gegend jenseits vom Kibogipfel eher widerwillig preisgibt, und höre abermals, jeder leidlich vernünftige Rongaitrekker würde nach der Gipfeltour die Maranguroute hinuntergehen. Schon deshalb, um die Träger nicht zu schinden, die sonst rings um den Berg zum Lava Tower laufen müssen, und das sei ein ziemlich verrücktes Unternehmen. Darauf ist nur zu erwidern, dass ich eben ein ziemlich unvernünftiger Mensch sei, denn sonst würde ich wohl nicht zum zweiten Mal auf dem Kibo umherwandern. Nebenher habe ich das Gefühl, dass da gehofft wird, es käme alles ganz anders, als ich es mir ausgedacht habe. «Überzeugen Sie sich», verlangt mein «Reiseführer für Bergsteiger und Individualreisende», «dass Ihr Führer eine Zulassung für das gesamte zu durchquerende Gebiet besitzt». Aber ich habe keine Lust, unseren ersten Tag mit Misstrauen zu beschließen. Auch mag es ja sein, dass ich mich schon bald nach den Freuden und Regenschirmen der Maranguroute sehnen werde.

In der Höhle braust der Gaskocher. Da wird gekocht, gebraten und gesotten, dass es eine Lust ist – für meine Weggefährten ist das wahrscheinlich der wichtigere Teil dieser Unternehmung. Ich bekomme eine schmackhafte Gemüsesuppe sowie ein Steak mit Erbsen, Bataten, Risotto und Ananasstreifen auf das bunte Tischtuch gestellt, dazu Schokoladenpudding, winzige Bananen, Orangen und kühles Bier. Das Fleisch ist zäh und erfordert einige Zeit, das Bier ist dem Nachsinnen zuträglich:

Im März 1894 haben hier der Botaniker Georg Volkens, der Geologe Carl Lent, der Schutztruppenoffizier Curt Johannes und ihre afrikanischen Begleiter gelagert. Von den Chaggaführern wurde die Höhle damals Noholu oder Nyumba ya nguaro genannt. Unter den Merkwürdigkeiten, die Volkens' Bericht erwähnt, fällt der Wasserreichtum der Gegend auf. Allein auf dem Weg vom nahen – von Volkens so benannten und etwa 2650 Meter hohen – Krapfhügel überquerte die Expedition mindestens acht wohlgefüllte Bachbetten und sah mehrere Schluchten, in denen Wasser stand. Offenbar waren Regenfälle in jener Zeit weitaus ergiebiger als heute. Natürlich erregten insbesondere die auffälligen Bäume an der Lagerstelle das Interesse des Botanikers. Georg Volkens glaubte, eine noch unbeschriebene Art entdeckt zu haben, die er Gnidia volkensii nannte. Vermutlich ist die Artbezeichnung aber nicht anerkannt worden, denn ich kann sie in meinem Bestimmungsbuch nicht finden. Vielleicht sind es Agaurien.

Volkens, Johannes und der unglückliche Lent – er ist wenige Monate danach mit seinen Begleitern, dem Botaniker Kretschmer und sieben Trägern, unweit von hier ermordet worden – genossen die Rast. Sie sahen auf den von einer Salzkruste umgebenen Njirisee im heutigen Kenia herab und ließen sich dabei die Brombeeren schmecken, die Volkens gesammelt hatte.

Vier Jahre nach Volkens' Expedition, im August 1898, führte der Askari Munifasi den Wissenschaftler Hans Meyer, der neun Jahre zuvor als Erster auf dem Kibogipfel gestanden hatte, den Maler Ernst Platz und deren Karawane zu der Höhle: «[Wir stießen] auf die Nguarohöhle, die ich nach Volkens' Beschreibung leicht identifizieren konnte. Sie wird durch die ca. 3 m dicke Oberschicht eines Lavarückens gebildet, ist mannshoch, 4 m breit und 5 m tief und bot Raum genug für alle meine Leute. Sie wurde bald durch vorgebautes Buschwerk und Grasgeflecht zu einer geschützten, von Feuern erwärmten Wohnstätte, in der es die Karawane ganz gut sechs bis sieben Tage aushalten konnte, während ich mit nur wenigen Auserlesenen und mit Herrn Platz weiter bergauf vordringen wollte. Die [...] Höhle ist ein guter Ausgangspunkt für eine Besteigung des Kibo von Norden her. Sie liegt geschützt gegen die Winde, die Bäche dieser Gegend haben auch in der Trockenzeit Wasser, während sie östlich und westlich davon versiegt sind, und bis zum Sattelplateau und dem östlichen Kibofuß hinauf ist der Aufstieg zwar lang, aber fast geradlinig und ohne Terrainhindernisse.» Gemeint ist genau jener Aufstiegsweg, dem wir während der kommenden Tage folgen werden: die Rongairoute.

Nunmehr liegt hier ein schöner Biwakplatz mit Tisch und Bänken, Abfallgruben, Toilettenhäuschen und viel Raum für weitere Zelte auf dem Rücken über der Höhle. Der Blick geht weit in das Unterland, und die vielen Bäume geben dem Ort etwas von der Atmosphäre eines verwilderten Parkes.

Nach dem Essen frage ich Elias, woher er das Wasser holt, und finde ein Rinnsal mit kleinen, Artischocken gleichenden Lobelienrosetten, vertrockneten Lobelien, Tussockgräsern, Carexsegge und einem nach Minze duftenden Kraut mit purpurfarbenen Blüten. An trockenen Stellen drängen sich dichte, spindlige Büsche der heidekrautähnlichen Philippia sowie Strohblumen und andere Immortellen. Im Gegensatz zu ähnlichen Landschaften an der Südostseite fehlt der dort in dieser Höhe schon vereinzelt anzutreffende, an Rhododendron erinnernde Zuckerbusch (Protea kilimandscharica) mit seinen prächtigen weißen Blütenkörben. Noch augenfälliger ist ein anderer Unterschied: Nirgendwo, an keinem der Bäume und Büsche, hängen Bartflechten, denen man im regenreicheren Süden bereits in viel geringerer Höhe begegnet.

An dem Rinnsal hockend, säubere ich mich notdürftig. Der Waschlappen sieht nun aus, als ob ich damit einen Kamin geputzt hätte. Wie stets ist die Körperreinigung am Berg schwierig, weil die Seife in dem mineralreichen Wasser nur schmiert und nicht schäumt. Dafür schmeckt es ganz hervorragend – weitaus besser als jenes, das man in Arusha herstellt und mit der Flaschenaufschrift «Kilimanjaro» in den Handel bringt – und ist immer kristallklar. Selbst dann, wenn weiter oben eine Wanderergruppe ihre Socken wäscht.

Zum Tagesausklang steige ich auf das kleine Plateau über der Höhle. Holzkohlenhaufen markieren die Stellen, an denen die Lagerfeuer anderer Reisender brannten, Strauchwerkschütten die Standorte ihrer Zelte. Dennoch ist es hier sehr viel sauberer als zum Beispiel in der Umgebung der Horombohütten an der Maranguroute, wo Kothaufen den Boden weithin bedecken und die Strohblumen zerfetzte Kleider aus Papiertaschentüchern und dem grünen oder rosafarbenen Toilettenpapier tragen, das man in tansanischen Hotels bevorzugt.

Linker Hand leuchtet der Mawenzi in einem seltsamen, blauen Licht, rechts liegt die dunkle Masse des Kibos. Windstille. Äste und Zweige regen sich nicht. Die kalten Fallwinde vom Kibo setzen erst zwei, drei Stunden nach Sonnenuntergang ein. Keine Tierlaute. Die Landschaft liegt in atemlosem Schlaf. Eine Besonderheit der ostafrikanischen Bergwelt – wo sonst auf der Erde kann man in einer Höhe von fast 3000 Metern noch Bäume und Büsche sehen? Gut, in den Anden, im Himalaya gibt es im Bereich beständiger Regenfälle sogar Wälder, selbst in größeren Höhen, aber dort möchte ich jetzt nicht sein.

Tomasi kommt. Woher weiß er, wo ich bin? Sitzen seine Kunden stets abends hier, starren den leuchtenden Mawenzi an und reden sich ein, dass sie jetzt nicht in Nepal sein möchten?

«Musa», sagt er, «Musa schwitzt schrecklich und braucht Aspirin.»

Nun, darum wird man hier oft gebeten. In Moshi habe ich gesehen, wie simple Magnesiumtabletten gegen Sodbrennen einzeln verkauft wurden, weil den Käufern die gesamte Packung zu teuer war. Gewiss verdient sich mancher Träger ein Zubrot mit dem Aspirin, das er im Verlauf einer Bergtour erbittet. Aber darum geht es nicht: Ich habe genug davon, um das gesamte Chaggaland von Kopfschmerzen zu befreien. Als ich dann den fiebernden Musa sehe, wird mir allerdings klar, dass der Mann etwas anderes als Aspirin braucht. Zum Arzt, sagt Musa, will er nicht gehen. Er ist froh, diese Tour bekommen zu haben, und braucht das Geld. Obwohl die übrigen den größten Teil seiner Last tragen, wird der Aufstieg eine Tortur für ihn sein. Ich gebe ihm ein Antibiotikum, das ich in meiner wohlgefüllten Medikamententasche finde.

Was sonst soll ich tun – mein Gewissen erleichtern, indem ich ihn zurückschicke und damit um Ruf und Lohn bringe?

Abendstimmung am Biwakplatz First Cave, 2830 m.

KAPITEL 3

DEN FINGER IM HONIG

D er Morgen kommt zaghaft, die Nacht war kalt. Der neue Daunenschlafsack, dessen Aufschrift verspricht, bis zu einer Außentemperatur von zwanzig Minusgraden tauglich zu sein, ist nicht viel wert. Meine Begleiter haben auf Reisigschütten geschlafen. Sie besitzen nicht einmal Decken. Eigentlich fordern die Bestimmungen der Parkverwaltung, dass der Veranstalter den Führern und Trägern Schlafsäcke und Zelte stellt. Aber gewöhnlich kümmert sich niemand um diese Anordnung – um viele andere ebenfalls nicht.

In der Höhle bullert schon der Gaskocher. Ich weiß nicht, ob jede Gruppe hier eine Gasflasche mitschleppt. Ich habe den zögernd darauf eingehenden Icepeakmann auch nur deshalb danach gefragt, weil ich bei meiner ersten Bergtour gesehen hatte, wie kahl geschlagen die Landschaft um Hütten und Biwakplätze war.

Anderson bringt den Morgentee sowie ein Schälchen mit warmem Wasser, das ich lediglich symbolisch handhabe. Er deckt den Frühstückstisch getreu unserer Absprache: zuerst Maisbrei mit Honig, dann Omeletts mit Schinkenspeck und Zitrone, Toastscheiben, Erdnussbutter und Papaya. Dazu gibt es Kaffee sowie einen Ausblick auf die Ebene. Ja, wer sich auskennt, der bekommt morgens nicht jene fettigen gebratenen Würstchen serviert, mit denen von Briten geschulte Köche die Widerstandskräfte ganzer Völker gebrochen haben. Es müsste einmal jemand nachforschen, ob die englische Küche solcherart nicht erheblichen Einfluss auf die Ausbreitung des Empires genommen hat.

Tomasi zeigt mir derweil auf der Karte die Tagesroute. Es ist schwierig, ihm dabei Hinweise auf Dinge zu entlocken, die mich interessieren. Man bekommt bestenfalls Auskünfte – Bachbett, Rücken, Moräne –, die auch aus der Karte ersichtlich sind, aber keine Hinweise auf Naturschauspiele, Aussichtspunkte, Besonderheiten der Flora. Das Verlangen danach ist ihm offenkundig nicht selbstverständlich. Zweifellos wäre ich auch überfordert, wenn ich einen Patagonier im Zustand fortwährender Begeisterung durch die Alpen führen sollte. Botanik und Zoologie, Geschichte und Geologie, selbst Erste Hilfe oder Wetterkunde sind hier kei-

Wenige Schritte von First Cave entfernt: der Kibo im Morgenlicht.

ne Gegenstände der Bergführerprüfungen. Es wird lediglich verlangt, dass die Männer den Weg kennen, für den sie eine Lizenz besitzen. Hinzu kommt, dass Tomasi seinen Beruf nicht mehr sonderlich mag:

«Stell dir vor, du solltest jahrelang und viele hundert Mal diesen Berg hinauf- und hinunterlatschen!»

Stattdessen träumt er von einer Anstellung bei der Post. Ich halte das zunächst für einen Witz. Es gibt da auch Widersprüche. Zum Beispiel bestätigt er mir, die eigenartigen Bäume im Umkreis der Höhle würden nur hier derart zahlreich wachsen. Ihn interessiere das auch. Botanische Bestimmungsbücher könne man aber nur in Nairobi oder in Daressalam kaufen, und sie seien sehr teuer.

Nach dem Frühstück gehen wir – wie es üblich und sinnvoll ist, marschieren heute die Träger voraus – durch mannshohe Büsche auf den zerklüfteten, graublauen Kibo zu. Aus dieser Sicht sieht es aus, als ob allein Wasser die Bergoberfläche geformt hätte, so klar bildet das schattenreiche Morgenlicht die Folge von Graten und den dazwischen herausgespülten Rinnen ab. Um die Gipfelregion liegen blendend weiße Bänder: der Stufengletscher und die Nördlichen Eisfelder.

Der Pfad folgt späterhin einem Bachbett, das Buschwerk wächst nur noch niedrig und verstreut, und in einer Höhe von knapp 3000 Metern endet das Verbreitungsgebiet der Baumerika. Langer Graswuchs, aus dem die silbrigen Zweige von Strohblumen hervorschimmern, prägt neben an Scheinzypressen erinnernden Büschen die Landschaft. Manchmal sieht man dem lustlos dahinsickernden Bach an, dass er zuweilen reißend herabstürzt: Da hat er sich tief in die graue Lavadecke hineingesägt und Kiesel und Kies aufgehäuft. Weiter oben verschwindet das Rinnsal im Berginneren. Stauden und Sträucher erreichen nur noch die Höhe unserer Knie, der Graswuchs zeigt sich nun spärlicher, der Boden kahler.

Unter uns zieht Nebel auf, verschleiert die Ebene und kriecht, unseren Spuren zögernd folgend, den Berghang hinauf. Die Form der Nebelfront gleicht geduckt anschleichenden Löwen und ist das Einzige, was hier an die Tierwelt erinnert. Ich bemerke nicht einmal eine Heuschrecke.

Lunch gibt es in der hohen, geradezu komfortablen Höhle 2: Tee, Kekse, gesalzene Erdnüsse, etwas kaltes Huhn. Nach meinen Erfahrungen ist es nicht gut, vor den Märschen oder in ihrem Verlauf viel zu essen – man wird davon träge, in größerer Höhe ist sogar Übelkeit die Folge. Aber leider mache ich von dieser Erkenntnis selten Gebrauch. Ohnehin wird jetzt das Trinken viel wichtiger als das Essen. Ich zwinge mich, pro Marschstunde einen halben Liter Wasser oder Tee zu trinken, weil die Symptome der Höhenkrankheit durch Flüssigkeitsmangel begünstigt werden sollen. Und diese Höhle liegt ja schon 3450 Meter hoch.

Auch in ihr sehe ich Anzeichen, dass uns jemand vorausgeht. Richtig beobachtet, sagt Tomasi, am Montag ist ein Paar aus Norwegen in Rongai aufgebrochen und mit ihm Leute von Ice Peak, die den Biwakplatz an der Höhle 3 herrichten sollen. Deshalb also die Bananenschalen und das Bonbonpapier am Weg.

Im August 1898 sind Hans Meyer und Ernst Platz auf ihrem Marsch zum Nordosten des Kibos dem Bachbett gefolgt, das auch unsere Route säumt. Erstaunlich, dass der erfahrene Meyer diesen hervorragenden Biwakplatz mit mehreren Höhlen damals nicht entdeckte. Stattdessen rastete er mit seinen Begleitern in der etwas höher liegenden, engen und feuchten Salpeterhöhle. Sie mag ihm als Biwak geeigneter erschienen sein, weil man dem Ziel, dem Gipfelberg des Kibos, näher war. Und sie bot wohl trotz aller Misshelligkeiten einen zufriedenstellenden Unterschlupf: Meyer berichtete vom behaglichen Abend am Lagerfeuer, untermalt von schwermütigen Sansibarliedern, die der Askari Munifasi auf seiner Kürbisgitarre begleitete.

Tomasi erzählt, die auffälligen Felsen nahebei seien ein Trainingsort der Outward Bound Mountain School gewesen, an dem früher Bergführer für Klettertouren ausgebildet wurden. Die Verwaltung des Kilimandscharo-Nationalparkes habe damals gehofft, es würden sich zahlreiche Bergsteiger aus aller Welt für geführte Touren am Mawenzi begeistern. Doch das wäre, selbst nach der Erschließung neuer und interessanter Routen, ein Trugschluss gewesen. Angeboten würden Mawenzitouren freilich immer noch – zum Beispiel im Rahmen der Drei-Gipfel-Tour von Ice Peak Mountain Climbing. Diese Tour führt über unseren jetzigen Rastplatz zur Mawenzi Tarn Hut und während der folgenden Tage zu den Gipfeln von Mawenzi, Kibo und Shira.

Wir ziehen weiter. Ich habe endlich mein Tempo wieder gefunden, gehe bedächtig wie ein Trauerzug und vertreibe mir die Zeit mit rhythmischem Swahiliunterricht. Nämlich so: «Moja, mbili, tatu, nne …, kumi na moja, kumi na mbili …»

Das ist nur Zählerei, ergibt aber ein gutes, melodisches Schrittmaß. Tomasi zerrt kichernd an seinem Ziegenbart. Auf die Frage, was ihn so erheitere, antwortet er vergnügt, es sei richtig, aber es klinge immer komisch, wenn ein Mzungu Kiswahili sprechen würde. Gut, ich weiß. Im Gegensatz zu dem, was man meist in Reiseberichten liest, ist die Swahiligrammatik kompliziert. Mein kleines Wörterbuch enthält allein fünfzehn Seiten grammatischer Regeln und Tabellen, Hinweise auf idiomatische Wendungen, verschiedene Aussprachemelodien. Da kommt sich mancher Reisebuchautor ungeheuer sprachgewandt vor, wenn er fortwährend dieselben Wörtlein einstreut und den Eindruck erweckt, Afrikaner würden nur stammeln. Schauderhaft, zum Beispiel, das unablässige «Piga!», «Kufa!», «Kwenda na kampi!» in den Schilderungen der Trophäenjäger. Dabei sprechen die Menschen hier oftmals drei Sprachen: ihre Stammessprache – in Tansania sind es einhundertfünfunddreißig –, dazu Swahili und Englisch.

Die Landschaft wird eintöniger und abweisender, obwohl die Feuchtigkeit sichtlich zunimmt. Gelblichweiße, graue oder ziegelrote Flechten bedecken Fels und Geröll, an den Büschen hängen erste Bartflechten. Neben schuppigen Stoebebüschen bestimmen Strohblumen den Anblick; einige blühen gelb, andere rot. Überall sieht man Hinweise auf eine gewaltige Erosion: Schutthalden, tiefe Rinnen. Felsnadeln stehen wie Rippen vor dem tiefblauen Himmel, an einigen Stellen hat tobendes Wasser dem Berg die Eingeweide bloßgelegt. Das Gestein ist dort von hellem, blankem Blaugrau. In den Senken liegen bisweilen zusammengeschwemmte Haufen von ausgewaschenen Feldspatkristallen: Zwergenschätze.

Da wird Zeit sichtbar, und Zeit bedeutet nun einmal Verfall. Die Natur ist ein beständiger, sehr erfahrener Totengräber, und Berge sind besonders sinnfällig dafür. Dem Verrinnen der Zeit entgeht man auch hier nicht. Hier schon gar nicht. Aber sie scheint auf eine irgendwie neuartige, anregende Weise zu verstreichen und wird anders gezählt. So frühstücken wir nicht um sieben Uhr, sondern saa moja: zur ersten Stunde.

Denn der Tag beginnt mit dem Sonnenaufgang, also um sechs Uhr morgens, und das ist die Stunde null der Swahiliuhr. Entsprechend wird der Mittag zur sechsten Stunde – saa sita – und erst der Abend zur zwölften: saa kumi na mbili. Es bereitet mir ein kindliches Vergnügen, immerfort diese neue Zeitzählung zu verwenden. Viereinhalb Stunden nach dem Aufbruch höre ich unerwartete Geräusche. Es klingt, als würde jemand eine Arche zusammennageln, und wird lauter, je näher wir dem Biwakplatz Third Cave kommen. Das Rätsel löst sich bei der Ankunft: Wackere Icepeakmänner zimmern dort Tische und Bänke zur Rast in 3900 Metern Höhe zusammen. Daneben kauert eine fröstelnde Gestalt im Skianzug, eingehüllt in eine Decke und mit um den Kopf gebundenem Schal. Offenbar lagern die Norweger hier schon seit gestern, um sich der Höhe anzupassen. Mein Verlangen nach Gesellschaft ist allerdings wie immer gering, und außerdem mag ich es nicht, wenn Wanderer ihren Weg mit Bonbonpapier und Bananenschalen markieren. Also ein lässiges Zuwinken, dann verschwinde ich in meinem abseits aufgestellten Zelt.

Der Koch – er trägt heute eine Sonnenbrille mit bläulich verspiegelten Gläsern und sieht damit recht flott aus – bringt Tee und Gebäck. Genüsslich schlürfend, lese ich in Hans Meyers Reisebericht. Der Forscher bemerkte damals schon 300 Meter unter unserem Lagerplatz untrügliche Anzeichen einer früheren Vereisung: Gletscherschliffe und Gletscherschrammen. Wir gehen also durch ein Gebiet, das vor langer Zeit von Gletschern bedeckt und geformt wurde. In der Tat fällt selbst dem Laien die Vielzahl gerundeter Formen in dieser Landschaft auf. Allerdings hätte ich es nicht gewagt, darauf eine Vermutung zu gründen, zumal die starke Verwitterung viele Spuren der Vergletscherung verwischte.

Jedenfalls lagern wir an einem interessanten Ort, der zu Zeiten mal von brodelnder Lava überschwemmt, mal von Gletschern gehobelt wurde, und zwischendurch regnete es Steine. Der vom Frost aufgesprengte Felsen neben dem Zelt zeigt unter der Lavahaut ein rot, braun und gelb gefärbtes Inneres aus Tuff, aus verfestigter vulkanischer Asche, das mit den daran hängenden Flechten an einen geöffneten Tierkadaver erinnert. Ein unheimlicher Anblick. Man vermeint, in einen Bauch zu sehen, aus dem schreckliche Kreaturen hervorgekrochen sind.

In der Senke davor wachsen tiefgrüne Stoebebüsche, ausgekahlt wie Ginster nach strengem Winter, dazwischen Gras, rosa blühende Disteln, gelbes Hypericum sowie die vorherrschenden Pflanzen dieser Region: halbkugelig geformte Strohblumen, silbrig graublau gefärbt und mit den Resten weißer Blüten daran. Es war wohl Georg Volkens, der den Anblick von Strohblumenbüschen treffend mit versprengten Schafen verglich. Hier bilden sie eine Herde, stehen sie ungewöhnlich dicht beieinander – sicherlich im Gefolge des Wassers, das sich zuweilen in der Senke sammelt. Die merkwürdigste Pflanze des Kilimandscharogebirges, auf der Südseite schon in geringerer Höhe anzutreffen, fehlt gänzlich: die Riesensenecie (Dendrosenecio spec.), der Gespensterbaum mit seinem Lumpenkleid aus abgestorbenen Blättern und der kohlkopfähnlichen Blätterkrone.

Ich gehe die wenigen Schritte hinüber zur Höhle, in der meine Begleiter die Nacht verbringen werden, und lasse mir von Musa die Tabletten zeigen. Ja, er nimmt sie in den vorgeschriebenen Abständen ein. Es geht ihm nicht besser, aber wenigstens auch nicht schlechter. Als ich ihn nach der Wasserstelle frage, antwortet er zögernd und sieht Hilfe suchend zu Anderson hinüber. Anderson lacht. Wie es scheint, erwartet mich dort irgendeine Überraschung.

In der angegebenen Richtung liegen mehrere Meter hoch aufgewölbte Steinfelder am Rand einer trogförmigen Vertiefung. Zweifellos ist das die Moräne eines längst verschwundenen Gletschers. Unter der Geländestufe dahinter finde ich Kieselhalden, die Hinterlassenschaft heftig abfließenden Wassers. Mitten in den Kieseln liegt eine aufgescharrte Mulde, gefüllt mit etwas, das flüssig und trübe ist und in dem

Moräne am Biwakplatz Third Cave, 3875 m.

vom Wind heraufgewehte tote Spinnen schwimmen. Mir wurde gerade ein daraus bereiteter Tee serviert.

Hm. Da ist nichts mehr zu machen. Deshalb drohe ich den Teeköchen später nur damit, dass ich mich, wenn sie das Wasser nicht ordentlich abkochen sollten, auf ihren Schlafplätzen von den Folgen erleichtern werde. So etwas hören sie gern. Lachend wackeln sie wie leere Fässer. Anderson und Elias johlen, Tomasis Ziegenbart gerät in größte Gefahr, dem Koch verschiebt es völlig die Blickachsen, und nur Musa sieht mich verstört an, weil er beim Lachen einen Kern verschluckt hat.

Während des Rückweges über die Moräne, fortwährend ausgleitend und strauchelnd, wird mir zum ersten Mal die Luft knapp. Ich muss Pausen einlegen und sehe dabei zum Kibo hinüber. Der Gipfelberg sieht aus dieser Blickrichtung wenig eindrucksvoll aus. Die Basis ist verdeckt, darüber Schutt, Grate, Erosionsrinnen und in der Gipfelregion drei Gletscher wie Zuckergusstupfen auf einem hellblauen Napfkuchen: der Stufengletscher, ein Eisrest bei Lörtscher Notch und ein Zipfel vom Northern Icefield.

Dort oben, im Nordwesten des Nördlichen Eisfeldes, will im November 1888 eine der schillerndsten Gestalten aus der Besteigungsgeschichte des Kibos gestanden haben: Otto Ehlers, Jurist und Landwirt aus Mecklenburg, der zuvor nur Treppen gestiegen war. Die Gelegenheit schien günstig. Hans Meyer und der österreichische Wissenschaftler Oscar Baumann waren auf dem Weg zum Kibo von Aufständischen in Ketten gelegt worden, und Ehlers verfügte unbekümmert über einen Teil ihrer Ausrüstung, die bereits Moshi erreicht hatte. «Während ich noch trauerte um das Geschick meines Freundes, kam plötzlich der Bergsteigegeist über mich, und schnell entschlossen machte ich den Plan des Dr. Meyer zu dem meinigen», hieß es darüber im von Ehlers verfassten Bericht über seine vorgeblich erste Kibobesteigung. Darin klang schon die Leichtfertigkeit eines Scharlatans an und setzte sich fort, wenn er berichtete, er habe die Gunst des Chaggahäuptlings Mandara für einen alten Klappzylinder eingehandelt. Gemeinsam mit dem Amerikaner William Louis Abbott und drei von Mandara gesandten Führern will Ehlers dann aufgebrochen sein und sich während einer von seinen Begleitern nicht bemerkten Besteigung des Mawenzis für den Kibo aufgewärmt haben. Ebenfalls allein – Abbott wurde höhenkrank, die Afrikaner blieben angeblich trotz reichlicher Kognakgaben immerfort weinend im Schnee auf dem Sattelplateau liegen – sei er darauf an Kibos Nordseite bis zum Nördlichen Eisfeld hinaufgestiegen, auf dem zuvor noch kein Mensch gestanden hatte: «(Es) gelang ... mir nach recht mühevollem Klettern, die Nordwestseite des Gipfels zu erreichen und hier von einem Punkte der Eisauflagerung aus einen verhältnismäßig weiten Überblick über die Kuppe zu erlangen. Von einem Krater konnte ich nichts entdecken, und die Eis- resp. Schneemasse lag in einigen ruhigen Wellenlinien mit viel frischem Schnee vor mir.»

So geschehen ohne Steigeisen und Eisgerät, allein mit einem Bergstock in der Hand und ein paar großen Schlucken Kognak im Magen. Aber Ehlers war kein Spaßvogel, sondern hat sich später lange Zeit gegen seine Entlarvung gewehrt. Noch verräterischer als die vielen unbestimmten Formulierungen in seinem Bericht war freilich die Aussage, es gebe dort oben keinen Krater. Schon im kommenden Jahr blickten Hans Meyer und Ludwig Purtscheller in das weite Rund von Kibos Krater und Caldera. Niemand suchte deshalb künftig nach der von Ehlers, so hatte er es behauptet, in einer Konservendose hinterlassenen Visitenkarte. Der Mann, der sich als Erstbesteiger des höchsten afrikanischen Berges ausgab, zog nun als Schausteller mit einer Afrikanergruppe durch Deutschland, bereiste dann Indien und Ostasien, wurde ein bekannter Reiseschriftsteller und starb, erst vierzigjährig, auf Neuguinea. Es konnte nie geklärt werden, ob er tatsächlich bei einer Flussdurchquerung ertrank oder von seinen Begleitern ermordet wurde.

Von hier aus gesehen, erscheint Ehlers' angeblicher Standort nur als weißer Klecks. Das taugt nicht für ein Foto. Kurzatmig und übellaunig stolpere ich zum Zelt zurück. In solchen Augenblicken ist es bedauerlich, wenn man ohne einen Gefährten reist, den man mit irgendeiner dummen Begründung für das schwindende Wohlbefinden verantwortlich machen könnte.

Zur Jahrtausendwende, hat Tomasi mir erzählt, ist ein fünfundfünfzigjähriger Deutscher dort gestorben, wo jetzt das Zelt der Norweger steht: am 31. Dezember, nach einem Herzanfall. Eine vierundfünfzig Jahre alte Amerikanerin starb damals dicht unter dem Uhuru Peak. Zur gleichen Zeit erreichten allerdings auch ein elfjähriges Mädchen aus Spanien und eine zweiundsiebzigjährige Südafrikanerin den Kraterrand bei Gillman's Point. Mehr als 1100 Menschen aus den USA, aus Deutschland, Großbritannien, Japan, Australien, der Schweiz, Spanien, Brasilien und Südafrika verbrachten den letzten Tag des Jahrhunderts auf dem Kibo. Wahrscheinlich auch noch solche aus anderen Ländern, aber mehr hat der Chief Warden der Parkverwaltung in seiner Pressemitteilung über den Tod des Deutschen und der Amerikanerin nicht erwähnt. Retter hatten zudem zweiunddreißig Touristen wegen Verletzungen oder lebensbedrohlichen Zuständen vom Kibo talwärts tragen müssen.

Im Zelt stellt sich mit dem beruhigten Atem sogar Hunger ein. Und was dann kommt, darf wirklich ein Dinner genannt werden: Ochsenschwanzsuppe, mit Kokosflocken und Chili bestreutes Huhn nebst Bataten und Mangostreifen, Karamellpudding, Kaffee. Also muss ich doch noch einmal in die Höhle hinübergehen und mit dem Koch das letzte Bier aus gemeinsamer Flasche trinken. Wie sich herausstellt, heißt er Joseph Matoli und ist damit mein vierter Begleiter mit biblischem Namen. Gute Gesellschaft. Allerdings geben sowohl Führer als auch Träger sich gern Namen, von denen sie wissen, dass wir sie leicht aussprechen und uns merken können.

Als ich das Hühnchen pili-pili preise, sagt Joseph:

«Ich gebe ihnen Konyagi, bevor ich sie schlachte, deshalb ist das Fleisch so zart. Sie verkrampfen sich sonst.»

Und ich dachte, er hätte den Kognak für sich gekauft.

Die Heiligen bereiten bedächtig, vergnügt und gesprächig ihr Essen. Da werden Zwiebeln geschält, Lauchringe geschnitten, Fleischstreifen frittiert. Der Topf, in dem das Öl siedet, hat einen zugespitzten Boden und ist damit gut zum Kochen auf ein paar zusammengelegten Steinen geeignet. Über der Gasflamme brodelt zudem ein Bohnengericht.

«Morgen», sagt Joseph und schenkt mir ein blau verspiegeltes Lächeln, «würden sie nicht mehr weich werden.»

Richtig. Morgen, mein Freund, sind wir fast 5000 Meter hoch.

«Ja, ja. Unser Joseph kocht nicht nur hervorragend, er kann dir auch noch eine wunderbare Gute-Nacht-Geschichte erzählen», mischt sich nun Tomasi ein.

Gut, dann wünsche ich mir eine Geschichte, gerade weil Tomasi mich ansieht, als würde er mich zu einem schlafenden Löwen führen: spöttisch und dennoch zögernd. Joseph tut, als ob er nichts gehört hätte, und legt brummelnd ein Handtuch zusammen. Eitel ist er, wie alle Erzähler, denke ich noch, doch da spricht er schon:

«Vor langen Jahren sind zwei Chaggamänner von ihrem Häuptling sehr schlecht behandelt worden. Sie flohen deshalb und stiegen den

Kibo hinauf. Da kamen sie an zwei Tore. Das eine war nach oben geöffnet, und sie konnten dahinter Leitern sehen. Nicht solche, wie man sie heute hat, sondern Baumstämme mit herausgehackten Trittstufen, na, eben Chaggaleitern. Die führten zum Kibogipfel. Das zweite Tor war nach unten geöffnet, und überall standen Leute herum. Die einen sagten den Männern, sie sollten nach unten gehen, die anderen jedoch fuchtelten mit den Armen und schrieen, nein, nein, sie müssten durch das obere Tor gehen.

Und die Männer gingen durch das obere Tor, stiegen hinauf und begegneten auf dem Gipfel sehr kleinen Leuten. Sie fragten deshalb, wo denn ihr Vater wäre, und die Kleinen sagten, der käme bald heim. Da warteten sie also und sahen verwundert, wie kleine Frauen aus dem Gras kamen, die Garben für das Vieh schleppten. Endlich kam jemand, den die Kleinen erwartet hatten. Es war aber nicht ihr Vater, sondern ihr Häuptling, und er war nicht größer als sie.

Der Häuptling ließ den Männern Fleisch zu essen geben und fragte, warum sie auf den Berg gestiegen wären. Darauf antworteten sie, die Armut hätte sie dazu getrieben. Da schenkte der Häuptling jedem vier Rinder.

Am nächsten Morgen sahen sie die Frauen der Zwerge nach unten ins Gras gehen. Jede Frau trug eine Kalebasse mit Milch auf dem Rücken. Daraus wollten sie im Gehen Butter machen und gingen deshalb im Tanzschritt und sangen:

‹Krüglein, Krüglein, schlage Butter,
Lass uns finden gutes Futter!›

Die Männer konnten vom Kibogipfel her das ganze Land sehen und dabei jedes Wort hören, das auf dem Markt geredet wurde.

Die Zwerge zeigten ihnen den Weg hinunter, und als sie am unteren Tor vorbeikamen, erkannten sie, dass die Leute dort Geister waren und dass hinter dem Tor mehrere Feuer brannten. Die hätten sie verbrannt, wenn sie durch dieses Tor gegangen wären.

Das ist meine Geschichte!»

Ich bedanke mich für die Erzählung und gehe, um sie aufzuschreiben. Gelesen habe ich diese Legende schon in einer Sammlung des Missionars Bruno Gutmann, aber da waren es nur jeweils drei Rinder, die der Zwergenhäuptling den beiden schenkte. Josephs Lesart klingt wahrscheinlicher, denn die Vier gilt den Chagga als Glückszahl.

Am Felsrand, in der Richtung, in der die Ebene von Amboseli liegt, ziehen lachsrot gefärbte Wolken auf. Darunter gehen die Steppentiere zur Ruhe, flackern die Lagerfeuer der Maasai. Und über allem schwebt der Gesang der Stille. Daheim wird die Welt kleiner, wenn es dunkelt. Hier wächst sie und wird bodenlos.

Es war ein guter Entschluss, noch einmal auf den Kibo zu gehen. Nirgendwo ist man so frei wie auf hohen Bergen. Am liebsten würde ich wochenlang hier sitzen bleiben und mir einen Bart wachsen lassen. «Von Bergen», schrieb einmal Hans Paasche, «kommt alles, was die Ebene befruchtet hat: Gletscherwasser und Salze, Gesetze, Gottes Wort und die Dichtung.»

Über der Ebene leuchten Sternschnuppen auf, shibabu, wie Musa sie nennt: Pfeile, mit denen Engel jene Teufel zurückdrängen, die einen Blick auf die Mutter der Bücher werfen wollen. Denn dort oben sitzt der Engel Kalamu und schreibt mit weißer Tinte auf eine Tafel aus Smaragd das Buch der Zukunft – alle guten und schlechten Taten der Menschen, zuvor, jetzt und künftig begangen, ihr Schicksal und alle Weisheit der Welt.

Ich krame eine Weile in den Kassetten herum, bis ich den richtigen Abschluss für diesen Abend finde: Edvard Griegs Lyrische Stücke mit dem «Zug der Zwerge» sowie sein Klavierkonzert in a-moll – ausgerechnet das schwermütige Pathos der nordischen Welt.

Das Ende einer schlimmen Nacht: Das Zeltdach ist dick bereift. Als ich mich bewege, rieseln Flocken auf den Schlafsack herab. Mehrfach habe ich wachgelegen, mal geweckt von der Kälte, mal von Atemstörungen oder plötzlichem Herzrasen.

Draußen leuchtet der Kibo – er erscheint fast gelb – in der Morgensonne. Gelb wie das Omelett, in dem ich lustlos herumstochere. Hier unten ist es noch dunkel, tropfender Nebel wälzt sich im Talkessel. Daher also sind die Felsen ringsum mit Bartflechten behangen. Dieser Ort, an dem jemand starb, das kalte Omelett und die Aussicht auf den bevorstehenden Marsch durch die Einöde des Sattels stimmen trübsinnig.

Doch dann fasse ich einen raschen Entschluss, breite, als die Sonne den Lagerplatz endlich erwärmt, meinen Schlafsack aus und schlafe sofort wieder ein.

Später sehe ich im Halbschlaf einen blau bebrillten Mann auf mich zukommen, in der Hand einen glitzernden Gegenstand. Nein, kein Tyrannenmörder. Es ist Joseph, der die Thermosflasche mit dem Tee hinstellt und dabei sagt:

«Papa, du hast fast drei Stunden geschlafen. Wir gehen jetzt los. Und Musa geht es wieder gut!»

Schön, in der Rolle eines Wunderheilers zu erwachen. Jedenfalls besser als zuvor.

«Sag ihm, dass er die Tabletten trotzdem alle vier Stunden einnehmen muss, sonst holt ihn der Teufel! Wir kommen bald nach.»

Tomasi wartet am Icepeaktisch. Er liest in der «Flora of East Africa», die er sich gestern geben ließ, und fragt, was «endemic» bedeutet. Als ich ihm antworte, er zum Beispiel sei hier endemisch, scheint er das für eine Unhöflichkeit zu halten und sagt vorwurfsvoll:

«Die Norweger sind längst unterwegs. Bestimmt geraten wir heute noch in schlechtes Wetter, sicherlich in Nebel.»

«Na und, dann werden wir eben ihrem Bonbonpapier folgen. Hast du bemerkt, dass es hier oben keine unterschiedlichen Gerüche mehr gibt? Du kannst die Nase an jeden Busch, an jede Strohblume, an jeden Felsen halten – alles riecht wie ein alter Komposthaufen.»

Es stellt sich heraus, dass er auch nicht weiß, was ein Komposthaufen ist, dahinter jedoch wiederum eine abwertende Anspielung vermutet, obwohl ich ihm das auszureden versuche. Irgendwie kommt heute kein vergnügliches Gespräch zustande. Wir steigen also schweigend aus dem Talkessel heraus und geraten unvermittelt von einer Oase in die Wüste: überall Steine, Lavagrus, Sand, Asche, hin und wieder feste Lavakrusten, häufig dünenähnliche Landschaftsformen. Eine kahle, wüste Gegend, aber nirgendwo lassen sich die Vielfalt des Verfalls und die beständige Neuordnung der Erdkruste so gut erkennen wie an solchen kargen Orten. An den Kibohängen fallen gewundene, vielfarbige Bänderungen zwischen den überwiegenden Brauntönen auf: Spuren geschmolzener Schneedecken. Diese Steinwüste ist der Überrest einer geschlossenen Lavaschicht, die durch Verwitterung zerstört wurde. Wer etwas davon versteht, vermag hier die Wirkungen eines langen und gewaltigen Wechselspieles zu sehen, dessen Akteure zum einen die Vulkane Kibo und Mawenzi sowie die Parasitärkrater im Bergsattel zwischen den beiden, zum anderen Gletscher, Schmelzwasser und Niederschläge, Hitze, Kälte und Wind waren. Ich kann das nicht, starre nur gebannt in das unglaubliche Himmelsblau. Niemals zuvor habe ich eine derartige Färbung des Himmels gesehen.

Ich lege mich hin, schwimme durch das Blau hinüber zu den Perlmuttbänken der Zirruswolken. Man kann süchtig werden nach solchem Zustand, ich weiß. «Die Trunkenheit der Weite» hat das der Wüstenwanderer Théodore Monod genannt.

Tomasi, der vorausgeht, kommt missmutig zurück. Wahrscheinlich glaubt er, ich würde mich schon wieder der Schlafsucht hingeben. Und er hat wohl auch eine Idee, wie er mich weitertreibt.

«Siehst du die Spuren und den Kot?»

Wirklich säumen Fährten und mit Haaren gefüllte Kotballen den Weg. Die Fährten gleichen jenen großer Hunde, zeigen aber nur vier Zehen.

«Mbwa mwitu», sagt er mit einem bösen Lachen.

Wildhunde! Aber da regt sich mein Misstrauen: Vielleicht hat der Icepeakmann geschwatzt und Tomasi von meiner besorgten Nachfrage erzählt? Gelegenheit dazu gab es. Ich finde meine Besorgnis übri-

Die Steinwüste auf dem Sattelplateau: Überreste einer einst geschlossenen Lavadecke.

gens gar nicht furchtsam oder albern, weil ich weiß, dass schon mehrere Wanderer im Kilimandscharogebirge spurlos verschwanden. Wild- oder Hyänenhunde sind zielstrebige, intelligente Jäger, die ihrer Beute in Rudeln bis zu vierzig Tieren nachstellen und überdies die unangenehme Gewohnheit haben, ein gestelltes Opfer bei lebendigem Leib zu zerreißen. Der von Wildhunden angegriffene Träger, von dem John Reader in seinem Kilimandscharobuch berichtet, konnte sich glücklich schätzen, wenn ihm nur ein Finger abgebissen wurde. Und der Zwischenfall hätte wohl auch ein ganz anderes Ende genommen, wäre nicht zufällig gerade eine Trekkergruppe erschienen. Im Gegensatz zu den Steppengebieten, in denen sie sehr selten geworden sind, erscheinen Wildhunde hier anscheinend häufiger. Erst vor wenigen Wochen hat eine Wildhundmeute eine Gruppe deutscher Bergwanderer, die neben der Barrancohütte zeltete, um die Nachtruhe gebracht.

Wenn wir hier auch meist nur Steinschmätzer, Weißnackenraben und vielleicht ein kleines Nagetier sehen, so bedeutet das nicht, dass das

Sattelplateau und selbst die Höhen darüber von größeren Säugetieren gemieden werden. Hans Meyer und Ludwig Purtscheller fanden zu ihrem Erstaunen in einer Höhle im Sattel Überreste von Mahlzeiten, die für regelmäßige Jagdausflüge in dieser Höhe sprachen. Erlegt hatten die afrikanischen Jäger damals mehrere Elenantilopen, große Tiere mit einem Gewicht bis zu einer Tonne. Noch weitaus verwunderter waren Meyer und sein Gefährte, als sie in einer Gletscherspalte im Gipfelbereich, fast 6000 Meter hoch, eine verendete Kleinantilope sahen. Durch Wilfred Thesiger bekannt geworden ist der Aufstieg einer Meute von Wildhunden in die Gletscherregion, ich habe Fotografien von Wildhunden im Kiboschnee gesehen, und es gibt weitere solcher spektakulären Beispiele. So den durch Ernest Hemingways Erzählung «Schnee auf dem Kilimandscharo» berühmt gewordenen Leoparden, den es wirklich gab: Im September 1926 soll der bergsteigende Missionar Richard Reusch, wird auch in wissenschaftlichen Veröffentlichungen immer wieder berichtet, den gefrorenen Kadaver als Erster an einer Stelle auf dem östlichen Kraterrand gefunden haben, die seither Leopard Point heißt. Der besagte Leopard erschien jedoch bereits auf einer Fotografie im Reisebericht des Südafrikaners Donald V. Latham, der zwei Monate zuvor mit den Bergführern Oforo und Jonathan den Kibogipfel erreichte. Auf dem Bild hält Oforo, der auf dem Ostrand des Kibokraters vor einer grandiosen Gletscherkulisse steht, einen gefrorenen Leopardenkadaver hoch.

Auf dem Mawenzi, nahezu 4880 Meter hoch, haben britische Alpinisten 1964 ein Büffelskelett gefunden. Rätselhaft, wie das etwa eine Tonne schwere Tier dorthin gelangen konnte, denn die Kletterer hatten sich mühsam durch einen Kamin zu der Fundstelle hinaufgearbeitet. Und im Umkreis der heutigen Mawenzihütte sind zur Zeit von Hans Meyers Expeditionen Elefantenknochen bemerkt worden. 1951 beobachteten die Briten Swynnerton und Hayman auf dem Kibo sogar einen Elefanten, der in einer Höhe von 4877 Metern umherwanderte. Menschen sind also durchaus nicht die einzigen Bergsteiger.

Wenn Tomasi glauben sollte, die Aussicht, heute von Wildhunden zerrissen zu werden, würde mich zur Eile bewegen, dann hat er sich getäuscht. Grimmig murmele ich etwas von Menschen, die von der Gier nach den dampfenden Fleischtöpfen in der School Hut vorangetrieben werden. Und trotte gemächlich weiter. Ist das nicht eine wunderbare Landschaft? Wind und Wolken sind die einzigen bewegten Elemente, der Himmel ist groß, der Blick geht weit. Eine monotheistische Welt. Die Vorstellungen vom einzigen Gott entstanden ja wohl in Wüsten – jedenfalls kaum in der Vielfalt. Alles hier ist Himmel: Der graue Ascheboden führt zu ihm, die leeren Horizonte lenken den Blick dorthin, selbst der Berg bildet nur eine Fluchtlinie in den Himmel. Immer ist der Aufsteigende dem Höchsten zugewandt. Denn den Horizont, da zeigt sich kein Wetterwechsel, braucht er nicht nach Beistand absuchen, und den Schrecken der Abgründe entgeht er nur durch den Blick in die Höhe. Kein Raum ringsum für Zerstreuung, Ausschweifung, Begierde. Klar und trocken. Nicht einmal eine Fliege schwirrt. Gut, ich habe hier schon Heuschrecken und Schmetterlinge gesehen. Aber das waren vom Wind herbeigetriebene Todgeweihte.

Gehen, gehen. Langsam, nachdrücklich, deutlich: so, wie man leben sollte. Die mir gemäße Form der Meditation. Auf der Suche nach Orten, die frei sind von unserem furchtbaren Wissen. Forschend danach, ob man eine Seele besitzt. Befreit, wenn auch nur für kurze Zeit, vom würgenden Netz der Beziehungen. Nicht völlig ungebunden, aber sehr fern von Geborgenheiten, die allesamt nur Fallen sind.

Manchmal jagen Moosbälle vorüber: verfilzte, kugelige Gebilde, unablässig auf der Wanderschaft, genährt von Nebeln und von Mineralstoffen dort, wo der Wind sie zufällig zur Ruhe kommen lässt. Sie und wenige Grasbüschel sind die einzigen Pflanzen, die man hier bemerkt. Zwar gedeihen selbst in der wüstenhaften Sattellandschaft noch fünf Dutzend Arten höherer Pflanzen, aber die kann man eher im tiefer liegenden Südteil besehen: darunter strohblumen- und distelähnliche Gewächse wie solche der Gattungen Helichrysum, Senecio und Carduus. Überlebenskünstler sind sie allesamt, unter anderem bedroht von Temperaturgegensätzen um mehr als vierzig Grad sowie von der alltäglichen Gefahr, in dem vom Frost bewegten Boden ihre Wurzeln zu verlieren.

Zur Linken gerät der Mawenzi wieder ins Blickfeld. Sein Profil wurde zuvor, in der Ansicht von unseren ersten Lagerplätzen, von der Wissmannspitze und von der Nordecke bestimmt. Jetzt wird allmählich die Vielzahl von Türmen, Zinnen, Spitzen und Nadeln sichtbar, die seine im Westen mehr als 600 Meter hohe Hauptwand überragen. Ein bizarrer, unbarmherzig schöner Berg, eigentlich weitaus anziehender als der Kibo und immerhin der dritthöchste Afrikas. Brüchiges Gestein besitzt er freilich und ist als Totschläger berüchtigt. Als Ziel für jemanden, der erst vor wenigen Jahren damit begonnen hat, in Gebirgen umherzusteigen, also für mich, erscheint er völlig ungeeignet. Aber er geht mir schon seit langem nicht mehr aus dem Sinn: Mawenzi, der Düstere. Bald werde ich dort oben stehen! Mawenzi, der Lockende. Der Turm der Winde.

So hat es ja auch einmal mit dem Kibo begonnen: Vor langer Zeit, in den siebziger Jahren, als ich noch bei der Handelsmarine tätig war, fuhr ich manchmal mit englischen Freunden am Wochenende von Mombasa zum Chalasee, um dort zu baden und zu tauchen. Das war hübsch: Man konnte sein Zelt zur Hälfte in Tansania und zur Hälfte in Kenia aufschlagen, direkt auf der von weiß gekalkten Steinen markierten Grenzlinie. Dazu muss gesagt werden, dass ich Bürger eines Staates war, der seine Grenzen mit mörderischem Anspruch bewachte – und das bis hinein in die Reiseliteratur: Aus dem Manuskript meines ersten Buches wurde deshalb der Hinweis auf diese besondere Art des Zeltaufschlagens von einer vorsichtigen Lektorin getilgt. Grenzen waren etwas, was respektvoll gemieden werden sollte, über das man nicht schrieb. Wie auch immer, damals erschien über unserem abendlichen Lagerfeuer am Chalasee der glitzernde Kibogipfel, und ich schwor mir, wie man das in jungen Jahren gern und unbedacht tut, an meinem fünfzigsten Geburtstag dort oben zu stehen. Der fünfzigste Geburtstag, das schien schließlich irgendwo zum Lebensende hin gelegen, jedenfalls sehr fern. Mein anmaßend wachsamer Staat hätte es zudem verhindert, dass ich als Tourist nach Afrika gereist wäre und meinen Schwur eingelöst hätte. Der Kibo, das würde eine Träumerei bleiben. Es kam dann aber anders.

«Ist es richtig, dass Mawenzi in der Chaggasprache der Dunkle bedeutet und Kibo dagegen der Helle?», frage ich Tomasi.

«Es heißt Kipoo, der Scheckige, scheckig wie eine Kuh, und auch das ist mundartlich verschieden. Für den Mawenzi, der bei uns Kimawenzi heißt, wäre dagegen der Gezackte besser.»

Der in Machame tätige Missionar Bruno Gutmann schrieb vor hundert Jahren eine schöne Legende auf, mit der die Chagga Mawenzis schartige, zerklüftete Gestalt erklärten. Demnach verlosch dem Mawenzi eines Tages das Herdfeuer. Er ging hinüber zu Kibo, der gerade getrocknete Bananen stampfte, und bat ihn um Feuer. Kibo gab es ihm, schenkte ihm dazu auch noch Bananen. Mawenzi liebte Bananen so sehr, dass ihm auf dem Heimweg die Idee kam, das Feuer auszublasen und sein Glück noch einmal zu versuchen. Kibo knurrte zwar, als sein Gast behauptete, der Wind habe das Feuer gelöscht, gab ihm aber nochmals Feuer und Bananen. Erst als Mawenzi das Spiel zum dritten Mal wiederholen wollte, erhob Kibo wütend den Stampfer und prügelte auf seinen Nachbarn ein. Das waren die Schläge, die Mawenzis zerrissene Grate geformt haben.

Inzwischen wissen wir, dass Mawenzis Zinnen von so genannten Härtlingen gebildet werden: von vertikalen, im Schlot stecken gebliebenen Lavaströmen, deren weicheres Umgebungsmaterial verwittert und hinabgestürzt ist. Dennoch war es klug, die Chaggaerzählung zu bewahren – sie vermittelt unter anderem sogar wissenschaftlich verwertbare Informationen: Mawenzi erlosch tatsächlich als Erster der beiden Vulkane, sodass er sich bei seinem Nachbarn Feuer holen musste, und Kibos Bananengestampfe erinnert sicherlich an Erdbeben in seiner

Umgebung. Am Ende des 19. Jahrhunderts waren Erdbeben dort noch so häufig, dass Hans Meyer gleich eine ganze Reihe solcher Ereignisse aufzeichnen konnte. Er merkte an, die Chagga hätten die Beben durchaus nicht als bedrohlich oder ungewöhnlich empfunden. Erdbeben bilden übrigens nur eine Form der Unruhe im Kilimandscharogebirge: Der Kibo ist ja kein erloschener Vulkan, sondern wird als ruhend bezeichnet. Auch in unseren Tagen künden die Fumarolen – das sind Gasaushauchungen – im Reuschkrater von den immer noch kochenden Lavamassen im Berginneren.

«Sieh mal», sagt Tomasi mit theatralischer Bergführergeste, «dort vorn!»

Na schön, er hat Recht behalten: Von Süden her ziehen Nebelschwaden heran, huschen um die Felsen, streichen über den Boden – ein Fest für die Moosbälle. Ich habe an diesem Berg auch zuvor keine drei aufeinanderfolgenden Tage mit gutem Wetter erlebt, weshalb also jetzt? Mir hat bei den Mandarahütten Regen die Taschen prall gefüllt, ich bin nahe Horombo durch ein riesiges Aquarium getapst und im Schneetreiben auf dem Sattelplateau umhergeirrt. Weshalb sollte ich diesmal verschont bleiben? Nur deshalb, weil im Sattel laut Statistik jährlich nicht mehr als 250 Millimeter Niederschlag zu erwarten sind? Ha, ich bin ein hervorragender Regenmacher!

Aber dann bleibt es beim Nebel. Er gewährt uns sogar noch einige Ausblicke auf den Mawenzi, auf das funkelnde Eis des Stufen- und des Sphinxgletschers, auf steile Schuttkare und die sie trennenden Rücken, bevor das alles hinter einer Schraffur aus schmutziger Kreide verschwimmt. Mit der schlechten Sicht stellen sich nun auch unangenehme Wahrnehmungen ein. Der Weg erscheint steiler, man spürt die dröhnenden Herzschläge, atmet hastig und flach, und in den Ohren beginnt es zu sausen. Eine unsichere, fahrige Stimmung beherrscht das Gemüt. Das sind ganz normale Wirkungen der Höhe, vermeidbare dazu. Der Organismus ist unangepasst, er bildet erst nach längerem Aufenthalt zusätzliche rote Blutkörperchen und kann derart die

Zirkulation von Blutsauerstoff verbessern. Damit sind nicht alle Probleme gelöst, die eine Hochgebirgstour unserem Körper aufbürdet. Wenn man ihm Zeit lässt, löst er jedoch einige davon. Wie wirkungsvoll das geschieht, zeigt das Beispiel der Führer und Träger, denen ihre Tätigkeit auf dem Berg meist nur geringfügige zusätzliche Beschwerden bereitet.

So sieht es jedenfalls aus. Aber in einer Zeit, in der mehr als drei Viertel der jungen Männer in den Ortschaften am Kilimandscharo nach Arbeit suchen, geraten natürlich auch unerfahrene, unangepasste Afrikaner unter die Träger. Da kann es dann geschehen, dass wie im September 2002 an einem einzigen Tag drei Träger Opfer der Höhe werden. Damals waren zwei der Verstorbenen auf der Machameroute unterwegs, einer beging die Maranguroute. Es herrschte stürmisches, regnerisches Wetter, und nach Angaben der Kilimanjaro Porters Association, der Trägergewerkschaft, waren die drei dafür nicht ausreichend gekleidet.

Der Tageslohn eines Trägers auf der Maranguroute beträgt fünf bis sechs Dollar, auf schwierigeren Routen etwas mehr. Für arbeitslose Afrikaner, die zudem auf ein Trinkgeld hoffen dürfen, ist das durchaus ein Grund, ein Wagnis einzugehen. Anthony Minja, siebenundvierzig Jahre alt und einer der drei Verstorbenen, hatte zuvor lediglich dieselben Beschwerden verspürt, die auch Bergtouristen am Kibo plagen: Übelkeit, Kopfschmerzen, unbestimmte Schwäche. Er verließ deshalb seine Gruppe am dritten Tag eines Aufstieges über die Machameroute und wollte zurückkehren. Seinen Leichnam fand man später zwischen den Biwakplätzen Barranco und Shira. Ein anderer Mann, dessen Name in den Presseberichten widersprüchlich überliefert ist, borgte sich das Fahrgeld für den Bus nach Marangu und fand dort eine Anstellung als Träger. Weil an jenem Tag die Mandarahütten überfüllt waren, verbrachte er die folgende Nacht im Freien. Da war es kalt und regnete, und am kommenden Tag brach der Mann zusammen. Ein zufällig vom Berg kommender Arzt konnte ihm nicht mehr helfen. Heute erinnern am

71

Weg nach Horombo ein Steinhäuflein und ein hölzernes Kreuz an den Unglücklichen.

Vermutlich würde bereits eine bewegungsreiche Woche im Sattel ausreichen, um zu spürbarer Anpassung zu gelangen. Aber wer soll das bezahlen? Ganz abgesehen vom Preis der Flüge, kostet mich jeder Tag hier oben 200 Dollar: Davon sind allein 110 Dollar tägliche Park- und Biwakgebühren, dann die Entlohnung für meine Begleiter, die Kosten für unsere Verpflegung, und auch der Veranstalter möchte schließlich etwas verdienen.

Der Weg wendet sich inzwischen zum Kibo hin und steigt steiler an. Große Lavabrocken, bewachsen mit anschmiegsamen gelben und muschelartig aufgewölbten schwarzen Flechten, türmen sich beiderseits und verdüstern den Weg. Dies ist, zumindest heute, einer der trostlosesten Orte der Welt, bis endlich die Umrisse einer Biwakhütte aus dem Nebel hervortreten. School Hut: laut Karte 16 000 Fuß, also 4877 Meter, hoch gelegen. Dem Schild an der Hütte zufolge sind es nur 4710 Meter. Was davon auch richtig sein mag – wir sind etwa so hoch wie der Mont Blanc.

Neben der verrußten Biwakhütte steht ein mit Wellblech gedecktes Holzhaus aus verblichenen Brettern. Darin getrennte Quartiere für Bergsteiger und ihre Begleiter, Bettstellen mit Matratzen aus Schaumgummi, Tische und Bänke. Kein Wasser, aber unerwartet komfortabel, etwas eng freilich nach der zuvor gesehenen Weite. Es treibt mich sogleich wieder hinaus zu Keksen, Tee und vor allem zu einem britischen Erzeugnis in goldener Schachtel.

«Mäßigen Tabakgenuss», schrieb Hans Meyer vor einem Jahrhundert, «halte ich auf solchen Expeditionen, wo der Alkohol und andere Stimulantia ganz ausgeschlossen sind oder doch nur als Medizin in Notfällen angewandt werden dürfen, für ein ausgezeichnetes Erfrischungs- und Beruhigungsmittel. Selbstverständlich darf nicht während der Körperarbeit selbst geraucht werden, aber im Lager weiß ich mir (...) kaum etwas Erfreulicheres und Bekömmlicheres als mein Pfeifchen.»

Wenn Laster schon bekannt werden, ist es gut, das Zitat eines berühmten Mannes bereitzuhalten.

Danach lässt sich ein Gespräch mit den Norwegern nicht mehr vermeiden. Sie ist fast vierzig, er zehn Jahre jünger: ein baumlanger Hüne, der kaum einen Satz herausbringt, stöhnend in seiner Koje liegt und unablässig mit Kräuterbonbons gefüttert wird. Ab und zu streicht sie ihm zärtlich die Haare aus dem Gesicht, als ob er fiebern würde. Seine Chance, auch nur bis zum Kraterrand zu kommen, ist fraglos gering. Sie kann es schaffen. Frauen sind, nicht nur am Berg, oft wesentlich beharrlicher und zielstrebiger als Männer. Und das, obwohl sie hier vielleicht mehr als Letztere unter den sehr eingeschränkten hygienischen Bedingungen leiden. Wer da zweifelt, der sollte einmal zur Aufbruchszeit nach Mitternacht die Kibohütte aufsuchen, wo sich nicht wenige Vertreter des vorgeblich starken Geschlechtes jammernd die Decke über den Kopf ziehen, während ihre Begleiterinnen bittend und beschwörend – nicht selten mit dem drängenden Hinweis auf den hohen Preis der Reise – auf sie einreden.

Aber darüber sprechen wir nicht. Die beiden sind für eine Organisation der Entwicklungshilfe in Arusha tätig und erst seit Wochen ein Paar. Sicherlich war es das Verlangen nach dem großartigen, dem für immer verbindenden Erlebnis, das die Frau bewogen hat, ihren Freund zu dieser Tour zu überreden. Nun muss sie befürchten, dass daraus eine Niederlage wird. Und wer ist schon stark genug, den Zeugen seines Versagens zu lieben? Dann war alles vergeblich: die scheinbar unabsichtlichen Berührungen, die offenen Haare, die Bluse mit dem tiefen Ausschnitt, später die geheuchelte Lust.

Auch das bleibt natürlich ungesagt. Wir reden über alltägliche Dinge. Dabei kramt die Frau das Abendessen aus dem Rucksack: Diamox gegen die Höhenkrankheit, Malarone gegen Malaria, Pepto-Bismol und Decadron gegen Übelkeit und Erbrechen, Tylenol und Aspirin gegen Kopfschmerzen und ein Antiacid für den gegen die Tablettenkost rebellierenden Magen. Da erspare ich den beiden den Geruch einer Nudelsuppe, die mir Anderson bringt, und gehe zum Essen in das Trägerquartier hinüber.

«Morgen früh haben wir bestes Wetter!», ruft mir Tomasi so gönnerhaft entgegen, als ob er es gerade aus der Ofenröhre gezogen hätte. «Der Hüttenwart sagt das jedenfalls, und der wird sich doch auskennen.» Was für ein Spaßvogel. Zwischen der School Hut und unserem Ziel liegen mindestens zwei Wetterscheiden. Und noch ganz andere Dinge. Da sitze ich nun, fast überfordert vom Löffeln einer Nudelsuppe mit Hühnerfleisch, ohne eine Ahnung, wie der kommende Tag ausgehen wird. Schöne Aussichten: Ich hocke am Ende erschöpft irgendwo zwischen School Hut und Gipfel, kann mich aber nicht nach Horombo hinunterretten, weil die Träger mit der gesamten Ausrüstung nebst aller Verpflegung auf der anderen Seite des Berges warten. Denn sie umrunden die Gipfelregion auf einem Umgehungsweg, dem Southern Circuit. Bis zu unserem Treffpunkt legen sie dabei etwa fünfzehn Kilometer zurück – gemessen im Vogelflug. In der Wirklichkeit geht es auf und ab, über Grate und Rücken, durch Schluchten und Täler, Schutt und Geröll. Und man kann sie schließlich nicht kurzerhand anrufen und über Veränderungen unterrichten, zur Umkehr auffordern.

«Mach dir keine Sorgen, wir haben schon weitaus klapprigere Leute hinaufgebracht!», tönt Tomasi, der meine trübsinnige Miene richtig deutet.

Ich murmele etwas Gehässiges über den Charme der Naturvölker, bevor ich bestimmter sage:

«Wir werden uns bei der Biwakhütte am Lava Tower mit den Trägern treffen. Dort gibt es Wasser, und wer auch immer zuerst ankommt, wir beide oder sie, kann sich einen guten Tag machen. Wenn ich die Überschreitung schaffe, gehen wir gemeinsam nach Shira weiter. Wenn nicht, können die Träger in der Hütte übernachten und übermorgen nach Horombo kommen. Musa versteht mich schlecht. Sag ihm eindringlich, dass ihm die Hoden verfaulen, wenn er nicht alle Tabletten nimmt und denkt, er könne den Rest aufheben.»

So, nun ist die Suppe kalt. Warum bin ich eigentlich der einzige Teilnehmer dieser Unternehmung, der sich Sorgen macht? Ausgerechnet ich, der größte und gutherzigste Arbeitgeber auf der Rongairoute?

Anderson, Elias und Musa kommen lärmend mit gefüllten Blechtellern herein und beginnen schmatzend zu essen. Eine ungeheure Fröhlichkeit, verbunden mit übelster Völlerei, scheint sie befallen zu haben. Ich finde ihr Verhalten rücksichtslos. Abstoßend animalisch erscheinen sie mir, diese mit gesundem Appetit gesegneten, kraftvollen, zuversichtlichen Burschen, und ich fühle, kenne gut, was jetzt von mir Besitz ergreift: eine aggressive Paranoia. Kümmert es denn niemanden, dass es mir schlecht geht, dass ich mutlos in afrikanischer Höhe vor einer kalten Nudelsuppe sitze?

«Papa, do you feel well?», fragt endlich Anderson und gibt mir damit Gelegenheit zu einer prahlerischen Geste. Selbstverständlich, es geht mir ausgezeichnet!

Ich werde noch versuchen, den Mawenzi im Licht der sinkenden Sonne zu fotografieren – das sah damals von der Kibohütte her sehr schön aus –, und dann in die am weitesten von diesen mitleidlosen Menschen entfernte Koje kriechen. Aber daraus wird nichts: kein Mawenzi, der in wunderbarer Ockertönung über dem Grau der Sattelwüste schwebt, kein dramatischer Wolkenzug um die Türme und Zinnen. Nur Nebel, betrüblich wie eine kalte Nudelsuppe. Kein Lebewesen. Sonst sieht man in der Umgebung der Hütten stets Vögel – in dieser Höhe meist Weißnackenraben, eigentlich Krähen, die auf die Fütterung durch Schaulustige warten oder torkelnd zwischen den Steinen umhergehen und nach dem Erbrochenen suchen, das höhenkranke Bergwanderer dort hinterlassen haben.

Mir kommen die Störche in den Sinn, die schönen, stolzen Störche, die ich einmal im Ngorongorokrater sah. Es waren Dutzende, wahrscheinlich zur Heimkehr versammelt, die da gelassen mit glattem Gefieder zwischen Gnus und Zebras umherschritten. Selbstbewusste Wanderer, Boten anderer Welten, im Besitz kaum erahnbarer Geheimnisse und ihres fernen Zieles gewiss. Unaufgeregt und überlegen.

Ja, das ist es. Ich bemühe mich um Zuversicht, gehe in die Hütte und sortiere im Schein einer Petroleumlampe meine Habseligkeiten: die weithin berüchtigte weiße Wetterjacke, Tagesrucksack, Sturmhaube, Pudelmütze, Fingerhandschuhe und Fäustlinge, Bergstiefel, Wollsocken, Gamaschen, Skiunterwäsche, Schal, Pullover und den dicken Jogginganzug, die Taschenlampe, Thermosflasche, Sonnenschutzkreme, Gletscherbrille und Kamera – die Batterie kommt in die Kleidung, an den Körper. Nach einigem Zögern auch noch das Taschenbuch, den Petrarca.

Zu meiner Linken stöhnt der Hüne aus dem Land der Fjorde, nebenan johlen Führer und Träger. Sie schmausen den gesamten Abend. Was heute gegessen wird, braucht morgen niemand zu tragen. Ich liege schlaflos und beginne die Kerle zu hassen.

Abendlicher Ausblick von der Kibohütte (4715 m) zum Mawenzi.

KAPITEL 4

«Und es gehen die Menschen . . .»

U m Mitternacht stampft Tomasi mit einem Tablett herein, darauf dampfende Teegläser und ein paar Kekse. Es ist das sandgelbe Gebäck, das unzutreffend Biskuit genannt wird und so staubig schmeckt, wie es aussieht. Auf Bergen eine sinnvolle Kost, denn man muss sehr viel trinken, um sie schlucken zu können. Ganz wie die hier zum Frühstück servierte Erdnussbutter, die so lange am Gaumen kleben bleibt, bis man sie endlich mit Kaffee hinunterspült. Mein Bergführer, sehe ich, hat sich eindrucksvoll herausgeputzt: wuchtige Bergstiefel, Goretexhose, knallrote, daunengefütterte Jacke mit einem Aufnäher der Bayerischen Bergwacht. Und natürlich sagt er jetzt zu mir, was bei solcher Gelegenheit jeder sagt:

«Eine weiße Windjacke? Wenn du ...»

«Ich weiß, ich weiß! Wenn ich irgendwo herunterfalle, dann findet mich kein Mensch. Ich bin aber gar nicht hergekommen, um irgendwo herunterzufallen. Kannst du dir das vorstellen? Das ist eine herrliche Jacke, an der ich sehr hänge. Sie ist mit Goretex gefüttert und war beim Winterschlussverkauf, wahrscheinlich gerade deshalb, weil sie weiß ist, für einen Spottpreis zu haben. Einmal standen die Taschen so voll Wasser, dass darin Lachse hätten umherspringen können, und ich bin trotzdem nicht nass geworden. Und außerdem, wenn ich eine rote Jacke tragen würde, dann wüsste doch niemand auf diesem verdammten Berg, worüber er reden soll!»

Tomasi ist an gereizte Stimmungen seiner Kunden gewöhnt. Überdies hat der Hinweis auf den Winterschlussverkauf sein Interesse erregt. Er fragt mich danach, und auch meine lustlose Bemerkung, so etwas sei sehr viel anstrengender als das Bergsteigen, schreckt ihn nicht ab. Während wir reden, gehen die Norweger davon.

«Alles Gute! Wir sehen uns auf dem Gipfel!»

Ungläubiges, mattes Lächeln.

Eine Weile stehe ich noch zwischen den Trägern herum, die ihre Bündel zusammenschnüren, spreche mit Joseph über ein Abendessen, von dem niemand weiß, ob es stattfinden wird. Dann lässt sich kein hinreichender Grund mehr finden, um den Aufbruch noch weiter hinauszuzögern.

«Na rudi salama!»

Über uns ein strahlender Sternenhimmel. Erst in solcher Höhe, in reiner Luft kann man wieder sehen, weshalb unsere Vorfahren einem Himmelsabschnitt den Namen «Milchstraße» gaben. Niemals sieht man die Sterne daheim derart dicht und strahlend. Hier kann man sie pflücken. Die dunkelste Stelle suchen, den so genannten Kohlensack: Gleich daneben funkelt das Kreuz des Südens, klein wie ein Kinderdrachen. Sterne, sagen die Swahili, sind Löcher im Himmelszelt. Wir können durch sie einen Abglanz von Gottes Herrlichkeit sehen, in der wir sonst erblinden würden.

Es ist schneidend kalt. Der Lichtpunkt der Taschenlampe tanzt zwischen großen Felsblöcken, bleibt hin und wieder auf einen Steinmann gerichtet, als ob Tomasi mir zeigen will, dass wir auf dem richtigen Weg sind. Später keine Blöcke mehr, nur Geröll, Schutt, ausgetretener Lavagrus mit den Spuren der Profilsohlen vorangegangener Leidensgenossen. Ödes Dahintrotten der niedersten Art für weitere 200 Dollar.

Aber ich besitze ein erprobtes Mittel gegen Langeweile und Stumpfsinn, oft geübt während der Reden von Wichtigtuern: in Gedanken in ein gutes Antiquariat gehen, am besten in das am Londoner Blenheim Crescent, das Regal mit der Literatur über Afrika besehen, in einem Buch blättern, Abbildungen und Karten betrachten, Textstellen und Begriffe einprägen. Das Spielchen unterhält mich immerhin fast bis William's Point, also bis in eine Höhe von 5000 Metern, wo wir auf den Pfad treffen, der von der Kibohütte heraufführt. Von da an gibt mein Hirn sich häufiger selbst gewählten Regungen hin. Ziemlich blödsinnigen. Ich starre auf meine Füße, zähle Schritte und versuche, sie in Entfernungen umzurechnen. «Schau auf den Boden nieder», fällt mir ein, rät Virgil seinem Begleiter Dante beim Aufstieg auf den Läuterungsberg, «gut ist es, um den Weg dir zu erleichtern,/das Bette deiner Sohlen zu betrachten.»

Heftiger, schmerzender Herzschlag, spürbar selbst im Hals. Der Atem irgendwo zwischen Keuchen und Husten. Tränende Augen, in den Ohren ein beständiges Dröhnen. Die Sturmhaube trägt eine Reifkruste. Mit jedem Atemzug entzieht die trockene Luft dem Körper Wasser. In dieser Höhe ist nur etwa ein Zehntel der durchschnittlichen Luftfeuchte in Meeresspiegelhöhe vorhanden – und vor allem lediglich die Hälfte des Sauerstoffgehaltes dort. Der Aufsteigende unternimmt seine Anstrengungen also annähernd mit den Voraussetzungen eines Menschen, der nur einen Lungenflügel besitzt und dessen Hirn unter mangelhafter Sauerstoffzufuhr leidet.

Dort vorn liegt Meyer's Cave. Die Biwakhöhle, in der Hans Meyer niemals war. Seine war sicherlich Lava Cave, westlich von hier, und bei einer anderen Gelegenheit eine, die ebenfalls Hans-Meyer- oder schlicht Biwak-Höhle genannt wurde und viel tiefer liegt: um 4500 Meter, etwa dort, wo man das Sattelplateau verlässt und in einer ansteigenden Talfurche zur Kibohütte hinaufgeht. Fotografien oder Zeichnungen in alten Reiseschilderungen zeigen diese Höhle deutlich. Auch der ungarische Graf Teleki von Szék, an den eine Gedenktafel an der Außenwand von Meyer's Cave erinnert, hat sich während seines gescheiterten Aufstieges nicht dort aufgehalten. Telekis Reisebericht, aufgezeichnet von Ludwig Ritter von Höhnel, erwähnt keine Höhle. Die beiden, Führer einer der letzten großen Pionierexpeditionen in Afrika, kamen 1887 mit insgesamt 450 Trägern zum Kilimandscharogebirge. Bezahlt hat das der athletische Teleki, der sehr reich, ein leidenschaftlicher Jäger und ein hervorragender Forscher war, solange er nicht gerade betrunken Boxkämpfe mit den Trägern austrug. Zu seinen Vorzügen gehörte unter anderem, dass er dem spielsüchtigen Marineleutnant von Höhnel, der schon zuvor von einer Expedition in Afrika träumte und dann die wissenschaftliche Ausbeute der Reise zusammentrug, eine Chance gab. Auf dem Kibo sind sie bis in eine Höhe von 5310 Metern gelangt, bevor sie aufgeben mussten, und waren später erfolgreicher, als sie das heutige Kenia bis zur äthiopischen Grenze erforschten, an der Jadesichel des Turkanasees standen oder sich als erste Bergsteiger am Mount Kenya versuchten: 4680 Meter hoch hat Teleki dort gestanden.

Meyer's Cave. Ein Ort, an dem schon viele vernünftige Entschlüsse gefasst worden sind: zur Umkehr nämlich. Hier rasten auch die von der Kibohütte heraufkommenden Gruppen. Als ich das letzte Mal in der Höhle saß, während der Hochsaison im Januar, war sie voller johlender und krähender junger Spanier, die sich mit irgendwelchen Drogen vollgepumpt hatten. Davor kauerten zwei vor Schwäche zitternde Mädchen, einander umarmend, unter einer Rettungsdecke. Heute ist bis auf das norwegische Paar und seinen Führer niemand da.

«Eben ist eine Gruppe Engländer weitergegangen», sagt die Frau. Und dann traurig, auf ihren stumm daliegenden Begleiter weisend: «Er erbricht alle zehn Minuten.»

«Gut», antworte ich, «das ist ein verdammt gutes Tempo!»

Ich bin ein widerwärtiger Kerl, der sich an der Schwäche anderer aufrichtet. Doch die Frau nimmt meine Entschuldigung und den zugereichten Tee an. Sie wird nun entscheiden müssen, wie es weitergeht. Ich rate zu langer Rast. Der Morgennebel zieht selten vor sieben Uhr auf, bis dahin lohnt sich der Aufstieg zum Gillman's Point und damit zum Ausblick auf den Stufengletscher. Vielleicht erholt ihr Freund sich. Schlimmstenfalls wird der Bergführer ihn hinunterschleppen. «Diese Leute kennen sich nicht nur damit aus. Er sagt dir auch, wann es wirklich keinen Zweck mehr hat, wann ihr unbedingt umkehren müsst. Sie riskieren viel, denn ihr Ruf ist abhängig vom Erfolg ihrer Kunden. Jedenfalls glauben sie das. Aber sie wissen, wie sich jemand verhält, dessen Kreislauf zusammenbricht. Wenn es dagegen schlimm kommt, und der Führer sagt nichts, würde ich an deiner Stelle so tun, als ob ich nicht weiterkäme... Am Kraterrand ist es noch viel kälter. In dieser Jahreszeit vor Sonnenaufgang minus zwanzig Grad, vielleicht auch mehr. Verträgst du das?»

«Pah, was glaubst du? Bei uns zu Hause gibt es Gegenden, da wird selbst Schnaps in der Kälte dick wie Tran und zerreißt dir die Zähne!», erwidert sie.

Ein entschlossenes Mädchen. Wir rauchen schweigend. Neben uns bewegt sich der Hüne.

«Der blöde Scheißtee stinkt!»

Es geht ihm also besser. Zugegeben, Ingwertee ist nicht jedermanns Sache, aber unsere Begleiter werden ihre Gründe haben, wenn sie ihn bevorzugen.

«Good luck!»

Während ich hinter Tomasi davonstapfe, plagen mich komplizierte Überlegungen: Als ich damals in der Höhle hockte, sah ich den Mawenzigipfel auf gleicher Höhe. Meyer's Cave liegt also ungefähr 5150 Meter hoch. Es dauert dann wohl eine Viertelstunde, bis ich den Höhenunterschied zwischen der Höhle und dem Kraterrand, denn dorthin wollen wir ja zunächst, errechnet habe: 565 Meter. Eine entsetzliche Entfernung. Trotz der Kälte ist der Lavagrus, auf dem wir gehen, nicht tief gefroren. Hin und wieder bricht der Schritt ein, dann rutscht man ein Stück zurück, und wenn das mehrfach geschieht, kostet es viel Kraft. Voraus tanzen Felskonturen. Aber das ist nie der Kraterrand: Die Konturen nehmen fortwährend neue Gestalt an. Natürlich, wir folgen seit Meyer's Cave einem in Serpentinen verlaufenden Weg. Die Spitzkehren! Deshalb der wechselnde Horizont. Auf diese Erkenntnis bin ich so stolz, dass ich sie Tomasi sofort mitteilen muss. Der sieht mich schweigend aus seiner Sturmhaube heraus an. Ein achtungsvoller Blick ist das nicht, das kann ich sogar im Sternenlicht erkennen.

«Wie geht es dir, mein wackerer Icepeakführer?»

«Ich bin das gewöhnt. Nur ist es diesmal lausig kalt. Aber mir wird warm, wenn ich daran denke, wie sich die Träger da unten abschinden müssen.»

Ich beschließe rachsüchtig, diesem afrikanischen Luis Trenker sehr deutlich zu sagen, was ich von seiner ständigen Herumkrittelei an meiner Route halte. Irgendwann jedenfalls, wenn es mir besser geht.

Etwa 5400 Meter: Über uns erhebt der Gipfelberg sich jetzt noch so hoch wie der Felsen von Gibraltar. Kein vernünftiger Mensch käme auf die Idee, den in meinem Zustand hinaufzusteigen. Ha, Gibraltar, das war ein Spaß! John kletterte sturzbetrunken über Beton und soliden Kalkstein voraus, nicht über solch einen Aschehaufen wie den hier, und auf dem Gipfel wurden wir von pudelgroßen Affen begrüßt. Und von wütenden Militärpolizisten. Wer aber wird dort oben sein? Mein nörgelnder Bergführer und vielleicht wieder ein paar bekiffte Spanier.

Zur Linken erscheinen Schneefelder, ihr Anblick löst wirre Hoffnungen aus. Keuchend über den Bergstock gebeugt, rufe ich Tomasi zu, dass ich eine Pause brauche.

«Da liegt Schnee. Es ist wohl nicht mehr weit?»

«Mindestens noch anderthalb Stunden!»

Nein, das darf nicht sein! Er lügt, weil er mir eine Freude bereiten will. Mein Gott, wie sehr ich hoffe, dass er lügt! Obwohl ich anderen einen großen Schritt voraushabe – ich war schon am Gillman's Point, meine Ungewissheit, ob man überhaupt dorthin gelangen kann, ist deshalb geringer –, durchleide ich nun die längsten anderthalb Stunden meines Lebens. Und viele Versuchungen: Während jeder Pause, und nicht nur dann, regt sich Zweifel, wächst der Wunsch, diese irrwitzige Anstrengung zu beenden. Ich kann schließlich mit Niederlagen umgehen, verdanke ihnen viele und wirklich bedeutsame Erkenntnisse. Siege lehren uns wenig.

Aber etwas treibt mich weiter. Vielleicht die Sehnsucht, endlich auf dem Uhuru Peak zu stehen, vielleicht das traurige Wissen, dass irgendwann alles einmal endet. Selbst dieser Aufstieg. Ich bin doch noch längst nicht zu alt für solche Späße. Nein, nein, ich bin noch längst nicht am Ende! Ich will dort hinauf, auf den Gipfel. Dahin, wo die Leoparden sterben!

Pole, pole – langsam! Bei jedem zweiten Atemzug einen Kinderschritt vorwärts. Irgendwann gehen wir zwischen großen Felsbrocken hindurch, klettern über unebenes Gestein: Das muss Jamaica Rock sein, benannt nach einem Mann aus Jamaica, der hier in den Tod stürzte. Dahinter ein kleines Plateau. Der Lichtkegel der Taschenlampe gleitet über ein Schild: YOU ARE NOW AT GILMAN'S POINT, 5681 M. AMSL/TANZANIA/ WELCOME AND CONGRATULATIONS. Der Name ist falsch geschrieben, die Höhe stimmt nicht ganz, aber wen kümmert das noch, wenn er hier ankommt. Irgendwo muss da eine Stange aus Stahl sein, beklebt mit Werbeetiketten aus aller Welt. An ihrem Fuß liegt eine Steintafel mit einem Bibelzitat: «Alles Land bete dich an und lobsinge dir, lobsinge deinem Namen» – der 66. Psalm. Es gibt viele Gründe, Gott nahe zu wähnen, wenn man hierhergelangt ist. Gestiftet hat die Tafel der Brite Clement Gillman, nachdem er sich im Oktober 1921 zum Kraterrand hinaufgequält hatte.

Auf einem vor Jahren entstandenen Foto lehne ich an der Stange, die darauf gemeinsam mit Gillmans Tafel wie ein Schneeschieber aussieht. So etwas hätten wir damals auch wirklich gut gebrauchen können. Der Kraterrand war über einen halben Meter hoch verschneit. Den rechten Arm habe ich um unseren Bergführer gelegt. Der nannte sich August. Ansonsten ist auf dem Bild nichts zu sehen: Das Schneetreiben brachte uns um die Kulisse des dahinterliegenden Stufengletschers, und unsere Kräfte hätten nicht ausgereicht, durch die Schneewehen zum Uhuru Peak weiterzusteigen. Dennoch war ich glücklich. Neben mir spielte, schauderhaft falsch und stockend, nach Atem ringend, der siebzigjährige Albert Salewski auf seiner Mundharmonika «Freude, schöner Götterfunken». Und der Stolz und die Freudigkeit des alten Mannes übertrugen sich auf mich.

Ich sehe sechs oder sieben vermummte, regungslos dasitzende Gestalten, finde die Stange nicht wieder und setze mich auf einen Stein. Es ist immer noch dunkel – wir müssen ganz gut vorangekommen sein. Aber über uns wartet noch der halbe Felsen von Gibraltar.

«Wir sollten besser weitergehen», sagt Tomasi. «Das wird ein langer Tag.»

Weiß ich selbst. Doch weiß er, dass dieser Punkt wie die Scharte daneben früher nach dem Schutztruppenhauptmann Curt Johannes benannt wurde? Gillman's Point hieß der Ort erst, nachdem aus Deutsch-Ostafrika das britisch beherrschte Tanganyika wurde. Clement Gillman wehrte sich gegen die Namensänderung. Obwohl es für ihn als ehemaligen Kriegsgefangenen kaum Gründe gab, ihrem Regime nachzutrauern, achtete er die Mühen seiner Vorgänger. Wohl auch deshalb, weil er mit einer Deutschen verheiratet war und in Deutschland studiert hatte. Aber die Umbenennung war eine politische Entscheidung und deshalb unaufhaltbar.

«Papa, wenn du diesen belehrenden Ton anschlägst, dann läuft das immer auf eine sehr verlängerte Pause hinaus. Von deinem Hauptmann Johannes habe ich in der Schule gehört. Er war hier Befehlshaber der Schutztruppe und soll eine ganze Reihe meiner Landsleute aus Moshi und Kibosho gehenkt haben, weil er sie verdächtigte, einen Aufstand zu planen. Du wirst dich erkälten, wenn du noch lange herumsitzt!»

Sieh an, da geraten wir hoch über dem Meeresspiegel in tiefes Wasser. Allerdings hat Tomasi mich unterschätzt, wenn er glaubt, ich würde den schönen Sitzplatz schon aufgeben.

«Johannes hat auch 500 Chaggafrauen, die bei Kriegszügen von anderen Stämmen entführt und wie Sklavinnen gehalten wurden, wieder nach Moshi zurückgebracht. Vielleicht war eine davon deine Urgroßmutter. Und jetzt möchte ich hier warten und sehen, ob die Norweger es schaffen!»

Manchmal kann ich unglaublich listig sein.

Dann aber weckt die Kälte mein bisschen Vernunft. Wir trinken den letzten Tee und gehen westwärts auf dem allmählich ansteigenden Kraterrand entlang. Der Fels wird diesmal nur von einer dünnen Schneeschicht bedeckt. Clement Gillman hatte weitaus schlechtere Verhältnisse vorgefunden. Er war, wie auch sein Begleiter, außerdem viel zu erschöpft, um den Aufstieg fortzusetzen. Der Union Jack, den die beiden eigentlich auf dem Gipfel hissen wollten, blieb deshalb an der Johannesscharte – oder Gillman's Point – zurück.

Dasselbe geschah genau vierzig Jahre später einem anderen Flaggenzug, der während der Feierlichkeiten zur Unabhängigkeit die Fahne Tansanias zum Uhuru Peak bringen sollte. Der Gipfel hat es auch damals vorgezogen, allein zu bleiben. Selbst Hans Meyer und sein Begleiter Ludwig Purtscheller hatten ein zweites Mal hinaufsteigen müssen, bevor sie 1889 endlich die deutsche Flagge auf dem Gipfel aufpflanzen konnten. Freilich, derzeit war der Kraterrand noch fast völlig vergletschert: Sechs bis acht Meter hoch, berichtete Meyer, ragten die Gletscher neben ihnen auf, als sie dem schmalen Randstreifen folgten.

Jetzt ist da nichts mehr, nur Dunkel, aus dem mir ein eiskalter Luftzug entgegenweht: der Atem des Ratzelgletschers. Oder besser – des Häufleins, das davon übrig blieb. Früher erstreckte er sich bis zur Johannesscharte. Stattdessen liegt dort nun das Wrack eines Gletschers, am schwarzen Lavastrand gescheitertes Eis, traurig anzusehen. Kaum vorstellbar, dass der Ratzelgletscher einmal bis in den Krater hineinreichte und aus glashartem, blauem Eis bestand, in das Meyer und Purtscheller mühsam Stufen hauen mussten. Eine Stufe erforderte zwanzig Schläge mit dem Eispickel. In dieser Höhe eine schreckliche Arbeit.

Weiter. Unter meiner Schädeldecke knackt es im Takt der Schritte. Hechelndes Atmen. Der Rachen schmerzt, als ob mit jedem Atemzug ein Messer hineingestoßen würde. Schwindelgefühl und Verstörtheit. Ich laufe neben mir her, bin mein Schatten, habe nichts mehr mit dem Mann zu tun, der da geht. Dann das Empfinden, sich vor einer Filmleinwand zu bewegen, auf der eine volkreiche Szene abläuft. Du hampelst und schreist, obwohl du inzwischen begriffen hast, dass da gar keine Kamera läuft, dass du den Film nicht veränderst und nichts bleiben wird von deinem Auftritt. Dass es völlig gleichgültig ist, ob du dich mühst oder still beiseite gehst.

«Stella Point. Jetzt kannst du ruhig eine Pause machen!», sagt der Bergführer dieses verzweifelten Mimen.

Der Rebmanngletscher, gesehen von Stella Point, 5750 m.

Nur langsam kehre ich zu mir zurück. Stella Point. Der Name bewahrt das Andenken einer südafrikanischen Bergsteigerin.

«So etwas wie Stella Point gibt es überhaupt nicht!», hatte ein Mitglied der englischen Vollbartträgergruppe in der SUMMIT LODGE getönt, als wir über den Weg zum Gipfel sprachen.

Ich weiß nicht, wo man derlei Weisheiten erwirbt, Bruder Wichtig, aber hier ist Estella Lathams Felsspitze ganz gut zu erkennen und wohl immerhin 5745 Meter hoch. Weniger reisen, mehr lesen! Zum Beispiel Bill Tilmans «Snow on the Equator». Die Bergsteiger Tilman und Eric Shipton, inzwischen Legendengestalten, sind 1930 hier umgekehrt: schneeblind und erschöpft. Heute weiß jeder, der über die Barafuroute heraufkommt, nur zu gut, dass es Stella Point wirklich gibt.

Wo sind die Kerle überhaupt? Es könnten jene Engländer sein, von denen die Norwegerin sprach. Sowohl von Rongai als auch von Marangu her geht man beim Anbruch des vierten Tages zum Gipfel, wenn kein Akklimatisationstag eingelegt wird. Vielleicht gehörten die reglosen Gestalten am Gillman's Point dazu? Am Gillman's bleiben ja etwa acht Zehntel aller Aufsteigenden zurück, die sich bis dorthin geschleppt haben.

Im Osten flammt über einer schnurgeraden Wolkenlinie van Goghs Sonnengelb auf und verglüht sofort in brennendem Rot. Als ich zurückblicke, treten die Umrisse des Stufengletschers aus dem Nachtdunkel hervor. Er ist kein geschlossenes Gebilde mehr. Bläulich leuchtend, hängen die Eisterrassen über schwarzem Lavagrus. Das Bild erscheint vertraut, erinnert an die mit Weißkalk oder Waschblau bemalten Häuser über dem schwarzen Strand von Santorin. Der sich schnell sattblau färbende Himmel und Schneefelder, die wie brandende Wellen aussehen, verstärken den Eindruck.

Wir gehen ohne Rast weiter. Felsen und Steine am Weg werfen grotesk verzerrte, maßlos lang gezogene Schatten. Wo das Sonnenlicht hinfällt, wechselt der schwarze Boden seine Färbung hin zu goldenem Braun. Darin blinken unzählige Kristalle – ein, zwei oder gar fünf Zentimeter lang –, wie man sie auch im Sattel und auf den Nordhängen häufig findet: annähernd regelmäßig geformte Feldspatstäbchen, ausgewittert aus dem vulkanischen Gestein. Ich will mich immer wieder danach bücken, denn es gibt jemanden, dem ich so etwas schenken möchte, aber irgendeine rätselhafte Gewalt hindert mich daran. Ach ja: die Erinnerung an Johns Erzählungen vom Ayer's Rock, dem heiligen Berg der Ureinwohner Australiens. Es soll Unglück bringen, wenn man von dort auch nur ein Steinchen mitnimmt.

Zur Linken bleibt der Rebmanngletscher zurück. Seine Formen wirken zerstört: ein lieblos gestürzter, vielleicht noch ein Dutzend Meter hoher Formpudding aus rosa Eis und Schnee. Dennoch ist er schön im strahlenden Ende. Vor seinen Säulen und Terrassen führt der ausgetretene Pfad von der Barafuhütte herauf. Hernach der Deckengletscher mit minzegrüner Bänderung und merkwürdigen Eisbildungen, die aussehen, als ob der Frost Tanzschritte von Riesen bewahrt hätte. Es sind Auswaschungen, hervorgerufen durch Verdunstung. Gefrorene Lachen am Gletscherfuß, riesige Eiszapfen und tiefe Höhlungen, Brandungskehlen gleichend, zeigen auch hier den Verfall. Dahinter erhebt sich die mächtige Abbruchkante des nach Otto Kersten, dem Weggefährten Carl Claus von der Deckens, benannten Gletschers. Nun wird sichtbar, dass die schartigen Überreste der Eisdecke immer noch fünfzehn, zwanzig und mehr Meter dick sein können. Darin kräftig dunkelblaue Eisschichten: Es sind uralte Giganten, die hier sterben.

Vergeblich halte ich nach einem Gipfel Ausschau. Seine Spitze habe ich schon einmal sehnsuchtsvoll berührt: im Muschelsaal im Potsdamer Neuen Palais. Hans Meyer brachte 1889 den unscheinbaren schwarzen Stein als Geschenk für Wilhelm II. nach Deutschland. Der Kaiser benutzte den höchsten Punkt des Deutschen Reiches einige Zeit als Briefbeschwerer und ließ ihn später im Muschelgewölbe einmauern. Mein Gott, wie hatte der Führer durch das Palais sich damals aufgeblasen und mir unterstellt, ich würde, ganz abgesehen vom Museumsfrevel, den Händedruck mit dem dahingegangenen Kaiser suchen.

Tomasi bleibt unvermittelt stehen und umarmt mich.

«Willkommen, Papa!»

Tatsächlich, da ist wieder eines der schwarzen Schilder mit gelber Kerbschrift und verkündet diesmal: «YOU ARE NOW AT THE UHURU PEAK, THE HIGHEST POINT IN AFRICA, ALTITUDE 5895 METRES ASL.» Daneben stehen der Kasten mit dem Gipfelbuch, eine Bronzetafel mit Worten aus der Unabhängigkeitserklärung Tansanias und eine Metallstange, an der ein Wimpel flattert. Und ein verwirrter Mensch: Das bin ich. Es dauert lange, bis ich begreife, dass wir am Ziel sind. Ein Gipfel ist nirgendwo zu sehen, nur etwas Geröll. Das zum Kraterrand hin ansteigende, ebene Gelände erscheint weiter westwärts nicht weniger hoch. Ist das alles – schwarzbraune Gesteinsbrocken?

«It's Kili time!» (Werbespruch einer tansanischen Brauerei, die das Bier
der Marke Kilimanjaro herstellt).

Und wir sind nicht einmal allein. Zwei Männer liegen erschöpft auf
dem Boden, drei weitere stehen im Gespräch beisammen. Einer dreht
sich um, hebt grüßend die Hand und ruft:

«Hi, lone wolf!»

Es ist Harry, ein Mitglied der englischen Bartträgergruppe aus der
SUMMIT LODGE.

«Junge, das war ein Morgen voller Fragen! Zum Beispiel der, was zum
Teufel ich hier eigentlich zu suchen habe! Willst du Whisky?»

Derart mannhafte Worte richten auf. Aber die angebotene Flasche
lehne ich doch lieber ab. Ein sehr bestimmtes Gefühl sagt mir, dass ich
die Gipfelstätte mit halb verdauter Nudelsuppe entweihen würde, wenn
ich jetzt Whisky tränke. Macht nichts, meint Harry, dazu ist schließlich
am Nachmittag in den Horombohütten noch genug Gelegenheit.

«Tut mir leid, daraus wird nichts. Ich will zum Shiraplateau.»

«Lone wolf, du gehst in die verkehrte Richtung! Die Gegend dort
mag vielleicht für Bergziegen reizvoll sein. Aber wir stehen morgen

schon unter der Dusche. Und dann, hallo, dann müssen nur noch die Kellner laufen!»

Tomasi, der begeistert zuhört, lacht und nickt zustimmend. Ich finde, dass er sich entsetzlich albern benimmt, und wende mich gekränkt der Aussicht zu. Vor uns, schwarz wie ein Asphaltloch, liegt der Krater. Streng genommen ist es eine Caldera: der durch Einsturz oder Explosion entstandene Kraterkessel eines Vulkans. Der eigentliche Kibokrater liegt im Norden, annähernd in der Mitte der Caldera, deren Durchmesser rund zwei Kilometer beträgt. Das Innere dieses Eruptionszentrums war lange Zeit verborgen geblieben, weil man selbst von hier aus nicht in seine Öffnung hineinsehen kann. Benannt worden ist der Kibokrater nach dem Missionar Richard Reusch, einem merkwürdigen Mann, der vor seiner Tätigkeit in der Missionsstation Machame Kosakenoffizier in der Armee des Zaren war. Reusch hat im Juli 1927 als erster Mensch in Kibos Schlund geblickt. Zuvor verwehrten die Eismassen in der Caldera anderen den Zugang.

Westwärts liegen der Furtwänglergletscher und das Nördliche Eisfeld unter uns – dort werden wir später entlanggehen. Dahinter, nur an den Wolkenbildungen darüber kenntlich, erhebt sich das Hochland der Riesenkrater, während rechts, im Osten, der Stufengletscher und der Mawenzi den Anblick beherrschen. Nach den gedämpften Pastelltönen der vergangenen Tage wirken die Farbkontraste heftig. Irgendeine warnende Botschaft lauert hinter dem Bild, wenn auch die Elemente friedfertig vereint scheinen: Das Feuer im Berginnern lässt sich erahnen, obwohl die Fumarolen und Solfataren im Krater unsichtbar sind, das Wasser tritt auf in der Form blaugrüner Gletscher, die Erde als schwarzbrauner Lavagrus und die Luft in einem unvergleichlichen Blau.

Gipfelwüste, Eiszeit. Das Ende des Wachstums. Ein Hinweis, wie wir uns fühlen werden, wenn wir schaudernd und in ratlosem Schmerz die Folgen der Unmäßigkeit besehen müssen. Lehrreich zeigt das Ende der Gletscher, was das heißt: unbewohnbar, unaufhaltsam, unwiederbringlich. Ausgebrannt, erschreckend erscheint hier alles. Die Landschaft ist ohne Leidenschaft und Chaos, aber auch ohne Hoffnung. Sie liegt in grellem Licht, atmet nicht und heckt doch lautlos etwas aus. Die Welt bleibt stehen. Sie schwingt, ich spüre es deutlich, denn ich bin für einen Augenblick ihr Mittelpunkt, noch ein paarmal sacht hin und her, dann wird es ganz still. Es ist schön und kostbar, dieses Leben, besonders dann, wenn man es sich selbst einbrocken kann.

Mit klammen Fingern ziehe ich das Taschenbüchlein hervor, den Beginn europäischer Reiseliteratur. Oder jedenfalls jener Literatur, in der sich jemand um des bloßen Erlebnisses oder Natureindruckes willen an einen schwer zugänglichen Ort begibt. Ich hatte mir vorgenommen, auf dem Gipfel eine bestimmte Stelle darin zu lesen. Denn ich kann leider nicht Mundharmonika spielen wie Albert Salewski.

Das also geschah im April 1336: Der Dichter Francesco Petrarca stieg aus seiner «sehr angenehmen transalpinen Einsamkeit» in Vaucluse durch Dornengestrüpp, vorbei an einem warnenden Hirten und über steiniges Land hinauf auf den fast 2000 Meter hohen Mont Ventoux. Wahrscheinlich ging es dem Poeta laureatus dabei um Literatur, vielleicht eiferte er dem großen Dante Alighieri nach, in dessen «Göttlicher Komödie» ein wundersamer Aufstieg auf den Läuterungsberg geschildert wird. Es lag Petrarca viel an Läuterung – das ist nur ein anderes Wort für Literatur, für die Künste, für das gute Gewissen der Menschheit also –, es lag ihm viel an Wahrheit, die damals noch Fundament alles Geschriebenen war. Oben angekommen, schlug er ein Buch des heiligen Augustinus, das er mitgenommen hatte, wahllos auf und las darin: «Und es gehen die Menschen, zu bestaunen die Gipfel der Berge und die ungeheuren Fluten des Meeres und die weit dahinfließenden Ströme und den Saum des Ozeans und die Kreisbahnen der Gestirne, und haben nicht Acht ihrer selbst.»

Petrarca ging, schrieb er später, betroffen talwärts. Der Berg und das Buch hatten ihn mehr finden lassen als sich selbst.

Es mag sein. Vielleicht war sein Bericht nur ein poetischer Kunstgriff, ein Gleichnis. Ich bin im April auf dem Mont Ventoux ge-

DAS AS-VERLAGSPROGRAMM

AS Verlag & **Buchkonzept AG**

Buhnrain 30

CH-8052 Zürich

Tel. +41 (0)44 300 23 23

Fax +41 (0)44 300 23 24

mail@as-verlag.ch

www.as-verlag.ch

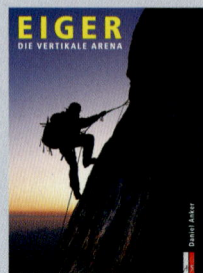

Daniel Anker
Eiger – Die vertikale Arena
Bergmonografie
4., erweiterte und aktualisierte Auflage
336 Seiten, 285 Abb. vierfarbig
17 x 24 cm, Pappband mit Schutzumschlag
ISBN 978-3-905111-47-3
€ 39,80 / € (A) 41,– / CHF 66.–

Die erfolgreiche Bergmonografie, jetzt in
aktualisierter und erweiterter vierter Auflage!

Daniel Anker
Mönch – Mittelpunkt im Dreigestirn
Bergmonografie
176 Seiten, 206 Abb. vierfarbig
17 x 24 cm, Pappband mit Schutzumschlag
ISBN 978-3-905111-74-3
€ 32,– / € (A) 33,– / CHF 54.–

Der Mönch vervollständigt Eiger und Jungfrau zum
berühmten Berner Dreigestirn. Er gilt als leichtester,
vor allem als am schnellsten erreichbarer Viertausender
im Berner Oberland.

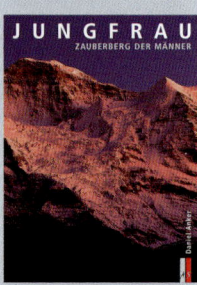

Daniel Anker
Jungfrau – Zauberberg der Männer
Bergmonografie
144 Seiten, 145 Abb. vierfarbig
17 x 24 cm, Pappband mit Schutzumschlag
ISBN 978-3-905111-08-8
€ 26,80 / € (A) 27,60 / CHF 45.–

Geschichte, Kunst, Tourismus, Alpinismus – die Jungfrau,
der schönste Berg des Berner Oberlandes, wird in dieser
Bergmonografie in all ihren Dimensionen erfasst.

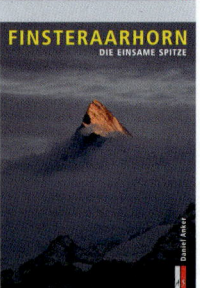

Daniel Anker
Finsteraarhorn – Die einsame Spitze
Bergmonografie
128 Seiten, 140 Abb. vierfarbig
17 x 24 cm, Pappband mit Schutzumschlag
ISBN 978-3-905111-18-7
€ 26,80 / € (A) 27,60 / CHF 45.–

Der höchste Gipfel des Berner Oberlandes ist noch heute
eine alpinistische Herausforderung. Die Geschichte
seiner Erstbegehung liest sich wie ein Alpenkrimi.

Daniel Anker, Marco Volken
Bietschhorn – Erbe der Alpinisten
Bergmonografie
176 Seiten, 161 Abb. vierfarbig
17 x 24 cm, Pappband mit Schutzumschlag
ISBN 978-3-909111-02-2
€ 32,– / € (A) 33,– / CHF 54.–

Die ebenmässige Pyramide des Bietschhorns gehört
seit Ende 2001 zum Unesco-Weltnaturerbe. Von den
Bergsteigern wird sie jedoch schon immer verehrt, von
den Anfängen des Alpinismus bis heute.

Marco Volken
Piz Badile – Kathedrale aus Granit
Bergmonografie
224 Seiten, 231 Abb. vierfarbig
17 x 24 cm, Pappband mit Schutzumschlag
ISBN 978-3-909111-21-3
€ 39,80 / € (A) 41,– / CHF 66.–

Einer der berühmtesten und beliebtesten Kletterberge
der Alpen ist der Badile im Bergell. Anhand seiner
Geschichte lässt sich die gesamte Entwicklung des
Felskletterns nachvollziehen.

Daniel Anker, Hans Philipp
Piz Palü – Dreiklang in Fels und Eis
Bergmonografie
176 Seiten, 156 Abb. vierfarbig
17 x 24 cm, Pappband mit Schutzumschlag
ISBN 978-3-905111-96-5
€ 32,– / € (A) 33,– / CHF 54.–

Seine Faszination liegt nicht in der Höhe, sondern
in der Form: Beeindruckend ragen die drei berühmten
Pfeiler des Piz Palü in den Himmel und machen ihn
zu einem der begehrtesten Ziele der Alpen.

Daniel Anker
Piz Bernina – König der Ostalpen
Bergmonografie
176 Seiten, 143 Abb. vierfarbig
17 x 24 cm, Pappband mit Schutzumschlag
ISBN 978-3-905111-45-3
€ 32,– / € (A) 33,– / CHF 54.–

Der Piz Bernina ist der höchste Gipfel Graubündens.
Und sein klangvoller Name ist dank Nähmaschinen,
Skibindungen und anderen Konsumgütern rund
um die Welt ein Begriff geworden.

Emil Zopfi
Tödi – Sehnsucht und Traum
Bergmonografie
2. Auflage, 160 Seiten, 155 Abb. vierfarbig
17 x 24 cm, Pappband mit Schutzumschlag
ISBN 978-3-905111-49-1
€ 32,– / € (A) 33,– / CHF 54.–

Der Tödi hat Alpinisten und Naturforscher, Theologen und
Politiker, Maler und Dichter gefesselt. In dieser reich
illustrierten Bergmonografie sind ihre Zeugnisse vereint.

Emil Zopfi
Glärnisch – Rosen auf Vrenelis Gärtli
Bergmonografie
176 Seiten, 145 Abb. vierfarbig
17 x 24 cm, Pappband mit Schutzumschlag
ISBN 978-3-905111-87-3
€ 32,– / € (A) 33,– / CHF 54.–

Der Glärnisch ist nicht nur ein Zürcher und Glarner
Hausberg, sondern auch: ein geheimnisvoller Sagenberg.
Ein gewaltiger Gletscherberg. Ein anspruchsvoller
Kletterberg. Ein Kunst- und Kulturberg.

Emil Zopfi
Churfisten – Über die sieben Berge
Bergmonografie
192 Seiten, 149 Abb. vierfarbig
17 x 24 cm, Pappband mit Schutzumschlag
ISBN 978-3-909111-22-0
€ 32,–/€ (A) 33,–/CHF 54.–

Die Churfirsten, das sind sieben markant geformte
Gipfel: nach Norden breite Rücken und nach Süden
steile Felswände. Doch sie sind auch Fundorte
für Geschichte und Geschichten.

Daniel Anker
Titlis – Spielplatz der Schweiz
Bergmonografie
192 Seiten, 234 Abb. vierfarbig
17 x 24 cm, Pappband mit Schutzumschlag
ISBN 978-3-905111-62-0
€ 32,–/€ (A) 33,–/CHF 54.–

Touristenmagnet, Skiberg, Kletterparadies, Gleit-
schirm- und Snowboard-Eldorado: Kein anderer
Alpengipfel ist vielseitiger als der Titlis in der
Zentralschweiz.

Horst Höfler, Pit Schubert
Wilder Kaiser – Klettergeschichte.
Geschichten vom Klettern
Bergmonografie
240 Seiten, 184 Abb. vierfarbig
17 x 24 cm, Pappband mit Schutzumschlag
ISBN 978-3-905111-94-1
€ 32,–/€ (A) 33,–/CHF 54.–

Predigtstuhl, Fleischbank und Totenkirchl:
Einst wie heute Lieblings-Tummelplatz der Tiroler
und Münchner Kletterer.

Horst Höfler, Heinz Zembsch
Watzmann – Mythos und wilder Berg
Bergmonografie
160 Seiten, 125 Abb. vierfarbig
17 x 24 cm, Pappband mit Schutzumschlag
ISBN 978-3-905111-61-3
€ 26,80/€ (A) 27,60/CHF 45.–

Die umfassende Darstellung des Watzmanns:
Geschichte, Kunst, Tourismus und Alpinismus rund um
den Symbol- und Schicksalsberg in Oberbayern.

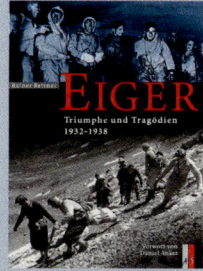

Rainer Rettner
Eiger – Triumphe und Tragödien · 1932–1938
Vorwort von Daniel Anker
288 Seiten, 220 Abb. einfarbig
17 x 24 cm, Leinen mit Schutzumschlag
ISBN 978-3-909111-49-7
€ 29,80 / € (A) 30,70 / CHF 49.80

Die Triumphe und die Tragödien am Eiger und in der
Eiger-Nordwand in den dreissiger Jahren beinhalten einige
der spannendsten und aufwühlendsten Begebenheiten
in der Geschichte des Alpinismus.

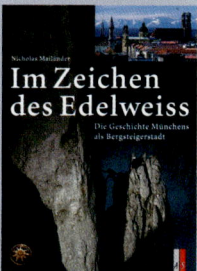

Nicholas Mailänder
Im Zeichen des Edelweiss
Die Geschichte Münchens als Bergsteigerstadt
416 Seiten, 230 Abb. ein- und vierfarbig
17 x 24 cm, Leinen mit Schutzumschlag
ISBN 978-3-909111-28-2
€ 39,80 / € (A) 41,– / CHF 66.–

Diese packende Studie ist ein Zeitdokument der wider-
sprüchlichen Vergangenheit des deutschen Bergsteigens
ab der Aufklärung bis zur Gegenwart.

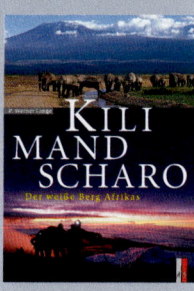

P. Werner Lange
Kilimandscharo – Der weiße Berg Afrikas
Bergmonografie
2. Auflage, 280 Seiten, 204 Abb.
vierfarbig, 17 x 24 cm, Leinen mit Schutzumschlag
ISBN 978-3-909111-16-9
€ 39,80 / € (A) 41,– / CHF 66.–

Als leichtester der höchsten Gipfel aller Kontinente
erfreut sich der Kilimandscharo großer Beliebtheit.
Der höchste Berg Afrikas zieht Bergsteiger wie
Naturbegeisterte in seinen Bann.

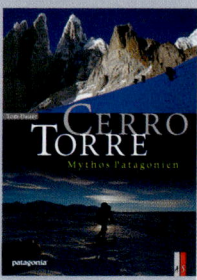

Tom Dauer
Cerro Torre – Mythos Patagonien
Bergmonografie
368 Seiten, 221 Abb. vierfarbig
17 x 24 cm, Pappband mit Schutzumschlag
ISBN 978-3-909111-05-3
€ 39,80 / € (A) 41,– / CHF 66.–

Am Cerro Torre in Patagonien vereinen sich natur-
romantische Ästhetik, alpinistischer Reiz und mythischer
Flair. Seine Besteigungsgeschichte ist eines der letzten
ungelösten Rätsel des Alpinismus.

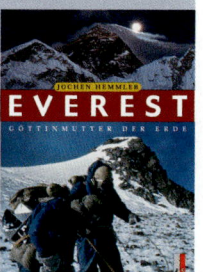

Jochen Hemmleb
Everest – Göttinmutter der Erde
Bergmonografie
336 Seiten, 218 Abb. vierfarbig
17 x 24 cm, Pappband mit Schutzumschlag
ISBN 978-3-905111-82-8
€ 39,80 / € (A) 41,– / CHF 66.–

Wenn der anerkannte Everest-Historiker Jochen Hemmleb
die vielen Seiten dieses Berges beleuchtet, kommt auch
die Geologie oder die Literaturgeschichte zu Wort –
und der Leser auf seine Kosten.

Lothar Brandler
Mit der Filmkamera durch die großen Wände der Alpen
312 Seiten, 175 Abb. ein- und vierfarbig
17 x 24 cm, Leinen mit Schutzumschlag
ISBN 978-3-909111-52-7
€ 26,80 / € (A) 27,60 / CHF 45.–

Klettern mit der Filmkamera in der Eiger-Nordwand, am
Walkerpfeiler, in der Dru-Westwand und in der Direttissima
der Großen-Zinne-Nordwand. Lothar Brandler hat damit
als Alpinist und Filmemacher Geschichte geschrieben.

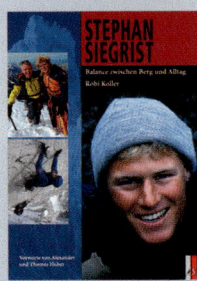

Röbi Koller
Stephan Siegrist
Balance zwischen Berg und Alltag
2. Auflage
288 Seiten, 168 Abb. ein- und vierfarbig
17 x 24 cm, Leinen mit Schutzumschlag
ISBN 978-3-909111-32-9 deutsch
ISBN 978-3-909111-46-6 englisch
€ 26,80 / € (A) 27,60 / CHF 45.–

Röbi Koller hat eine reich bebilderte Biografie über
den Spitzenalpinisten Stephan Siegrist geschrieben –
tiefgründig und menschlich.

Catherine Destivelle – Solo durch große Wände
Reihe Bergabenteuer
272 Seiten, 99 Abb. ein- und vierfarbig
17 x 24 cm, Leinen mit Schutzumschlag
ISBN 978-3-909111-13-8
€ 26,80 / € (A) 27,60 / CHF 45.–

Ihr Markenzeichen sind Alleinbegehungen extremer
Alpenwände im Winter: Catherine Destivelle ist eine
Ausnahmeerscheinung unter den Bergsteigerinnen
und ein Vorbild für viele Frauen.

Tom Dauer
Reinhard Karl – Ein Leben ohne Wenn und Aber
Reihe Bergabenteuer, 2. Auflage
376 Seiten, 164 Abb. ein- und vierfarbig,
17 x 24 cm, Leinen mit Schutzumschlag
ISBN 978-3-909111-38-1
€ 26,80 / € (A) 27,60 / CHF 45.–

Anhand der Originaltexte Reinhard Karls sowie eigener
Recherchen begibt sich Tom Dauer auf die Spuren
eines grossen Alpinisten.

Oswald Oelz – Mit Eispickel und Stethoskop
Reihe Bergabenteuer, 6. Auflage
272 Seiten, 185 Abb. ein- und vierfarbig
17 x 24 cm, Leinen mit Schutzumschlag
ISBN 978-3-905111-42-2
€ 26,80 / € (A) 27,60 / CHF 45.–

Der Extrembergsteiger und Höhenmediziner erzählt
über seine spektakulären Touren und regt damit
auch zu Gedanken über Sinn und Zweck
des Extremalpinismus an.

Kurt Diemberger – Der siebte Sinn
Reihe Bergabenteuer
384 Seiten, 138 Abb. ein- und vierfarbig
17 x 24 cm, Leinen mit Schutzumschlag
ISBN 978-3-909111-03-9
€ 29,80 / € (A) 30,70 / CHF 49.80

Dass Kurt Diemberger alle seine Abenteuer an
schwierigen und hohen Bergen überlebt hat, verdankt
er der Fähigkeit, im richtigen Moment die richtige
Entscheidung zu treffen.

Horst Höfler, Reinhold Messner (Hrsg.)
Hermann Buhl – Am Rande des Möglichen
Reihe Bergabenteuer
272 Seiten, 139 Abb. ein- und vierfarbig
17 x 24 cm, Leinen mit Schutzumschlag, mit CD
ISBN 978-3-905111-88-0
€ 29,80 / € (A) 30,70 / CHF 49.80

Zum 50. Jahrestag der Erstbesteigung des Nanga Parbat
durch Hermann Buhl liegen dessen Originaltexte mit
Bild- und Tondokumenten in einer Neuausgabe vor.

Albert Precht – Tausendundein Weg
Reihe Bergabenteuer
320 Seiten, 154 Abb. ein- und vierfarbig
17 x 24 cm, Leinen mit Schutzumschlag
ISBN 978-3-905111-97-2
€ 26,80 / € (A) 27,60 / CHF 45.–

Die Zahl seiner Erstbegehungen hat mittlerweile
800 überschritten. Die Autobiografie Albert Prechts
dokumentiert die Entwicklung des modernen Alpinismus
über vier Jahrzehnte.

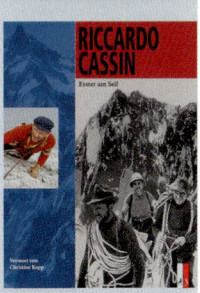

Riccardo Cassin – Erster am Seil
Reihe Bergabenteuer
368 Seiten, 116 Abb. ein- und vierfarbig
17 x 24 cm, Leinen mit Schutzumschlag
ISBN 978-3-905111-98-9
€ 26,80 / € (A) 27,60 / CHF 45.–

Erstmals erscheinen die autobiografischen Texte der
Bergsteigerlegende Riccardo Cassin in deutscher
Sprache – in einer umfangreich illustrierten Ausgabe.

Horst Höfler, Reinhold Messner
Karl Maria Herrligkoffer – Besessen,
sieghaft, umstritten, Reihe Bergabenteuer
296 Seiten, 159 Abb. ein- und vierfarbig
17 x 24 cm, Leinen mit Schutzumschlag
ISBN 978-3-905111-65-1
€ 26,80 / € (A) 27,60 / CHF 45.–

Herrligkoffer leitete von 1953 bis 1986 zwanzig
Expeditionen: Er war eine bedeutende Figur des
klassischen Expeditionsbergsteigens.

Andreas Nickel
Dyhrenfurth – Zum dritten Pol
Vorwort von Reinhold Messner
336 Seiten, 215 Abb. einfarbig
17 x 24 cm, Leinen mit Schutzumschlag
ISBN 978-3-909111-27-5
€ 26,80 / € (A) 27,60 / CHF 45.–

Diese packende Familiensaga erzählt das bewegende
Leben der Himalaya- und Filmpioniere Günter,
Hettie und Norman Dyhrenfurth.

Walter Bonatti – Berge meines Lebens
Reihe Bergabenteuer
352 Seiten, 73 Abb. ein- und vierfarbig
17 x 24 cm, Leinen mit Schutzumschlag
ISBN 978-3-905111-53-8
€ 26,80 / € (A) 27,60 / CHF 45.–

Erlebnisse und Gedanken des italienischen Bergsteigers
Walter Bonatti, der als einer der besten Alpinisten
aller Zeiten gilt.

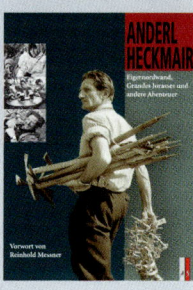

Anderl Heckmair – Eigernordwand, Grandes
Jorasses und andere Abenteuer
Reihe Bergabenteuer, 4. Auflage
288 Seiten, 179 Abb. einfarbig
17 x 24 cm, Leinen mit Schutzumschlag
ISBN 978-3-905111-38-5
€ 26,80 / € (A) 27,60 / CHF 45.–

Anderl Heckmair, der Erstdurchsteiger der Eigernordwand,
erzählt in dieser reich illustrierten Autobiografie sein
bewegtes Leben.

P. Werner Lange
Traumberg Kilimandscharo
Vom Regenwald zum tropischen Eis · Ein Reisebericht
304 Seiten, 1 Karte, 67 Abb. einfarbig
13,5 x 21,5 cm, Leinen mit Schutzumschlag
ISBN 978-3-909111-51-0
€ 19,90 / € (A) 20,50 / CHF 29.80

Wirklichkeitsnahe Beschreibungen im Mythos Kilimandscharo-Gebirge: vom tropischen Regenwald zu den Gletschern des Kibo, eine Überschreitung des höchsten afrikanischen Gipfels und ein Aufstieg auf Kibos Bruder Mawenzi.

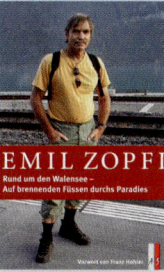

Emil Zopfi
Rund um den Walensee
Auf brennenden Füssen durchs Paradies
Vorwort von Franz Hohler
168 Seiten, 75 Abb. vierfarbig
13,5 x 21,5 cm, Leinen mit Schutzumschlag
ISBN 978-3-909111-50-3
€ 19,90 / € (A) 20,50 / CHF 29.80

Der Schriftsteller und Bergsteiger Emil Zopfi beschreibt eine Wanderung rund um den Walensee. Der Weg führt durch eine Landschaft voller Überraschungen, aber auch durch Erinnerungen und Assoziationen, durch Geschichte und Geschichten.

Stefan König
Die Nanga-Notizen – Roman
320 Seiten
13,5 x 21,5 cm, Leinen mit Schutzumschlag
ISBN 978-3-909111-31-9
€ 19,90 / € (A) 20,50 / CHF 29.80

«Die Nanga-Notizen» ist ein Roman über Freundschaft und Liebe – und über die Zerbrechlichkeit der beiden. Er erzählt von Schuld und Unschuld, von Recht und Unrecht; und er zeigt einen Weg: die Verpflichtung zur Barmherzigkeit.

Edward Whymper
Matterhorn – Der lange Weg auf den Gipfel
2. Auflage
288 Seiten, 75 Abb. einfarbig
13,5 x 21,5 cm, Leinen mit Schutzumschlag
ISBN 978-3-909111-14-5
€ 19,90 / € (A) 20,50 / CHF 29.80

Edward Whympers klassischer Originalbericht von seinen Versuchen und vom abschliessenden Erfolg schildert den spannenden Kampf um das Matterhorn.

Robert Macfarlane
Berge im Kopf – Die Geschichte einer Faszination
320 Seiten, 10 Abb. einfarbig
13,5 x 21,5 cm, Leinen mit Schutzumschlag
ISBN 978-3-909111-15-2
€ 19,90 / € (A) 20,50 / CHF 29.80

Robert Macfarlane, der in England mit zahlreichen Literaturpreisen ausgezeichnet wurde, beantwortet die Frage, warum wir auf Berge steigen.

Dirk von Nayhauß
Extrem am Berg – Mit 20 Alpin-Stars im Gespräch
Vorwort von Emil Zopfi
176 Seiten, 79 Abb. Duoton
24 x 30 cm, Leinen mit Schutzumschlag
ISBN 978-3-909111-54-1
€ 49,80 / € (A) 51,20 / CHF 78.–

Sehr persönliche Gespräche mit den Topstars der
Vertikalen, darunter den Huberbuam, Siegrist, Steck,
Kaltenbrunner, Oelz und Messner. Ergänzt werden
die Interviews durch Nahaufnahmen der Hände und
formatfüllende Porträts.

Daniel Anker, Rainer Rettner
Corti-Drama – Tod und Rettung
am Eiger 1957–1961
160 Seiten, 102 Abb. Duoton
24 x 30 cm, Leinen mit Schutzumschlag
ISBN 978-3-909111-33-6
€ 49,80 / € (A) 51,20 / CHF 78.–

Das Medienereignis von 1957 fasziniert noch heute:
Corti konnte nach neun Tagen dank des Einsatzes
einer internationalen Helferschar aus der Wand
gerettet werden.

Thomas Ulrich
Eiger-Nordwand
Mit Nagelschuhen und Hanfseil
auf den Spuren der Erstbegeher
Reihe Bergdokumente
144 Seiten, 108 Abb. Duoton
24 x 30 cm, Leinen mit Schutzumschlag
ISBN 978-3-905111-86-6
€ 49,80 / € (A) 51,20 / CHF 78.–

Sind Spitzenbergsteiger von heute fähig, mit der
Ausrüstung der Erstbegeher von 1938 die Leistung
der Eiger-Pioniere zu wiederholen?

Tom Dauer
Reinhard Karl
Das neue Bild der Berge
Vorwort von Oswald Oelz
144 Seiten, 84 Abb. Duoton
24 x 30 cm, Leinen mit Schutzumschlag
ISBN 978-3-909111-24-4
€ 49,80 / € (A) 51,20 / CHF 78.–

«Mit Hilfe der Fotografie lernte ich sehen», schrieb
Reinhard Karl. Mit Hilfe seiner Fotografie kann man
sehen lernen. Bis heute.

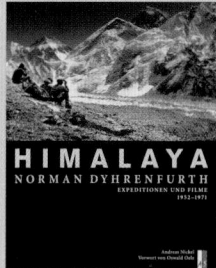

Andreas Nickel
Himalaya – Norman Dyhrenfurth
Expeditionen und Filme 1952–1971
Vorwort von Oswald Oelz
160 Seiten, 124 Abb. Duoton
24 x 30 cm, Leinen mit Schutzumschlag
ISBN 978-3-909111-41-1
€ 49,80 / € (A) 51,20 / CHF 78.–

Sechs grosse Himalaya-Expeditionen unternimmt
Norman Dyhrenfurth und schreibt Alpinismusgeschichte.
Dabei entsteht ein filmisches und fotografisches Werk,
das bis heute unerreicht bleibt.

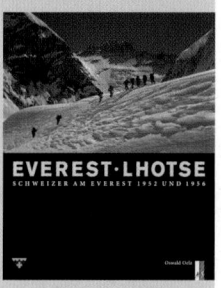

Oswald Oelz
Everest · Lhotse
Schweizer am Everest 1952 und 1956
160 Seiten, 120 Abb. Duoton
24 x 30 cm, Leinen mit Schutzumschlag
ISBN 978-3-909111-23-7
€ 49,80 / € (A) 51,20 / CHF 78.–

Bisher unveröffentlichte Fotos und Dokumente
zeigen die Schweizer am Everest 1952 und 1956,
und als Erstbezwinger des Lhotse 1956.

Horst Höfler
Nanga Parbat – Expeditionen zum
«Schicksalsberg der Deutschen» 1934–1962
144 Seiten, 97 Abb. Duoton
24 x 30 cm, Leinen mit Schutzumschlag
ISBN 978-3-905111-83-5
€ 49,80 / € (A) 51,20 / CHF 78.–

Eindrucksvolle Schwarzweissaufnahmen aus den
Archiven belegen die Auseinandersetzung zwischen
Mensch und Achttausender.

François Perraudin
Haute Route – Von Chamonix nach
Zermatt – im Winter und im Sommer
192 Seiten, 221 Abb. vierfarbig
30 x 24 cm, Leinen mit Schutzumschlag,
ISBN 978-3-909111-17-6
€ 54,80 / € (A) 56,40 / CHF 88.–

Die Haute Route ist die berühmteste Skitour
der Alpen und der Wunschtraum aller
Tourenfahrer.

David Zurick, Julsun Pacheco
Illustrierter Atlas des Himalaya
Bearbeitet von Jochen Hemmleb
256 Seiten, 291 Abb. und Karten vierfarbig
30 x 24 cm, Leinen mit Schutzumschlag
ISBN 978-3-909111-39-8
€ 59,80 / € (A) 61,50 / CHF 98.–

Himalaya – ein magischer Anziehungspunkt
für Millionen von Bergsteigern und Trekkern.
Ein «Muss» für jeden, der sich für die vielschichtigen Hintergründe des beliebten Fernreiseziels
Himalaya interessiert.

Paul Caminada
Pioniere der Alpentopografie
Die Geschichte der Schweizer Kartenkunst
240 Seiten, 420 Abb. ein- und vierfarbig
24 x 30 cm, Leinen mit Schutzumschlag
ISBN 978-3-905111-99-6
€ 59,80 / € (A) 61,50 / CHF 98.–

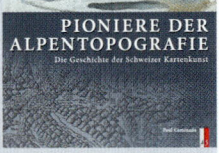

Die Geschichte des Alpinismus ist auch eine Geschichte der
Topografie: Viele Erstbesteigungen der Alpengipfel waren von
der Absicht motiviert, die Bergwelt topografisch zu erfassen
und meteorologische, physikalische und geologische
Beobachtungen zu ermöglichen.

Elisabeth Simons, Oswald Oelz
Kopfwehberge – Eine Geschichte der Höhenmedizin
2. Auflage, 232 Seiten, 50 Abb. einfarbig
17 x 24 cm, Leinen mit Schutzumschlag
ISBN 978-3-905111-59-0
€ 26,80 / € (A) 27,60 / CHF 45.–

Die zuweilen kuriose, zuweilen dramatische Geschichte
der Höhenmedizin wird in diesem reich illustrierten
Sachbuch in leicht verständlicher Weise dargestellt.

Robert Bösch, Iso Camartin, Paul Caminada
Glacier Express
Die Welt des Glacier Express
The World of the Glacier Express
zweisprachig deutsch/englisch, 3. überarbeitete Auflage
240 Seiten, 205 Abb. vierfarbig
24 x 30 cm, Leinen mit Schutzumschlag
ISBN 978-3-909111-12-1
€ 49,80 / € (A) 51,20 / CHF 78.–

Die Fahrt mit dem Glacier Express durch die grandiose
Hochgebirgslandschaft der Schweiz zählt zu
den schönsten Bahnreisen der Welt.

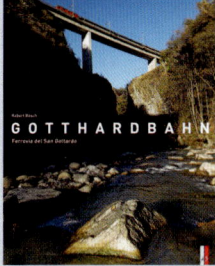

Robert Bösch, Iso Camartin, Kilian T. Elsasser
Gotthardbahn
Ferrovia del San Gottardo
Herausgegeben von Heinz von Arx
zweisprachig deutsch/italienisch
228 Seiten, 189 Abb. vierfarbig
24 x 30 cm, Leinen mit Schutzumschlag
ISBN 978-3-909111-34-3
€ 54,80 / € (A) 56,40 / CHF 88.–

Der Fotograf Robert Bösch zeigt die Gotthard-
strecke von Luzern bis Chiasso in eindrücklichen
aktuellen Bilder.

ViaStoria und Kilian T. Elsasser (Herausgeber)
Der direkte Weg in den Süden
Die Geschichte der Gotthardbahn
232 Seiten, 311 Abb. ein- und vierfarbig
24 x 30 cm, Leinen mit Schutzumschlag
ISBN 978-3-909111-42-8 deutsch
ISBN 978-3-909111-43-5 italienisch
€ 59,80 / € (A) 61,50 / CHF 98.–

Der reich illustrierte Jubiläumsband zeigt die Geschichte
von den Anfängen bis zur Gegenwart und blickt in die
Zukunft, die der Bahnlinie tief greifende Veränderungen
bringen wird.

Thomas Köppel, Stefan Haas
Simplon – 100 Jahre Simplontunnel
dreisprachig d/f/it
224 Seiten, 230 Abb. vierfarbig
24 x 30 cm, Leinen mit Schutzumschlag
ISBN 978-3-909111-26-8
€ 59,80 / € (A) 61,50 / CHF 98.–

Das offizielle Jubiläumsbuch stellt die Geschichte des
Tunnels dar, verfolgt den Bahnbetrieb bis heute und
wirft einen Blick auf seine zukünftige Bedeutung
für die Lötschberg–Simplon-Achse.

VERKEHRSGESCHICHTE

Iso Camartin, Rob Gnant, Thomas Köppel
Bahnalltag
Reportagen aus vergangener Zeit
160 Seiten, 116 Abb. Duoton
24 x 30 cm, Leinen mit Schutzumschlag
ISBN 978-3-909111-44-2
€ 54,80 / € (A) 56,40 / CHF 88.–

Menschlich tief berührend und formal faszinierend
hat Rob Gnant ein Vierteljahrhundert lang Menschen
beobachtet. Dabei sind viele Bahnbilder von
bleibendem Eindruck entstanden.

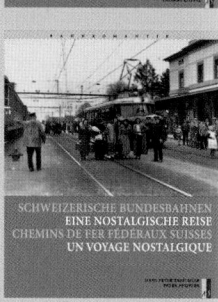

Hans Peter Treichler, Peter Pfeiffer
**Schweizerische Bundesbahnen –
eine nostalgische Reise**
Reihe Bahnromantik, zweisprachig d/f
160 Seiten, 125 Abb. Duoton
24 x 30 cm, Leinen mit Schutzumschlag
ISBN 978-3-905111-72-9
€ 54,80 / € (A) 56,40 / CHF 88.–

Grossartige Fotodokumente aus der ersten Hälfte
des letzten Jahrhunderts zeigen, wie das Reisen
oder die Arbeit bei den SBB damals aussah – Bilder,
die Fernweh und Heimweh zugleich wecken.

Hugo Hürlimann, Sébastien Jacobi
**Das Ende der Dampfepoche in der Schweiz
Fin de l'époque vapeur en Suisse**
Reihe Bahnromantik, zweisprachig d/f
144 Seiten, 119 Abb. Duoton
24 x 30 cm, Leinen mit Schutzumschlag
ISBN 978-3-909111-04-6
€ 54,80 / € (A) 56,40 / CHF 88.–

Die nostalgischen Aufnahmen von Hugo Hürlimann
dokumentieren das Ende der Dampfepoche in der
Schweiz und rufen die faszinierende Atmosphäre
von damals in Erinnerung.

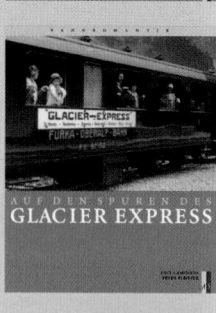

Paul Caminada, Peter Pfeiffer
Auf den Spuren des Glacier Express
Reihe Bahnromantik
160 Seiten, 140 Abb. Duoton
24 x 30 cm, Leinen mit Schutzumschlag
ISBN 978-3-909111-20-6
€ 54,80 / € (A) 56,40 / CHF 88.–

Wie sahen die Anfänge des Glacier Express aus?
Die historischen Aufnahmen der Gornergratbahn,
der Brig–Visp–Zermatt-Bahn, der Furka–Oberalp-Bahn
und der Rhätischen Bahn ermöglichen einen
spannenden Vergleich zur Gegenwart.

Christian Lüber
**Dampfbetrieb am Brünig
und Brienzer Rothorn**
Reihe Bahnromantik
160 Seiten, 146 Abb. Duoton
24 x 30 cm, Leinen mit Schutzumschlag
ISBN 978-3-909111-29-9
€ 54,80 / € (A) 56,40 / CHF 88.–

Die beiden Schmalspurbahnen werden in der Zeit ihres
Dampfbetriebes anhand von teils unveröffentlichten
Bilddokumenten porträtiert.

Iso Camartin, Peter Pfeiffer
Aus den Anfängen der Rhätischen Bahn
Reihe Bahnromantik
2. Auflage
160 Seiten, 138 Abb. Duoton
24 x 30 cm, Leinen mit Schutzumschlag
ISBN 978-3-905111-36-1
€ 54,80 / € (A) 56,40 / CHF 88.–

Dieser prächtige Bildband vereint die besten
Aufnahmen aus dem Dampfzeitalter der Rhätischen
Bahn: ein nostalgischer Streifzug durch eine der
faszinierendsten Bahnlandschaften.

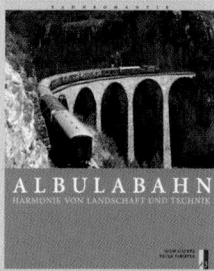

Gion Caprez, Peter Pfeiffer
**Albulabahn – Harmonie von
Landschaft und Technik**
Reihe Bahnromantik
160 Seiten, 125 Abb. Duoton
24 x 30 cm, Leinen mit Schutzumschlag
ISBN 978-3-905111-89-7
€ 54,80 / € (A) 56,40 / CHF 88.–

Die Albulabahn, deren Strecke als eine der weltweit
schönsten gilt, ist eine technische Meisterleistung
der Pionierzeit, die sich harmonisch in die
Landschaft einfügt.

Gion Caprez, Peter Pfeiffer
Die goldenen Jahre der Berninabahn
Reihe Bahnromantik
zweisprachig d/i
136 Seiten, 110 Abb. Duoton
24 x 30 cm, Leinen mit Schutzumschlag
ISBN 978-3-905111-48-4
€ 54,80 / € (A) 56,40 / CHF 88.–

Die schönsten Fotos aus den frühen Jahren der
Berninabahn sind hier vereint: ein Ausflug in
die goldenen Zeiten des Tourismus im Oberengadin!

Michel Gremaud, Peter Pfeiffer
**Golden Pass und Greyerzerland –
MOB und GFM**
Reihe Bahnromantik
zweisprachig d/f
144 Seiten, 110 Abb. Duoton
24 x 30 cm, Leinen mit Schutzumschlag
ISBN 978-3-905111-60-6
€ 54,80 / € (A) 56,40 / CHF 88.–

Bahnromantik zwischen dem Berner Oberland und
dem Genfer See: die schönsten Bilder aus den
Anfängen der Westschweizer Voralpenbahnen.

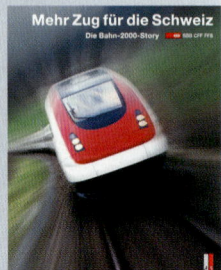

Christian Kräuchi, Ueli Stöckli
Mehr Zug für die Schweiz
Die Bahn-2000-Story
272 Seiten, 465 Abb. vierfarbig
24 x 30 cm, Leinen mit Schutzumschlag
ISBN 978-3-909111-06-0 deutsch
ISBN 978-3-909111-07-7 französisch
€ 59,80 / € (A) 61,50 / CHF 98.–

In der Dokumentation der 20-jährigen Geschichte von
Bahn 2000 kommen Akteure aus allen Bereichen zu
Wort, die das für den öffentlichen Verkehr der Schweiz
entscheidende Projekt realisierten.

Iso Camartin, Hans Peter Treichler u. a.
Der Kluge reist im Zuge – Hundert Jahre SBB
Herausgegeben von Heinz von Arx
256 Seiten, 424 Abb. vierfarbig
24 x 30 cm, Leinen mit Schutzumschlag
ISBN 978-3-905111-63-7 deutsch
ISBN 978-3-905111-69-9 französisch
€ 59,80 / € (A) 61,50 / CHF 98.–

Der offizielle und aufwendig gestaltete Jubiläums-
Bildband über Geschichte, Gegenwart und
Zukunft von Rollmaterial, Architektur, Design
und Werbung der SBB.

Hans G. Wägli
Schienennetz Schweiz
Ein technisch-historischer Atlas
zweisprachig d/f
204 Seiten, 6 Tafeln, 212 Abb.
24 x 30 cm, Leinen mit Schutzumschlag
ISBN 978-3-905111-21-7
€ 79,80 / € (A) 82,10 / CHF 128.–

Unentbehrlich für alle Eisenbahnfreunde:
alle technischen Angaben zum Schienennetz
der Schweiz in einem kompakten Band. Der
«Wägli» in erweiterter zweiter Auflage!

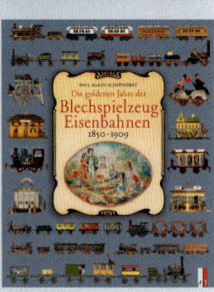

Paul Klein Schiphorst
**Die goldenen Jahre der
Blechspielzeug-Eisenbahnen 1850–1909**
360 Seiten, über 1000 Abb. vierfarbig
24 x 30 cm, Leinen mit Schutzumschlag,
in Schmuckschuber
ISBN 978-3-905111-81-1
€ 168,– / € (A) 172,80 / CHF 248.–

Der Prachtband zu den handgefertigten und handbemalten
Eisenbahnen aus der zweiten Hälfte des 19. Jahrhunderts
lässt das Herz jedes Sammlers höher schlagen und ist
in Ausstattung und Vollständigkeit einzigartig.

Christian Hanus
Stellwerk Kerzers
Geschichte der Eisenbahnsicherungstechnik
144 Seiten, 175 Abb. ein- und vierfarbig
23 x 24,5 cm, Leinen mit Schutzumschlag
ISBN 978-3-909111-45-9
€ 32,– / € (A) 33,– / CHF 54.–

Das Wärterstellwerk im Kreuzungsbahnhof Kerzers
und den dazugehörigen Bahnanlagen verkörpern
eine technikgeschichtliche, denkmalpflegerische und
eisenbahnbetriebliche Rarität.

Christian Zellweger, SBB Historic
Krokodil – Königin der
Elektrolokomotiven, 2. Auflage
160 Seiten, 184 Abb. ein- und vierfarbig
23 x 24,5 cm, Leinen mit Schutzumschlag
ISBN 978-3-909111-19-0
€ 32,– / € (A) 33,– / CHF 54.–

Kein Lokomotivtyp der SBB geniesst einen so hohen
Bekanntheitsgrad wie die legendären «Krokodile»,
die aus den Zwanzigerjahren des letzten Jahrhunderts
stammenden frühen Elektrolokomotiven.

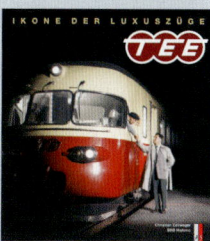

Christian Zellweger, SBB Historic
TEE – Ikone der Luxuszüge
176 Seiten, 210 Abb. ein- und vierfarbig
23 x 24,5 cm, Leinen mit Schutzumschlag
ISBN 978-3-905111-95-8
€ 32,– / € (A) 33,– / CHF 54.–

Aus Anlass seines Revivals als Museumszug lassen
nostalgische Bilder des vierstromtauglichen TEE II den
Glanz von damals wieder aufleben und dokumentieren
die wechselvolle Geschichte des legendären Parade-
zuges der Schweizerischen Bundesbahnen.

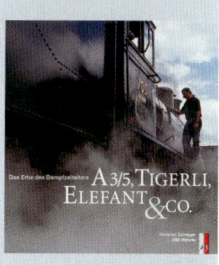

Christian Zellweger, SBB Historic
A 3/5, Tigerli, Elefant & Co.
Das Erbe des Dampfzeitalters
160 Seiten, 195 Abb. ein- und vierfarbig
23 x 24,5 cm, Leinen mit Schutzumschlag
ISBN 978-3-909111-09-1
€ 32,– / € (A) 33,– / CHF 54.–

Die Stiftung SBB Historic nimmt das 100-Jahr-Jubiläum
ihrer Schnellzugs-Dampflokomotive A 3/5 705 zum
Anlass, die historischen Dampffahrzeuge aus ihrem
Sammlungsbestand in einem faszinierenden Text-/
Bildband vorzustellen.

Kilian T. Elsasser (Hrsg.)
Gnom – Niklaus Riggenbach –
der Bergbahnpionier und seine
Zahnrad-Dampflok «Gnom»
120 Seiten, 106 Abb. ein- und vierfarbig
17 x 24 cm, Leinen mit Schutzumschlag
ISBN 978-3-905111-80-4
€ 24,80 / € (A) 25,50 / CHF 39.80

Die erste Lokomotive mit kombiniertem Zahnrad-
und Adhäsionsbetrieb war mit dem Bau der Rigibahn
1871 ein Auslöser des Massentourismus in den Alpen.

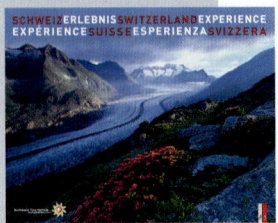

Roland Baumgartner, Heinz Keller
Schweiz Erlebnis – Switzerland Experience
Expérience Suisse – Esperienza Svizzera
Herausgegeben von Schweiz Tourismus
2. Auflage, viersprachig dt./engl./franz./it.
208 Seiten, 200 Abb. vierfarbig, 30 x 24 cm,
Leinen mit Schutzumschlag
ISBN 978-3-909111-30-5
€ 49,80 / € (A) 51,20 / CHF 78.–

Dieser Bildband zeigt die schönsten Seiten
aller Landesteile und überraschende Aufnahmen
selten fotografierter Landschaften.

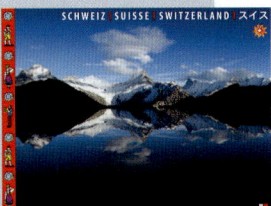

Andres Betschart, Christof Sonderegger
Marcus Gyger
Schweiz | Suisse | Switzerland | スイス
4. Auflage
Texte viersprachig d/f/e/jap
112 Seiten, 90 Abb. vierfarbig
30 x 24 cm, laminierter Pappband
ISBN 978-3-905111-55-2
€ 24,80 / € (A) 25,50 / CHF 39.80

Die Sehenswürdigkeiten der Schweiz werden
in diesem populären Bildband in ein neues
Licht gerückt.

Christof Sonderegger
Schweiz – Svizzera – Suisse
Switzerland – スイス
2. Auflage
Texte in d/i/f/e/jap
64 Seiten, 48 Abb. vierfarbig
24 x 17 cm, laminierter Pappband
ISBN 978-3-905111-90-3
€ 12,95 / € (A) 13,40 / CHF 19.90

Emil Zopfi
Die Schweiz von oben
La Suisse vue du ciel
Switzerland: an Overview
dreisprachig d/f/e
200 Seiten, 119 Abb. vierfarbig
24 x 30 cm, Leinen mit Schutzumschlag
ISBN 978-3-909111-01-5
€ 54,80 / € (A) 56,40 / CHF 88.–

Die Lust am Überblick: Die landschaftliche
und kulturelle Vielfalt der Schweiz lässt sich in
den grossformatigen Luftaufnahmen auf neue,
spektakuläre Weise entdecken.

Iso Camartin u. a.
La Suisse vue du ciel
240 Seiten, 143 Abb. vierfarbig
24 x 30 cm, Leinen mit Schutzumschlag
ISBN 978-3-905111-31-4 französisch
€ 59,80 / € (A) 61,50 / CHF 98.–

Die kulturelle und landschaftliche Vielfalt der Schweiz
kommt in den grossformatigen Luftaufnahmen dieses
Bildbandes besonders deutlich zum Ausdruck.

Beat Krähenbühl, Christian
Raschle, Michael van Orsouw
Luftbild Kanton Zug
160 Seiten, 104 Abb. ein- und vierfarbig
24 x 30 cm, Leinen mit Schutzumschlag
ISBN 978-3-905111-68-2
€ 54,80 / € (A) 56,40 / CHF 88.–

Aktuelle Flugbilder und historische Luftaufnahmen
zeigen den Kanton Zug aus einer faszinierenden
und unbekannten Perspektive: eine Entdeckungsreise
der besonderen Art.

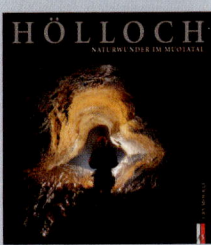

Urs Möckli u. a.
Hölloch – Naturwunder im Muotatal
176 Seiten, grosse Karte
213 Abb. vierfarbig und Duoton
23 x 24,5 cm, Leinen mit Schutzumschlag
ISBN 978-3-905111-47-7
€ 39,80 / € (A) 41,– / CHF 68.–

Ein grossartiger, informativer Bildband über
die Faszination des Höllochs, des zweitgrössten
Höhlensystems Europas.

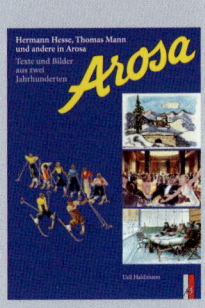

Hermann Hesse, Thomas Mann
und andere in **Arosa** – Texte und Bilder
aus zwei Jahrhunderten
Herausgegeben von Ueli Haldimann
176 Seiten, 161 Abb. ein- und vierfarbig
17 x 24 cm, Leinen mit Schutzumschlag
ISBN 978-3-905111-67-5
€ 26,80 / € (A) 27,60 / CHF 45.–

Viele bekannte Schriftsteller weilten immer wieder
in Arosa und haben darüber berichtet. Entstanden
ist ein literarischer Reiseführer aus den vergangenen
zwei Jahrhunderten.

Peter Donatsch
Surselva – Bahn, Land und Leute
128 Seiten, 138 Abb. vierfarbig
23 x 24,5 cm, Leinen mit Schutzumschlag
ISBN 978-3-905111-54-5
€ 32,– / € (A) 33,– / CHF 54.–

Mit der Bahn von Chur über Disentis nach Andermatt:
Entdeckungsfahrt in eine der eigenständigsten
Regionen der Schweiz, die vom Nebeneinander
romanischer und alemannischer Kultur geprägt ist.

Peter Donatsch
Engadin – Bahn, Land und Leute
128 Seiten, 145 Abb. vierfarbig
23 x 24,5 cm, Leinen mit Schutzumschlag
ISBN 978-3-905111-44-6
€ 32,– / € (A) 33,– / CHF 54.–

Das Engadin: Naturlandschaft und Champagnerklima,
Einsamkeit und Masse – Kontraste, wohin man
blickt. Sie prägen dieses grossartig bebilderte
Regionenporträt.

Carlo Weder, Peter Pfeiffer
Centovalli und Valle Vigezzo
Bahn, Land und Leute
128 Seiten, 140 Abb. vierfarbig
23 x 24,5 cm, Leinen mit Schutzumschlag
ISBN 978-3-905111-23-1 deutsch
ISBN 978-3-905111-24-8 italienisch
€ 32,– / € (A) 33,– / CHF 54.–

Eine Reise durch die Centovalli und die Valle Vigezzo,
wilde Schönheiten abseits der Transitroute.

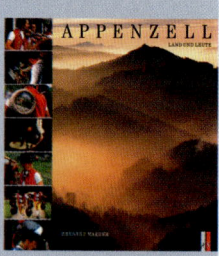

Herbert Maeder
Appenzell – Land und Leute
144 Seiten, 180 Abb. vierfarbig
23 x 24,5 cm, Leinen mit Schutzumschlag
ISBN 978-3-905111-10-1
€ 32,– / € (A) 33,– / CHF 54.–

Ein prächtiger Text-Bild-Band über eine faszinierende
Kulturlandschaft, in welcher jahrhundertealte
Traditionen unter den Bedingungen der Gegenwart
gelebt und weiterentwickelt werden.

Christine Kopp, Marcus Gyger
S. Golowin, Q. Reichen, D. Balmer
Berner Oberland – Land und Leute
128 Seiten, 140 Abb. vierfarbig
23 x 24,5 cm, Leinen mit Schutzumschlag
ISBN 978-3-905111-27-9
€ 32,– / € (A) 33,– / CHF 54.–

Spektakuläre Bilder und Textbeiträge von profunden
Kennern zeigen das Berner Oberland von einer
neuen, unbekannten Seite.

Martin Born, Sepp Renggli, Jürg Casanova u.a.
Tour de Suisse – 75 Jahre · 1933–2008
Herausgegeben von Peter Schnyder
240 Seiten, 350 Abb. ein- und vierfarbig
24 x 30 cm, Leinen mit Schutzumschlag
ISBN 978-3-909111-53-4
€ 54,80 / € (A) 56,40 / CHF 88.–

Das offizielle Jubiläumsbuch zeichnet die mit vielen
unbekannten Fotos und mit fundierten Texten die
wechselvolle und spannende Geschichte dieses bedeutenden und grössten Sportanlasses der Schweiz von
den Anfängen bis heute nach.

Martin Born, Hanspeter Born, Sepp Renggli
Ferdy Kübler – «Ferdy National»
Herausgegeben von Peter Schnyder
224 Seiten, 170 Abb. Duoton
24 x 30 cm, Leinen mit Schutzumschlag
ISBN 978-3-909111-25-1 deutsch
ISBN 978-3-909111-35-0 französisch
€ 54,80 / € (A) 56,40 / CHF 88.–

Hommage an den Schweizer Sportler des 20. Jahr-
hunderts, der heute – 50 Jahre nach seinem
Rücktritt – immer noch zu den populärsten
Sportpersönlichkeiten zählt.

Martin Born, Hanspeter Born, Sepp Renggli
Hugo Koblet – Der «Pédaleur de charme»
Herausgegeben von Peter Schnyder
2. Auflage
232 Seiten, 173 Abb. Duoton
24 x 30 cm, Leinen mit Schutzumschlag
ISBN 978-3-909111-18-3
€ 54,80 / € (A) 56,40 / CHF 88.–

Hugo Koblet war neben Ferdy Kübler der erfolgreichste
Radrennfahrer der Schweiz und bereits zu Lebzeiten
eine Legende. Eine Hommage an eine Persönlichkeit,
die noch heute die Radsportfans fasziniert.

Markus Bühler u.a.
Tour de France – Auf den Spuren eines Mythos
2. Auflage
160 Seiten, 148 Abb. Duoton
24 x 30 cm, Leinen mit Schutzumschlag
ISBN 978-3-905111-43-9 deutsch
ISBN 978-3-905111-46-0 französisch
€ 46,80 / € (A) 48,20 / CHF 75.–

Dieses Buch hebt sich von den jährlich erscheinenden
Tour-de-France-Nachlesen ab. Eine hochwertige Bild-
reportage mit hintergründigen und informativen Texten.

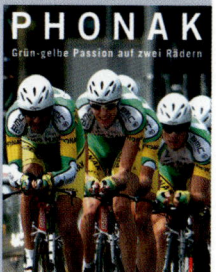

Georges Lüchinger, Andrea Kobler
Phonak – Grün-gelbe Passion auf zwei Rädern
Herausgegeben von Andy Rihs
216 Seiten, 180 Abb. vierfarbig
24 x 30 cm, Leinen mit Schutzumschlag
ISBN 978-3-909111-36-7 deutsch
ISBN 978-3-909111-37-4 englisch
ISBN 978-3-909111-48-0 französisch
€ 54,80 / € (A) 56,40 / CHF 88.–

Andy Rihs hat mit seinem Phonak-Cycling-Team sieben
Jahre Schweizer Radsportgeschichte geschrieben.

Martin Born
Lauberhorn – Die Geschichte
eines Mythos, 75 Jahre Internationale
Lauberhornrennen Wengen
240 Seiten, 367 Abb. ein- und vierfarbig
24 x 30 cm, Leinen mit Schutzumschlag
ISBN 978-3-909111-08-4
€ 49,80 / € (A) 51,20 / CHF 78.–

Das offizielle Jubiläumsbuch zu den 75. Internationalen Lauberhornrennen zeichnet reich illustriert die Geschichte der Lauberhornrennen von den Anfängen bis heute nach.

Markus Bühler, Peter Stamm
Gotthard
Die steinerne Seele der Schweiz
112 Seiten, 73 Abb. Duoton
24 x 30 cm, Leinen mit Schutzumschlag
ISBN 978-3-905111-22-4
€ 17,50 / € (A) 18,– / CHF 32.–

In dieser hoch stehenden Text-Bild-Reportage mit grossartigen Schwarz-Weiss-Fotografien porträtieren die Autoren mit viel Feingefühl Landschaft und Leute diesseits und jenseits des Gotthards.

Phillip Lopate, Vincent Katz
Rudy Burckhardt
Ein Schweizer Blick auf Amerika
224 Seiten, 276 Abb. Duoton
24 x 30 cm, Leinen mit Schutzumschlag
ISBN 978-3-909111-11-4
€ 59,80 / € (A) 61,50 / CHF 98.–

Die erste umfassende Monografie über Rudy Burckhardts fotografisches Werk ruft einen grossen Schweizer Künstler in Erinnerung, der im Heimatland zu Unrecht vergessen ist.

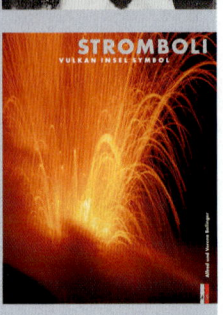

Alfred und Verena Bollinger
Stromboli
144 Seiten, 80 Abb. vierfarbig
24 x 30 cm, Leinen mit Schutzumschlag
ISBN 3-905111-34-9 deutsch
ISBN 3-905111-35-7 italienisch
€ 54,80 / € (A) 56,40 / CHF 88.–

Eine prächtig illustrierte, mit Einfühlungsvermögen und Sachwissen verfasste Monografie über die geheimnisvolle Insel Stromboli, auf der das Leben vom seit Menschengedenken aktiven Vulkan bestimmt wird.

Beat Stutzer
Carigiet – Die frühen Jahre
176 Seiten, 181 Abb. vierfarbig,
24 x 30 cm, Leinen mit Schutzumschlag
ISBN 978-3-905111-73-6
€ 59,80 / € (A) 61,50 / CHF 98.–

Sein «Schellen-Ursli» hat ihn weit über die Schweiz
hinaus berühmt gemacht: Zum hundertsten Geburtstag
des Malers werden die wenig bekannten frühen Werke
Alois Carigiets zusammen mit bisher unveröffentlichten
Fotos und Tagebuchauszügen vorgestellt.

Markus Timo Rüegg
Constantin Polastri
144 Seiten, 112 Abb. ein- und vierfarbig
24 x 30 cm, Leinen mit Schutzumschlag
ISBN 978-3-905111-17-9
€ 59,80 / € (A) 61,50 / CHF 98.–

Die Farbkompositionen Constantin Polastris sind ein
Genuss für Augen, die das Schöne sehen wollen;
die Bilder strahlen eine Lebensfreude aus, die den
Betrachter mit unmittelbarer Kraft berührt.

Monica Naldi
Mara Corradini
Hrsg. von Paola Starace
zweisprachig d/i
112 Seiten, 85 Abb. ein- und vierfarbig
24 x 30 cm, Leinen mit Schutzumschlag
ISBN 3-905111-05-5
€ 54,80 / € (A) 56,40 / CHF 88.–

Dieser Kunstband bietet einen umfassenden Quer-
schnitt durch das vielseitige Schaffen der Engadiner
Malerin (1880–1964), die in den Zwanziger- und
Dreissigerjahren viele Erfolge feiern konnte.

BESTELLUNG

Anzahl	Buchtitel	Preis
_____	_____	_____
_____	_____	_____
_____	_____	_____
_____	_____	_____
_____	_____	_____
_____	_____	_____

zuzüglich Versandspesen

Name: _____

Vorname: _____

Strasse/Nr.: _____

PLZ/Ort: _____

Datum/Unterschrift: _____

AS Verlag

Buchkonzept AG

Buhnrain 30

CH-8052 Zürich

Tel. +41 (0)44 300 23 23

Fax +41 (0)44 300 23 24

mail@as-verlag.ch

www.as-verlag.ch

Frühjahr 2008 · Umschlagbild: Robert Bösch «Eiger»

Der «Schnee auf dem Kilimandscharo».

wesen: Da lag der Schnee noch hoch, und im Gipfelbereich sieht man dort selbst im Mai noch Wechten. Bei Petrarca jedoch gibt es kein Wort über Schnee, kein Wort über die verschneiten Alpengipfel, über den strahlenden Mont Blanc, die von dort sehr gut zu sehen sind, wenn man – wie er es getan haben will – sehnsuchtsvoll in die Richtung blickt, in der Italien liegt. Nun, ein Dichter kann sich seine Kulissen nach Belieben erwählen. Petrarca schrieb schließlich keinen Routenführer.

Seither fällt es Schreibenden schwer, die Schilderung ihres Gipfelerlebnisses ähnlich hoch über den Kontext zu erheben. Die bewegende Szene mit dem Empfang der Gesetzestafeln ist schließlich schon vergeben. Da war der göttliche Fingerzeig im Buch des Augustinus ein unübertreffliches, unwiederbringliches Meisterstück.

Während ich noch blättere und lese, kommt Tomasi mit dem Gipfelbuch. So viele Namen! Ich stelle erleichtert fest, dass niemand aus meiner Nachbarschaft darunter ist. Briten, Amerikaner, Schweizer, Franzosen, Deutsche, Italiener, Österreicher, Polen, Norweger und Neuseeländer haben die letzten Seiten beschrieben, vereinzelt stehen japanische Schriftzeichen dazwischen.

«Sag mal, Tomasi, weshalb nennt ihr mich eigentlich Papa? Habt ihr das bei Hemingway gelesen?»

«Nein. Wer soll das sein? Wir sagen das so zu alten Männern.»

Da wird mir mein Weggefährte zusehends unausstehlich.

«Lies gefälligst mehr. Wenn Hemingway nicht darüber geschrieben hätte, dann würde es diesen Berg gar nicht geben!»

Grollend stopfe ich mich voll Schokolade. Was weiß dieser Bursche schon von den Freuden des Alters? Vom heiteren Selbstbewusstsein, von endlich unabhängiger Urteilskraft und der Erkenntnis, dass andere gar kein untrüglicher Maßstab für den eigenen Wert sind. Von den Wonnen der Ungeselligkeit, der Pedanterie und der zügellosen Völlerei, von behaglicher Bosheit und von der Genugtuung, die ein waches Misstrauen gewährt?

Und dann bin ich es, der diesmal zum Aufbruch drängt, während er noch mit dem Führer der Briten schwatzt.

Der Wind ist eisig, hinter uns sind düstere, metallisch schimmernde Quellwolken aufgezogen, die nichts Gutes verheißen: Cumulonimbus, zweifellos sehr eindrucksvolle Fotomotive, wenn es in der Nähe ein schützendes Dach gibt. Wir ziehen eilig westwärts, gehen einen steilen, mehr als hundert Meter in den Kraterkessel abfallenden Weg hinab. Am Wegrand liegt hoher, verharschter Schnee – hier wird man ohne Steigeisen zuweilen kaum durchkommen. Im Kessel erreicht der Wind uns nicht mehr, aber der Furtwänglergletscher, an dem wir jetzt entlanggehen, atmet spürbare Kälte aus.

Der Furtwänglergletscher und ein Teil des Nördlichen Eisfeldes in der Ansicht vom Uhuru Peak.

Schöne Bänderungen durchziehen da die Abbruchkante des gewaltigen Eisberges, mächtige Zapfen hängen daran herab. Gut ist zu erkennen, was hier geschieht. Die Sonne erwärmt den dunklen Ascheboden, und am Fuß der Gletscherstirn schmelzen Höhlungen aus, die vereint mit anderen Kräften bewirken, dass ganze Eistafeln losbrechen. Der Vorgang ist wesentlich zerstörerischer als etwa die direkte Sonneneinstrahlung auf den Gletscher: Sie wird zum größten Teil vom Eis reflektiert.

Als wir durch die schwarze Asche trotten, erzählt Tomasi, hier sei zur Jahrtausendwende eine Bergsteigerin aus Kalifornien an einem Lungenödem gestorben. Ihr Mann habe dabei hilflos zusehen müssen. Wir würden nämlich gerade den Biwakplatz überqueren, an dem die Kunden von Mountain Madness im Kraterkessel übernachten, bevor sie zum Uhuru Peak hinaufsteigen.

«Tolle Firma! Die lassen sich sieben bis zehn Tage Zeit, kommen vom Shiraplateau über Sheffield Camp herauf und haben eine tolle Erfolgsquote. Da wärst du besser dran: Stühle, Tische, Esszelt und Toilettenzelt, tragbare Druckkammer, Sauerstoff in Flaschen, Satellitentelefone, schöne gelbe, wasserdichte Packtaschen und immerzu Lunchpäckchen. In ihrem Lager auf dem Plateau, Fischer's Camp, haben sie eine Gedenktafel für Scott Fischer. Kennst du den? Der ist hier früher ab und zu geklettert.»

Ja, natürlich habe ich Jon Krakauers Buch gelesen. Aber die Sache interessiert mich aus anderen Gründen, obwohl eine Nacht im Krater sicherlich wenig geruhsam verläuft: mindestens zwanzig Minusgrade und ringsum das Krachen vom Frost aufgesprengten Gesteins. Wir haben noch drei Tage Zeit, und es könnte doch wundervoll sein, hier das Zelt aufzustellen, in den Reuschkrater zu blicken, zum Nördlichen Eisfeld zu gehen. John Readers herrliche Fotografien aus jener Gegend kommen mir in den Sinn: Leuchttürme, Schiffe und Segel aus Eis, geformt und umweht von Winden, die über einem fernen Ozean geboren wurden.

«Würdest du, gegen ein Aufgeld natürlich, morgen mit mir hier hinaufsteigen und biwakieren? Wir könnten anschließend ohne Umwege nach Machame hinabgehen?», frage ich deshalb.

«Nein. Das hättest du dir vorher überlegen müssen. Übrigens, schon die Tour über Marangu kostet mit einer Übernachtung im Krater anderthalb tausend Dollar. Dabei müssen schließlich Träger mit hinauf.»

Ein wahrhaftig schwerwiegendes Argument. Allein geht es nicht: Die Western Breach, die Route, die wir jetzt hinuntergehen, steigt 30 bis 40 Grad an und ist weitaus schwieriger als die Normalrouten von Marangu oder Rongai. Und das mit Zelt, Schlafsack, Wasser, Verpflegung – nicht gerade ein Kunststück, aber sehr kräftezehrend. Mir wird wieder einmal bewusst, wie abhängig von den Mühen der Träger mein scheinbar ungebundenes Abenteuer ist.

Es geht auf abschüssigen Wegen hinab. An ein paar ausgesetzten Stellen gebrauchen wir zum ersten Mal seit Jamaica Rock auch die Hände. «Auf allen Seiten drückten uns die Wände,/Und Hand und Fuß verlangte hier der Boden», meldet sich Dante Alighieri. Die Western Breach – «the wicked route» wird sie genannt. In der Tat sieht es hier böse, verrucht, gottlos aus. Überall Geröll, Platten, Brocken, Schutt, mehr oder minder lose übereinanderliegend, vom Frost zersprengt, zerbissen, zernagt.

Die Western Breach ist Bestandteil einer gigantischen Scharte, eines Einschnittes in den ansonsten recht ebenmäßigen Kibokegel. Ein Einsturz riss dort, im Südwesten des Berges, eine dicke Scheibe aus seiner napfkuchenähnlichen Gestalt heraus. Und nicht weit entfernt davon erhebt sich Breach Wall, die größte Herausforderung für Kletterer im Kilimandscharogebirge: eine 1400 Meter hohe Felswand, an der die Wirkungen der Höhe, Steinschlag, Lawinengefahr, trügerische Beschaffenheit des Gesteins, Eisfälle und Gletscher sich – gefahrvoller noch als etwa an der berüchtigten Eigernordwand – zum höchsten Schwierigkeitsgrad auf dem afrikanischen Kontinent vereinen. Breach Wall ist erst 1978 von Reinhold Messner und Konrad Renzler bezwungen worden.

Das Geschwätz hochfahrender Leute vom afrikanischen Gipfel, der allemal über einen Trampelpfad, mittels «a stroll at high altitude» und über eine hüttenreiche «Coca-Cola-Route» zu erreichen sei, ist nur eine Wirkung des begrenzten Horizontes, den Pauschalreisen gewähren. Und eine Täuschung, die jährlich mindestens einer von tausend Kilimandscharotouristen mit dem Leben bezahlt. Der Kibo zeigt auch andere Gesichter, und in eines davon blicken wir jetzt.

Als Erste sind die deutschen Wissenschaftler Eduard Oehler und Fritz Klute im September 1912 hier hinabgestiegen. Sie hatten zuvor den Kraterrand über den Penckgletscher erreicht, waren jedoch zu erschöpft, um noch zum Gipfel zu gehen. Die beiden umgingen, so wie wir es eben taten, den nach einem bayerischen Bergsteiger benannten Furtwänglergletscher, seilten sich in die Western Breach ab und folgten einer Schneerinne bis zu der auffälligen Felsstufe, die wir gerade hinter uns lassen. Den gefrorenen Wasserfall, von dem Eduard Oehler berichtete, suche ich dort allerdings vergeblich – die gesamte Route ist inzwischen eisfrei. Und noch viel mehr vermisse ich die Ausblicke zur roten westlichen Breschenwand und zum benachbarten Mount Meru, die Oehlers Schilderung beschreibt. Denn uns umgeben Wolken, seit wir den Kraterkessel verlassen haben, und jetzt beginnt es sogar zu schneien.

Zunächst sind die Flocken fein wie Reif, dann werden sie, getrieben von starkem Wind, größer und klatschen uns feucht in die Gesichter. Ein Sturm kommt auf, erst in Böen, mit hohlem Summen, dann rasend wie ein tollwütiges Tier. Der Schnee gleicht Schaum von seinem heulenden Maul. Ich stemme mich dagegen, fluche vor mich hin, wütend über diese irrwitzige Verschwendung von Energie.

Manchmal wird es im Brausen plötzlich wieder still, ein fahles Sonnenlicht lässt den Schnee ringsum aufleuchten, reicht jedoch nicht aus, um Schatten zu werfen, und erhellt eine dämmrige Landschaft voll Schutt und feindseliger Gleichgültigkeit. Darauf wiederum hebt der Wind wirbelnde, prasselnde Schneeschleier vom Boden, füllt uns die Augenhöhlen mit feuchten Flocken, verschüttet Schnee wie Mehl aus einem Sack.

Wir stolpern blindlings über Geröll. Lärmend kullern losgetretene Steine abwärts. Aber auf einmal verstummt ihr Fallgeräusch. Die Steine hüpfen in eine unsichtbare, weit entfernte Tiefe. Das ist der Augenblick der Wahrheit. Zu lange haben wir keine der roten Farbmarkierungen mehr gesehen. Auch keines der Steinmännchen, die mitunter neben dem Weg aufgeschichtet waren. Wahrscheinlich sind wir auf dem Grat oberhalb von der durch eine Steinlawine zerstörten Arrow Hut. Dort unten, beim Arrow Glacier Camp, sind im Januar 2006 zwei Frauen und ein Mann, Mitglieder einer amerikanischen Bergsteigergruppe, von herabstürzenden Felsen erschlagen worden. Eine weitere Bergsteigerin und mehrere Träger wurden damals schwer verletzt.

Der Sturm holt Luft, wir kauern uns nieder. Tomasi grübelt, starrt in die tanzenden Flocken. Ich esse Schokolade, fülle dann meine leere Thermosflasche mit Schnee, und er sieht schweigend zu.

«Wenn der Hubschrauber kommt, will ich zuerst an Bord. Dich mit deiner schönen roten Jacke finden sie auch später noch!», rufe ich ihm ins Ohr.

Im «Kegelbahn» genannten Abschnitt der Western Breach.

Tomasi antwortet nicht. Gut, das ist wohl nicht die rechte Gelegenheit für Späße. Wir werfen Steine. Kein Aufschlag ist zu hören. Zu laut?
Rätselhaft. Wenn wir hier auf einem Sims hocken – weshalb liegen
dann Steine umher? Es gibt eine Erklärung dafür, aber die erscheint
auch nicht gerade ermutigend. Zurück also. Sehr vorsichtig. Lauschend. Wie Mäuse im Gebälk. Nur für einen Moment sehen wir unter
uns einen kleinen, sichelförmigen Gletscher. So etwas dürfte dort nicht
sein. Wir sind in Gefahr. The wicked route! Hemingway hat einmal eindringlich beschrieben, was man da spürt: den Geschmack von Kupfer-
münzen auf der Zunge. Und ich schmecke die Münze, den Lohn für
den Fährmann. Und empfinde zugleich wie ein Davongehender, wie le-
bensvoll und begehrenswert das alles ist: der fauchende Sturm, die
Flocken auf meinen Wimpern, jeder Schritt, das Klirren der Steine und
der Geruch der nassen Felsen – so mögen wohl zermahlene Donner-
keile riechen.

Dann sehe ich Menschlein, Zwerge mit schrecklich großen Köpfen,
die Haut grau wie Asche, die Gesichter knotig. Sie springen herum zwi-

schen Hütten, die aussehen wie übergroße Bienenkörbe und schwarz sind vor Nässe.

«Ihr gehört ins Dunkel, ihr gehört unter die Erde», presse ich hervor.

«Soooo einen Fisch habe ich gefangen, soooo einen Fisch!», schreit einer, breitet die Arme aus und hüpft neben mir her. «Soooo einen Fisch!» Sie lachen. Hohl und zahnlos.

Nur nicht stehen bleiben. Nur nicht stehen bleiben! Stumpf und dennoch panisch erregt, schleppe ich mich vorbei, gehe wie im Innern einer Eierschale, und die Furcht gibt mir hundert Augen. Um mich her dröhnt höhnend Edvard Griegs «Zug der Zwerge»: babbababbababbabamm, babbabamm, babbabamm.

Als der Sturm sich legt, erscheint vor uns eine talwärts geneigte Schlucht, gefüllt mit rund geschliffenen Steinen. Die Route! Völlig unbegreiflich, wie wir sie verlieren konnten. Keuchend stolpern und gleiten wir abwärts. Stets in der Gefahr, auf den nassen Steinen auszugleiten, uns zumindest die Knöchel zu brechen, wenn ein Fuß zwischen die Steine rutschen sollte. Wahrscheinlicher ist allerdings, dass dabei noch mehr zu Bruch ginge.

Von einer Wand irgendwo im weißen, konturlosen Nichts springen Felsbrocken mit widerlichen Geräuschen zu uns hinab: tack, tack, taaak! Tack, tack, taaak – wir hören nur die ersten Hüpfer, das Aufklatschen am Ende des Falles, auf das wir bangend warten, bleibt unhörbar.

«Die Kegelbahn», murmelt Tomasi, «sie nennen das hier die Kegelbahn.»

Dann, ganz ohne Übergang, kein Schneefall mehr, kein Wind. Wirbelnder Nebel verbirgt die Umgebung. Sichtbar ist nur der graue, glitschige Ton unter unseren Stiefeln: Gletschermehl, herabgespült von den Breschengletschern über uns.

Noch ein ausgedehntes Feld mit vom Wasser gerundeten Steinen, durch das wir stolpernd hasten. Danach folgt endlich sanfter geneigtes Gelände. Weithin liegen große, scharfkantige, pechschwarze, mit hohen Schneehauben bedeckte Basaltblöcke verstreut, die wie Jahrmarktsbuden oder verschneite Blockhütten aussehen. Immer wieder erliege ich der Täuschung, glaube ich schneebedeckte Hütten und anderes Menschenwerk zu sehen.

Fünfzehn Stunden sind wir jetzt unterwegs.

Hinter den Blöcken durchschneidet ein dunkles Band die Schneefläche: der Bach am Lava Tower, unser Treffpunkt. Aber die Träger sind nicht da. Vom Lava Tower, einem hohen Felsturm, der sonst wie eine orangefarbene Kathedrale in der Landschaft steht, ist allein der Unterbau zu erkennen, alles Übrige verschwindet in schweren, tief hängenden Wolken.

Es bedeutet mir nichts, dass die Träger nicht gekommen sind. Was hier geschieht, gehört zu irgendeiner absurden Komödie, in die ich hineingeraten bin. Benommen und verbraucht folge ich Tomasi durch den Schnee zur letzten Kulisse dieses Stückes: zur grünen Biwakhütte am Lavaturm, vor der vier Gestalten in harlekinhaft bunter Kleidung stehen. Eine davon höre ich sagen:

«Oho, da kommen zwei, die hat das Schicksal schwer gebeutelt!»

Der Harlekin spricht deutsch, und ich bin also wahrscheinlich verrückt. Ich stelle das ganz unaufgeregt fest und beschließe, wenig zu reden. Jedes Wort könnte mich verraten.

Erst in der Hütte, vor dem qualmenden Feuer, nachdem mir jemand eine Blechschüssel mit Tomatensuppe zugereicht hat, sinke ich allmählich auf eine andere Ebene meines Bewusstseins zurück. Das ist wohl gar kein irres Bühnenstück, aus dem ich mich schlau heraushalten sollte: Da sitzt Tomasi neben zwei Rangern in grünen Uniformen und löffelt ebenfalls Tomatensuppe, die Harlekine sind vier vom Wettersturz überraschte Deutsche, die sich an den Wänden der Südseite versuchen.

Das, denke ich, glaubt dir zu Hause kein Mensch.

«In fünfzehn Stunden quer über den Berg. Und jetzt noch nach Shira?», fragt einer der Männer.

«Ja.»

Grimmiges, billigendes Nicken in der Runde. Ja, so soll es zugehen: mannhaft, eigensinnig, wortkarg. Hier, im Schneetreiben am Lava Tower, sind die letzten Männer versammelt! Der Dämmerzustand verweht.

Ich beginne die Stimmung zu genießen – die Tomatensuppe in der verbeulten, nicht sonderlich sauberen Blechschüssel, den Qualm und den Schweißgeruch. Unglaublich, was das Leben manchmal zu bieten hat! In meinem Kopf ist kein Gewisper mehr, sind vernünftige Gedanken. Ich frage den Tischlergesellen aus München, was ihn zum Kibo getrieben hat.

«Ich wollte», sagt er langsam und spielt dabei mit dem Reißverschluss seiner Jacke, «endlich einmal einen eigenen Entwurf machen.» Das ist gut. Das muss ich aufschreiben.

So, nun wird gar nichts weiter übrig bleiben, als nach Shira Camp zu gehen. Selbst wenn die Träger irgendwann kommen, bleibt es hier doch zu verschneit und zu nass, um das Zelt aufzustellen. Im Unrat in der Hütte mag ich nicht schlafen. Noch, hundertmal habe ich mir das heute schon gesagt, noch bin ich nicht am Ende! Rund 4600 Meter hoch sind wir jetzt, haben also seit dem Gipfel, den Irrweg eingeschlossen, fast sieben Stunden für 1400 Höhenmeter gebraucht, viel Zeit vertan. Auf dem Weg zum Shira Camp gibt es keine großen Höhenunterschiede mehr. Zwei Stunden, meint einer, drei der andere. Die Ranger werden den Trägern sagen, wohin wir gegangen sind.

Draußen spielt ein ermüdeter Wind mit torkelnden, unglaublich großen Schneeflocken.

«Wir sehen uns beim Kongress wieder!», ruft mir einer der Deutschen hinterher. Der hält mich also für einen gestandenen Bergsteiger. Das tut beinahe so gut wie heiße Tomatensuppe.

Die Basaltblöcke am Weg sind jetzt kleiner, daran hängen gelbe, zerzauste Bartflechten. Obendrauf liegen dicke Schneekappen und häufig auch verschneite Steinhäuflein. Irgendwelche Leute haben da sehr viel Zeit gehabt, um die Steine aufzuschichten. Jeder Idiot könnte jetzt den richtigen Weg finden.

Eine durchnässte Bergsteigergruppe im Schneetreiben am Lava Tower, 4640 m.

Nach einer Weile bleibt Tomasi lauschend stehen. «An-der-son! An-der-son!», ruft er heiser in den Vorhang aus Schneeflocken und Nebel.

Wirklich, es sind die Träger, die da durchnässt und erschöpft herbeistolpern. Das Unwetter, das wir als Schneesturm erlebt haben, ist auf sie als Regen niedergegangen.

Wir hocken uns rauchend zueinander, unsere Hände formen schützende Muscheln um die Glut. Anderson und Joseph reden erregt auf Tomasi ein. Und ich verstehe ganz gut, worum es geht.

«Zwei Stunden von hier ist ein Biwakplatz, Lager Stream Valley, mit viel Wasser und mehreren Höhlen», sagt mir Tomasi, der listenreiche Übersetzer. «Wir könnten morgen nach Shira weitergehen, du versäumst gar nichts. Am Lager Stream gibt es auch Unmengen von Lobelien und Senecien und tolle Aussichten.»

So, so, auf einmal weiß er Naturschauspiele zu schätzen. Aber er hat recht. Es ist einfach vernünftig. Ich will auch nicht ihren Gehorsam, sondern ihre Gesellschaft. Einsamkeit kann ich im Alltag wahrhaftig genug haben.

«Gut, ihr seid nass und erschöpft, mir geht es auch nicht gut, und Joseph hat ein nasses, mörderisch betrunkenes Huhn im Korb, das ebenfalls Ruhe braucht. Also gehen wir zum Lager Stream!»

Wir ziehen über das allmählich abfallende Gelände nach Süden. Grasbüschel, die ersten Strohblumen und niedrige, graugrüne Staudengewächse sehen dort aus dem Geröll. Der Schneefall endet, unsere Schritte schmatzen durch Schneematsch und dünne Rinnsale. Zur Rechten erscheint Lager Stream: ein schnell fließender Bach, bis zu achtzig Meter tief eingekerbt in das Lavagestein, gesäumt von Höhlen. Es sind erstarrte Gasblasen im Fels, die der Bach aufgeschnitten hat. Am Ufer erheben sich die größten und saftigsten Lobelien, die ich bisher im Kilimandscharogebiet sah: fast drei Meter hoch, dunkelgrün und mit leuchtend blauen Blüten. Die müsste man fotografieren, denke ich und trotte dennoch untätig vorbei.

Die Melancholie des Erfolges. Von Till Eulenspiegel wird erzählt, er sei lachend bergauf gestiegen und habe auf dem Weg ins Tal geweint. Was für eine kluge Narrengeschichte. Auch sind da immer wieder einmal die Verwirrtheit, die Fahrigkeit nach großer Erschöpfung. Ich erinnere mich an die Bilder von Zwergen und ihren Hütten – alles in grauen Tönungen, wie im Albtraum. Und weiß nicht mehr, wie lange mir das als wirklich erschien, ob mir wenigstens zeitweilig bewusst war, dass mich Trugbilder narrten. Wohl nicht. Ich habe da oben in ein Niemandsland geblickt, und die Erinnerung daran stimmt mich unsicher. Das war eine andere Welt, keine, in der man sich, den Petrarca in der Tasche, eben mal in das Gipfelbuch einträgt und dann weiterzieht. Ich kann froh sein, wenn der Aufenthalt dort keine Folgen hat.

Vor mir tänzeln Anderson, Musa, Joseph und Elias mit ausgelassenen Rufen über Steine, die aus dem Bach herausragen. Ein schönes Bild: Die plumpen Lasten auf ihren Köpfen, die Kanister, Körbe, Bündel schwimmen, getragen von der Eleganz ihrer Bewegungen, zum anderen Ufer.

Sie sind wieder bester Laune, rennen die letzten Meter zum Biwakplatz. Er gefällt mir nicht, dieser düstere Ort mit nassen Felsen und triefenden Büschen. Joseph kündigt ein Festessen an, aber ich möchte nur uji oder ugali: Suppe oder Breimasse aus Maismehl. Das Zeug hat den erregenden Geschmack von nasser Pappe, doch etwas anderes würde mir jetzt nur Ekel bereiten.

«Das ist Geisterspeise», sagt Tomasi besorgt. «Wenn du nicht isst, hast du morgen keine Kraft.»

Es wird schon gehen.

Der Berg liegt verschneit in grauviolettem Zwielicht. Eine dunkle Wolkenschleppe verbirgt den Gipfel. Sieben Uhr abends. Neunzehn Stunden haben wir da oben verbracht, und die Sonne ist ungesehen versunken. Ich löffele die Suppe, ziehe die Jacke und die nassen Schuhe aus und krieche schmutzig und fast besinnungslos in den Schlafsack.

DEN BACH HINAUF UND HINAB

Die Sonne steht über dem umwölkten Kibo, der Himmel ist strahlend blau, vor dem Zelt funkeln taufeuchte Lobelien. Es ist herrlich, zu erwachen, sofern man nie ein anderer als man selbst sein will. Erregt wie ein Kind, laufe ich umher. Westwärts liegen die Trümmergipfel der Shirakette wie kupferne Burgen. Neben mir bricht der Bach rauschend über die Felskante, sprudelt hinab in einen Senecienhain. Die Erde atmet sichtbar, es riecht nach faulendem Laub. Nektarvögel umschwirren Lobelienschöpfe, eine Zibetkatze huscht zwischen den Büschen davon. Ein größerer Kontrast zu den trostlosen Eindrücken des gestrigen Abends ist kaum denkbar.

Als ich zurückkehre, löst Anderson gerade die Zeltleinen. Neben ihm liegt mein dampfender, schmutziger Schlafsack auf dem besonnten Felsen.

«Hör auf. Wir bleiben hier.»

Ein Schrei zur Höhle hin, aus der begeistertes Johlen zurückschallt, dann sagt er lächelnd:

«Wir haben gestern vergessen, dir zu gratulieren. Wir waren ziemlich fertig und mit uns selbst beschäftigt. Unsere Glückwünsche, Papa! Wie ist es dort oben, warum wolltest du da hinauf?»

Großer Gott, und das noch vor dem Frühstück! Was soll ich dem Mann, den das tatsächlich zu interessieren scheint, darauf antworten? Soll ich ihm vielleicht den modischen Selbstfindungsquatsch auftischen? Selbstfindung zwischen erfundenen Risiken? Wer etwas von Naturerlebnissen erwartet, der muss sich ihnen ohne Anspruch aussetzen.

Oder soll ich ihm erzählen, dass mein ganzes Leben bestimmt wurde vom Verlangen nach Sicherheit und von der Verpflichtung, anderen Sicherheit zu geben? Kann ich ihm sagen, dass ich die anerzogene und dann auch selbstgewählte Last der Sicherheit nun abschütteln will? Der lacht mich aus! Vor mir steht ein Vater von vier Kindern, der ganz andere Lasten tragen muss und froh wäre, wenn er nur einen Teil jener ungeliebten Sicherheit besäße. All das hier bestärkt mir doch nur die hübsche Illusion, ich würde neben dem gewöhnlichen Leben noch ein weiteres führen. Ich habe schlicht Spaß daran, einige Wochen im Jahr das Gegenteil von dem zu tun, was meinen Alltag beherrscht, allein für den Augenblick zu leben und zu handeln und dann bereichert – und nunmehr etwas achtungsvoller – in diesen Alltag zurückzukehren. Oder soll ich ihm erzählen von Neugier und Erregung? Gar von vielschichtigen, zerrissenen Gesellschaften, in denen der Mensch in seiner Eigenheit überflüssig, wesentlich nur noch als Bestandteil einer Gruppe von Konsumenten ist? Gesellschaften, in denen das Individuum ständig bedroht wird von mächtigen und listenreichen Kräften, obwohl man ihm fortwährend Unabhängigkeit einredet? In denen es Versäumnisse anhäuft, Verdruss und Verdrängung erleidet, nur noch erreichbare Ziele sieht und deshalb versucht ist, seine Augen aufzuheben zu den Bergen, sich seines Mutes, seiner Tatkraft, seiner zerbrechlichen Einmaligkeit zu versichern? Oder erzählen vom Unbehagen angesichts unserer naturfernen Lebensweise, die zwangsläufig zu Stumpfsinnigkeit und Verblödung führt? Denn daheim erscheint es inzwischen doch als völlig ausreichend, wenn jemand nur ein paar Computertasten bedienen kann. Bringt man ihm überdies noch bei, wie man mit einer Kreditkarte umgeht und dass man besser nicht mehr über die Straße läuft, sobald die Ampel ein rotes Männchen zeigt, dann ist er bereits lebensfähig. Ein Mensch der Steinzeit hätte mit so geringem Wissen nicht einen einzigen Tag überlebt. Und da sind wir verwundert darüber, dass unsere Spezies das Hirnvolumen von Neandertalern nicht erreicht.

Aber mit derlei Betrachtungen mag ich Anderson nun wirklich nicht behelligen.

«Da oben stehst du am Rand der Welt. Ich habe großartige, schöne und auch bedrohliche Dinge gesehen. Und Harry aus Aberdeen getroffen, der mir Whisky anbot. Sich auf dem Kibogipfel zu treffen, ist übrigens billiger als in einer Kneipe in Aberdeen miteinander Whisky zu trinken. Es gibt jedes Mal solche Überraschungen. Auf dem Berg, auf dem ich zuvor war, warteten Affen und Militärpolizisten auf mich.»

Anderson grinst zufrieden. Er ist vermutlich ohnehin davon überzeugt, dass alle Touristen einen Dachschaden haben.

«Sag Joseph, dass ich wie ein Elefant frühstücken will. Ich hoffe, ihr habt während der Nacht in der School Hut noch etwas zu essen übrig gelassen.»

Der Hinweis auf jene Nacht erheitert ihn sichtlich, und er geht singend zur Höhle hinüber. Ich habe Zeit, mir den Preis des gestrigen Tages zu besehen: Hände und Füße sind stark angeschwollen, aber ohne Blasen. Die Füße pudere ich mir morgens ja immer reichlich mit Talkum. Das hat sich gemeinsam mit Schafwollsocken sehr bewährt und gibt darüber hinaus wenigstens ein Gefühl von Sauberkeit, das natürlich nur eine freundliche Täuschung sein kann. Aus dem Rasierspiegel starrt mich ein von Bartstoppeln geschwärztes Gesicht mit blutunterlaufenen Augen und dicken Tränensäcken an – auch nicht gerade ungewöhnlich nach dem Aufenthalt in fast 6000 Metern Höhe und dem von der Kälte mehrfach unterbrochenen Schlaf. Gut davongekommen! Beim letzten Mal hing die Haut in Fetzen von der Stirn, und dicke Brandblasen entstellten die Nase. Der Himmel war damals so bedeckt, dass ich glaubte, auf Schutzkreme verzichten zu können. An die davon nur wenig verminderte Kraft ultravioletter Strahlung hatte ich nicht gedacht. Und wie stark die hier oben ist, zeigt zum Beispiel meine Kameratasche aus synthetischem Material. Sie war ursprünglich schwarz und ist es auch noch am Boden sowie dort, wo sie am Körper anliegt. Der Rest hat sich seit dem Aufbruch in Rongai weinrot verfärbt.

Erstaunlich, heute bringt Tomasi das Frühstück, obwohl das zu Andersons Pflichten gehört. Er reicht mir das Tablett zu und sucht wohl eine vertrauliche Situation, denn er hat eine gefüllte Tasse für sich mitgebracht. Anderson würde das nie tun.

«Ich habe dir doch gesagt, dass das ein schöner Platz ist! Shira Camp ist total vollgeschissen. Hier kannst du ungestört umherstreifen. Kein verdammter Tourist weit und breit!»

Alter Schmeichler. Ich glaube nicht, dass du in mir mehr als einen verdammten Touristen sehen kannst. Aber das wäre doch ein Thema für ein Frühstücksgespräch.

Lager Stream Campsite, 3960 m.

«War das neulich ernst gemeint, du suchst eine Anstellung bei der Post?»

«Na klar, das war so gemeint. Hast du eine blasse Ahnung davon, was es bedeutet, jahrelang Leute auf den Berg zu schleppen? Ich meine: richtig schleppen! Nicht nur ihre Rucksäcke. Schlecht gelaunte Leute mit gestörter Verdauung, die sich anziehen, als ob sie mit dem Lift hinauffahren wollten, die frieren, ständig nach der Zeit fragen und jammern, dass sie endlich ein warmes Bad brauchen. Und wenn sie es tatsächlich bis zum Gillman's schaffen, dann sagen sie: Das war alles? Dabei ist das doch erst der halbe Weg, hinunter wird es erst richtig fürchterlich, dann lassen sie sich völlig gehen. Danach stehst du da und sollst vor lauter Bewunderung am besten splitternackt Stammestänze aufführen. Alles nur wegen ein paar Dollar Trinkgeld. Aber die geben sie dir nicht, weil sie enttäuscht sind, dass wir die Elefanten und Affen hier weggefressen haben oder weil es neblig war und sie keine Fotos mit nach Hause bringen. Und ein wenig Respekt, ein wenig Achtung darfst du schon gar nicht erwarten.»

Befremdet vom heftigen Ton, sehe ich ihn an, doch er meidet meinen Blick.

113

«Manche täuschen dich, schwärmen vom ursprünglichen Leben in Afrika und von unserer natürlichen Würde, fragen uns über ganz eigene Dinge aus. Ich weiß nicht, was sie mit dem anstellen, das sie da erfahren. Sie können ja nicht alle Bücher schreiben. Ich weiß nur, dass diese besonders netten Leute sich am Zahltag auch ganz besonders flink davonschleichen. Winken noch freundlich und fotografieren unsere enttäuschten Gesichter, wenn sie im Bus sitzen. Hei! Unter dem Foto steht dann wohl: Meine schwarzen Begleiter im Abschiedsschmerz. Dabei wissen sie ganz genau, dass wir wie Friseure bezahlt werden und auf eine Anerkennung hoffen müssen.»

«Auf der Maranguroute wurde das Trinkgeld eingesammelt wie nach einer Busreise, da kam eine hübsche Summe zusammen.»

«Ja, Marangu ist gut. Besonders, wenn du Chief Guide für einen großen Veranstalter bist. Ich bin aus Moshi, ich komme in das Geschäft mit den großen Gruppen selten hinein. Es geht ja auch nicht allein ums Geld. Ich bin nicht ganz dumm, behaupte mich in einer schwierigen Welt und möchte geachtet werden. Wie ein Maasai. Die findet ihr ja alle toll mit ihren falschen Haaren und den Speeren und dem ganzen blödsinnigen Krimskrams. Dabei tragen die keine Unterhosen, sprechen kein Wort Kiswahili und taugen nur zum Nachtwächter! Aber für euch ist das Afrika: Leute ohne Unterhosen und Löwen und Elefanten. Ihr habt eine Heidenangst davor, dass hier einmal Stahlwerke und Raffinerien stehen könnten. Deshalb haltet ihr uns kurz. Naturverbunden. Das ist Missachtung!»

Er stellt seine Tasse mit einer zornigen Bewegung auf das Tablett und sieht mich herausfordernd an. Es wird wohl besser sein, rechtzeitig auszuweichen.

«Eine sehr anspruchsvolle Erwartung, Tomasi. Anerkennung ist ein ziemlich hochtrabendes Verlangen. Es mag wichtiger sein, erst einmal mit sich selbst einig zu sein. Das ist schwierig genug, solange man nicht auch etwas für andere tut. Allerdings sollte man das wohl besser nicht gleich zum Beruf erheben. Willst du noch Kaffee?»

«Nein, danke. Was meinst du damit, dass man mit sich selbst einig sein sollte? Einen starken Charakter haben? Den hat doch fast jeder!»

«Manche schon. Bereits eine Prise davon behütet vor Erfolg und unglücklichen Verbindungen.»

«Gut, wie soll das heute weitergehen?»

Es gefällt mir nicht, dass er es ist, der jetzt ausweicht.

«Nun, ich werde umherlaufen, mich umsehen und fotografieren, und ihr könnt machen, was ihr wollt. Du kannst dich zum Beispiel wieder mit der ‹Flora of East Africa› beschäftigen, und Elias soll die Wasserkanister füllen und in die Sonne stellen. Es wäre schön, wenn ihr die Zeit nicht nur zum Essen nutzt, denn wir brauchen noch Verpflegung für zwei Tage. Morgen gehen wir zum Machame Camp. Shira kann ich mir während der nächsten Tour ansehen.»

«Während der nächsten Tour?»

«Ich will nur für ein paar Tage nach Moshi zurück und dann über Shira und Barafu zum Mawenzi.»

«Mit uns?»

«Das würde ich gern tun, aber die Tour ist schon mit einer anderen Firma abgesprochen. Außerdem brauche ich da einen Führer, der klettern kann. Warst du mal auf dem Mawenzi?»

«Nein, keine Lizenz. Aber wenn das so weitergeht, kann ich mich demnächst für botanische Führungen anbieten.»

Wie es scheint, ist unser Empfinden für Humor gar nicht so weit voneinander entfernt.

Ich packe meinen Rucksack: Tee, gebratenes Hühnerfleisch, ein paar Früchte, Kamera und Karte. Nach der Erfahrung auf der Kegelbahn lege ich auch den Kompass hinzu, obwohl ich den Bachlauf wohl selbst in einem Schneesturm kaum verlieren kann. Mein Ziel ist die drei Kilometer entfernte Quelle des Lagerbaches: Die heutige Benennung ist ja nur die Übersetzung dieses ursprünglichen Namens, den Fritz Jaeger und Eduard Oehler dem Gewässer im August 1906 gaben. Die Forscher lagerten damals an der Quelle, und Jaegers Bericht bildet ein stimmungsvolles Foto von ihnen ab, wie sie da lachend, Tee trinkend, in dicke Lodenmäntel gehüllt, vor dem Kleinen Penckgletscher sitzen. Ein gutes Gespann: Sechs Jahre später hatte Oehler weniger Glück mit seinem Begleiter. Im Hinblick auf das Bergsteigen waren die beiden allerdings kaum erfolgreich. Ihr Aufstieg über den Penckgletscher, der Oehler und Klute dann 1912 gelang, scheiterte damals.

In den wassergefüllten Blütenständen der Lobelien am Bach schwimmen kleine, halbmondförmige Eisstückchen. Die Nacht war kalt. Ein Spaßvogel hat die Schopflobelien wegen dieser häufig bemerkten Erscheinung «Gin-Tonic-Pflanze» genannt und damit gleich auf einen anderen Umstand hingewiesen: Das Wasser ist eine Mixtur, es enthält Stoffe, die ein völliges Gefrieren der Füllung verhindern.

Lobelien sind besonders auffällige Pflanzen dieser Höhenregion. Geprägt wird sie jedoch von verschiedenen Gräsern, von Strohblumen der Gattung Helichrysum und von Euryopsstauden. Die Letzteren bilden, sofern sie vertrocknet sind, das einzige Brennmaterial, das man hier finden kann. Die weißen, gelben oder roten Blüten der Strohblumen hingegen wurden früher verwendet, um daraus Kränze für erfolgreiche Kibobesteiger zu flechten. Zum Glück ist das verboten worden, seit sich jährlich Tausende Bergwanderer auf die Maranguroute begeben. Denn Höhengewächse sind besonders verletzlich, brauchen für ihr Wachstum sehr viel Zeit. So zum Beispiel die Senecien unterhalb der Steilkante an unserem Biwak. Ihre dekorativen, sattgrünen Rosetten, die dort den Boden bedecken, haben noch keine Stammaustriebe und sind dennoch bereits zwei bis drei Jahrzehnte alt. Die Stämme wachsen später nur etwa zwei bis zweieinhalb Zentimeter im Jahr.

Obwohl der Gipfelberg den ganzen Tag über von Wolken verhüllt wird, beeinträchtigt das meine Stimmung kaum. Fraglos, es wäre schön gewesen, wenigstens von hier aus den Abschnitt zu betrachten, in dem wir hinabgestiegen sind. Aber das Wetter im Hochgebirge erfordert überall eine gewisse Gelassenheit. Überdies bin ich von einem lästigen Gefährten – dem Zweifel am Gelingen der Tour – befreit und spüre

kaum noch etwas von den Wirkungen der Höhe, wenngleich Jaegers und Oehlers Westkibolager,
nach dem ich suche, immerhin
4340 Meter hoch liegt, also mehr
als 300 Meter über unserem Biwakplatz.

«Moja, mbili, tatu, nne...»

Er gelingt mir wieder, der Swahiliunterricht am Hang, die
rhythmische Ausschreitung gegen
den Stumpfsinn. Und das muss
der Ort sein: der Vegetationsrand

vor der Felswüste, ein Talschluss,
gebildet von einem dunklen Fels-
kopf mit rundlichen Buckeln. Es

Die Schopflobelie Lobelia deckenii
erinnert an einen der ersten Europäer,
die sich am Kibo versuchten:
Baron Carl Claus von der Decken.

ist die Stirn eines Lavastromes, der vom Kibokrater herabfloss und erstarrte. Jaeger und Oehler bemerkten hier damals zahlreiche Fährten
von Elenantilopen, und tatsächlich sehe auch ich gleich mehrere: groß
wie Büffelfährten, aber deutlicher und geschlossener. Elenantilopen
sind die größten und schwersten aller Antilopen, friedfertige Riesen mit
einem seltsamen Hang zu Gebirgswanderungen, der an das Verhalten
von Elefanten erinnert. Wie auch andere ihrer Eigenheiten: Elenantilopen zum Galopp zu bewegen ist schwierig, und in Panik habe ich sie nie
gesehen, obwohl Löwen und Wildhunde ihnen gern nachstellen.

Ostwärts, umwirbelt von Wolkenfetzen, verläuft die steil in Lava-
wände eingeschnittene Schlucht des Bastionsbaches, erhebt sich, verborgen in den Wolken, der gewaltige Lavaturm. Auf meiner Karte heißen die von Jaeger und Oehler benannten Punkte jetzt natürlich
Bastion's Stream und Lava Tower, aber bis auf einige Höhenangaben
gibt es kaum Abweichungen zwischen den alten und den neuen Darstellungen, sodass ich ebenso Fritz Jaegers Karte benutzen könnte.

117

Irgendwie berührt es mich schmerzlich und geht mir nicht aus dem Sinn: das Bild der Männer, die da lachend und kraftvoll vor dem dampfenden Teekessel sitzen, mit einer Gletscherzunge im Hintergrund, die – wie auch sie selbst – längst verschwunden ist. Seltsam, dass Aufenthalte in der Höhe uns häufiger Gedanken an unsere Vergänglichkeit bescheren. Ich habe einmal ein Blatt Papier gesehen, das aus einer Kirchturmkapsel geborgen worden war. Die Klempner, die es hundert Jahre zuvor mit hinaufnahmen, als sie das Turmkreuz montierten, hatten der vorbereiteten Mitteilung über Beginn und Ende der Bauarbeiten dort oben einige Zeilen hinzugefügt: Es waren wohl der Blick vom Turm und eine dabei aufkommende Ahnung ihrer Endlichkeit, die sie bewog, hastig noch ihre Namen und Geburtsdaten auf das Blatt zu schreiben. Die Magie der Gipfelbücher. Alles Bergsteigen ist ja auch ein Versuch, unsere Namen – und sei es nur für uns sichtbar – mit riesigen Lettern auf schwarze Felsen zu schreiben, die unser Fortgehen um einige Jahrtausende überdauern werden.

Als ich späterhin eine Grube aufscharre, um die Überreste meiner Mahlzeit verschwinden zu lassen, finde ich darin Holzkohle und das Bruchstück eines Thermometers. Das Glas ist verwittert und stumpf, offenkundig uralt: ein Gruß aus der Ferne.

Ich kann es nicht erklären, aber ich habe nicht nur das unbestimmte Gefühl, sondern weiß, dass ich hier schon gewesen bin. Ich erfahre es jeden Tag. Nicht, dass ich mit Fritz Jaeger und Eduard Oehler am Lagerbach gewesen wäre. Nein, aber ich war bereits irgendwann, vor vielen tausend Jahren, in diesem Gebirge. Die Vorstellung ist grotesk, doch ich treffe immerfort auf vertraute Landschaften, obwohl ich sie niemals zuvor gesehen haben kann.

Wieder dem Bachlauf folgend, laufe ich zum Lager hinunter. Die Erde ist noch schlammig. Man sollte nach den gestrigen Schneefällen erwarten, dass der Bach reißend talwärts braust, aber er fließt betulich dahin, spielt mit stacheligen Bällen aus Eiskristallen. Das ringsum abfließende Schmelzwasser sammelt sich nicht im Bach, sondern versickert im porösen Lavaboden und folgt unterirdischen Wegen. Wasser aus dem Kilimandscharogebirge tritt noch drüben in Kenia zutage, im Nationalpark Tsavo West, und erreicht über ein Röhrensystem dann sogar die ferne Hafenstadt Mombasa am Indischen Ozean.

Im Camp wird disputiert. Anderson schwenkt eine zerknitterte Ausgabe der DAILY NEWS und redet auf die anderen ein. Ich höre solchen Gesprächen gern zu, obwohl ich kaum etwas davon verstehe. Es gibt da Rituale, Lautfolgen, mit denen die Zuhörer Aufmerksamkeit, Erstaunen, Zustimmung oder Zweifel bekunden, während auch der Redner sein Stakkato mit zischenden und grunzenden Lauten untermalt und eindringlich gestaltet. Diese Menschen sind niemals still. Sie seufzen beim Zuhören, stöhnen beim Essen und singen, wenn sie allein sind. Worum es geht, wird mir erst klar, als ich endlich die Zeitung erhaschen kann.

In einem übel beleumdeten Viertel von Daressalam ist ein Holländer mit pangas, mit Haumessern, förmlich zerhackt worden. Die Polizei nimmt an, die Mörder hätten es auf die goldene Rolex und die Goldkettchen abgesehen, die der Mann trug. Nun muss man, um so etwas zu rauben, einen Menschen nicht gleich zerhacken, und darum geht es in Andersons erregter Rede: um das Wachsen der Brutalität in den Städten.

Ich vermute, es gibt da Zusammenhänge mit dem liberalen Wirtschaftskurs, den die Regierung seit zwei Jahrzehnten mehr und mehr begünstigt. Tansania war früher, jedenfalls aus westlicher Sicht, ein bettelarmes Land mit völlig verwirrter Wirtschaft, in der jeglicher Anreiz zur Bereicherung erstickt wurde. Julius Nyerere, erster Präsident des unabhängigen Staates, strebte mit der Hilfe Chinas und einiger Ostblockstaaten eine afrikanische Form des Sozialismus an.

Gemessen an Werten wie dem Wirtschaftswachstum oder dem Pro-Kopf-Einkommen, erschien Tansania damals als aussichtslos rückständig. Aber man lebte entsprechend friedfertig miteinander: fast einhundertvierzig Stämme in alltäglicher und politischer Stabilität, wie es sie im wirtschaftlich aufstrebenden Nachbarland Kenia nie und auf dem gesamten Kontinent nur überaus selten gab. Sieht man ab von den wirtschaftlichen Folgen des Verteidigungskrieges gegen Idi Amins Uganda, musste niemand hungern oder betteln, es gab keine Arbeitslosen. Der Mensch hat ja ausreichend Arbeit, wenn er sich lediglich ernährt, kleidet und behaust. Arbeitslos, also abhängig, kann er erst in einer gedeihenden Geld- und Lohnarbeitswirtschaft werden, in der alles seinen Preis hat, sodass er gezwungen wird, seine Arbeitskraft zu verkaufen. Das war schon das Wundermittel der Kolonialherren: Afrikas ursprüngliche Gesellschaftsstruktur wurde zweifellos mittels Gewalt, doch vor allem auch durch die Erhebung von Kopf- und Hüttensteuern sowie durch hereingetragene Bedürfnisse zerstört.

Nyereres Vorhaben, von ihm selbst später verworfen und dennoch heute von vielen Tansaniern verklärt, ist gescheitert. Tansania zeigt nun das Doppelgesicht einer marktwirtschaftlichen Entwicklung, der fraglos auch wachsende Kriminalität und Korruption, Landflucht und Konkurrenzkonflikte angehören.

Zur Diskussion kann ich nur beisteuern, dass meine Frau früher sehr oft allein am späten Abend in Daressalam einkaufte oder umherschlenderte, ohne irgendwann behelligt worden zu sein. Nur sehr selten hörten wir von Überfällen und niemals von solchen, deren Opfer Ausländer waren.

«Trug deine Frau damals auch Goldkettchen und eine Rolex?»

Ein Pesthauch von Meuterei liegt plötzlich über der Szene. Natürlich war das Tomasi. Vermutlich will er sich abermals für die Weisung zur botanischen Weiterbildung rächen.

«Nein. Wo habt ihr eigentlich die Zeitung her?»

«Damit war die Flasche Wein eingewickelt, die du in Rongai gekauft hast. Joseph hat sie im Gemüsekorb gefunden.»

Ach ja – tansanischer Weißwein aus Dodoma, bestimmt für den Abend nach der Gipfelüberquerung. Diesen Abend hatte ich mir besinnlicher vorgestellt, als er dann verlief.

Das Glücksgefühl unverhofften Findens: Ich trage die Flasche behutsam über die schlammige Böschung zum Bach. Eiskalt soll sie werden.

Am Ufer läuft wieder eine Zibetkatze, sicherlich dieselbe wie am Morgen, mit gesträubten Rückenhaaren davon. Fungo ist verärgert. Sein Bau scheint ganz nahe zu sein, denn er jagt nur nachts und bliebe unsichtbar, wenn ich ihn nicht aufgeschreckt hätte. Früher wurden die Tiere wegen der moschusähnlichen Absonderung, die man aus ihren Afterdrüsen gewann, in Käfigen gehalten. Die bisweilen in Antiquitätengeschäften auf Sansibar und auf dem Festland angebotenen Käfige erinnern noch daran, aber inzwischen gibt es billige synthetische Duftstoffe. Gemeinsam mit den auch Genetten genannten Ginsterkatzen sowie den Mangusten und einigen kleinen Nagetierarten sind Zibetkatzen wohl die häufigsten Säugetiere in dieser Höhenzone – auch wenn man sie allesamt kaum bemerkt und bestenfalls während der Dämmerung sehen kann. Weil Zibetkatzen sich ähnlich wie Hyänen bewegen, können sie, trotz der geringeren Größe und des buschigen Felles, den flüchtigen Betrachter gehörig erschrecken.

Der Bach erinnert an ein schwieriges Vorhaben: die abendliche Wäsche. Es dauert einige Zeit, bis ich einen Wasserkanister so zwischen den Felsen eingeklemmt habe, dass die Vorrichtung als Dusche benutzt werden kann. Die Strahlungstemperatur der Sonne, das ist wohlbekannt, erreicht hier oben leicht fünfzig, sechzig und mehr Grad. Manchmal glaubt man, sich an den Felsen die Finger zu verbrennen, so stark werden sie aufgeheizt. Das Wasser ist trotzdem schneidend kalt, meine Hochlandphysik hat versagt. Vielleicht deshalb, weil der Kanister weiß ist und gut reflektiert?

Anderson ruft zum Abendessen. Es gibt wieder Chicken pili-pili mit Kokosflocken und köstliche Papaya. So habe ich es mir gewünscht. Und nach dem Essen, beim Wein, blättere ich in Fritz Jaegers Reisebericht. Im Gegensatz zu Hans Meyer, ist dort zu lesen, fanden Jaeger und Oehler Anzeichen einer früheren Vereisung am Kibo nur in Höhen bis zu 4300 Meter hinab. Darunter sahen sie – mit Ausnahmen im Nord- und Südwesten – weder Gletscherschrammen im Gestein noch die kennzeichnenden Rundhöcker oder gar von Gletschern hervorgerufene Talformen. Für die Ostseite – Jaeger hatte ja bereits zwei Jahre zuvor den Kraterrand am heutigen Gillman's Point erreicht – nahmen die beiden sogar eine noch wesentlich geringere Gletscherausdehnung an.

Nun ist es wegen der Wirkungen von Verwitterung und Erosion im Kilimandscharogebirge sehr schwierig, eindeutige Spuren früherer Gletscherbewegungen zu finden. Fritz Jaeger irrte deshalb im Hinblick auf die vormalige Vereisung an den östlichen Kibohängen. Inzwischen gibt es keinen Zweifel daran, dass Gletscher dort bis in jene Gegend vordrangen, in der nunmehr die Horombohütten stehen.

Erst in den fünfziger Jahren des vergangenen Jahrhunderts gelang es britischen Geologen, das vor unvorstellbar langer Zeit begonnene Wechselspiel der Vereisung und Erwärmung am Kibo aufzuhellen. Oft war es eine Geschichte von Feuer und Eis, die sich den Wissenschaftlern darbot. Vereisungen und Vulkanausbrüche waren einander gefolgt, immer wieder hatte der Vulkan sich seiner Gletscherkappen entledigt und sie als gewaltige Schlammlawinen talwärts geschwemmt. Daneben bestimmte der Verlauf von Warm- und Kaltzeiten seinen Anblick. In der Zeit ihrer größten Ausdehnung zog Kibos Gletscherdecke sich bis in eine Höhe von ungefähr 4000 Metern hinab, erreichte also den Plateaurand, an dem wir jetzt lagern. Einzelne Gletscherzungen drangen sogar noch tiefer vor, ihre Moränenreste kann man heute schon in einer Höhe von 3600 Metern finden. Es wird angenommen, dies sei am Ende des Pleistozän genannten Erdzeitalters geschehen, also vor etwa zwölftausend Jahren.

Vorstellbar ist dieses Naturschauspiel kaum. Als ich Tomasi den zurechtgehobelten Fels am Lava Tower zeigte und ihm sagte, das hätten Gletscher getan, habe ich damit nur Heiterkeit erregt. Und das war gut so, denn während ich noch belehrend daherredete, hatte er die Träger kommen gehört.

Für jeden offensichtlich ist dagegen der schnelle Rückzug der heutigen Eisgrenze. Hans Meyer vermutete 1898 nach seiner letzten Expedition zum Kilimandscharogebirge, die Kibogletscher würden zwei oder drei Jahrzehnte später abgeschmolzen sein. Heute nimmt man an, dass

Ausblick vom Lager Stream Camp zur Shirakette, im Vordergrund Baumheide und Strohblumenbüsche.

die letzten Gletscher, eigentlich sind es ja nur noch Toteisblöcke, auf dem Dachfirst Afrikas 2020 verschwunden sein werden. Von Wissenschaftlern vorgenommene Vermessungen überliefern für das Jahr 1912 eine über wenig mehr als 12 Quadratkilometer ausgedehnte Eiskappe, im Februar 2000 waren es nur noch 2,2 Quadratkilometer. Und wie es scheint, sind nicht allein wir schuld am Vergehen der Kibogletscher: Rund elftausend Jahre umfassende Bohrkerne aus dem Kilimandscharoeis weisen eher darauf hin, dass es dort früher, drei furchtbare Dürreperioden ausgenommen, feuchter und wärmer als heute war. Wahrscheinlich sind Niederschläge für die Vereisung weitaus wichtiger als Temperaturmittelwerte. Man mag auch nicht glauben, dass die im Nördlichen Eisfeld vereinzelt noch 50 Meter, im Süden noch bis zu zwei Dutzend Meter hohen Gletscher in anderthalb Jahrzehnten verschwunden sein sollen.

Was für eine wunderbare Geste: Eine Schöne legt den Finger an die Lippen, und darin liegt mehr Verheißung als Forderung. So ist dieser Abend. Die Wolken geben den Kibo nicht frei, doch der Merugipfel schwimmt wie eine arktische Insel in einem gläsernen Meer.

Wer hier großartige Fernsichten erwartet, wird freilich meist enttäuscht werden. Fast immer verwehren Wolken den Ausblick in die Ebene. Man starrt wie ein Frosch in das Wetter des Tages. Und erkennt, dass Begreifen sprachlos ist und wirklich tiefe Erlebnisse nicht mit Worten festzuhalten sind. Vielleicht mit Noten.

Es dauert lange, bis Sonnenschein das Zeltinnere mit bläulichem Licht erhellt: Die Sonne muss erst hinter dem mehr als fünftausend Meter hohen Mawenzi hinaufkriechen, bevor sie zum Zenit weiterziehen kann. Später laufe ich wieder wie ein aufgeregter Junge umher. Ich bin immer viel gelaufen, viel mehr als etwa Johnnie Walker. «Plattfüße wirst du bekommen wie ein Patagonier!», hat Vater mich oft geneckt. Auf belebten Lagerplätzen wird man dabei mit herablassender Verständnislosigkeit beobachtet. Ich dagegen kann Menschen nicht verstehen, die in überwältigenden Landschaften teilnahmslos vor ihren Zelten hocken. Früher hatte ein Reisender wundersame Dinge zu berichten, wenn er heimkehrte: von geflügelten Füchsen, die auf Bäumen leben, von dreiäugigen Echsen, von brennenden Dornbüschen, von den Drachen, die am Rand der Welt hausen, oder von singenden Wüsten und musizierenden Pflanzen, von Schiffen, die hoch über dem Ozean dahinsegeln, und von Städten, die in der Luft über Sandmeeren schweben. Das alles gibt es ja wirklich, man muss nur hingehen und es besehen.

Was jedoch haben diese Leute daheim zu erzählen, was erleben sie? Nur sich selbst vor den ständig verschobenen Versatzstücken einer Natur, die ihnen lediglich als Kulisse dient?

Mich regt das auf: der Ausblick auf die Shirakette mit ihren domgleichen Zinnen über violetten Schutthalden, die rätselhafte, schroffe Felskante, die den Südteil des Plateaus begrenzt, auf dem wir lagern, und von der ich nicht weiß, ob sie durch Verwitterung oder durch Einbruch entstand oder die Stirn eines Lavastromes ist, die Riesensenecien dort unten – Fritz Jaeger hat sie unprosaisch, aber treffend, mit aufrecht stehenden Würsten verglichen, die auf ihrem oberen Zipfel Kohlblätter tragen. Seit ich sie im Nebel sah, sagt mir die Bezeichnung «Gespensterbäume» allerdings mehr als Jaegers nüchterner Vergleich.

Oder die weiß blühende Strohblume mit den filzigen Blättern neben meinem Frühstückstablett: Helichrysum newii. Unscheinbar, gewiss, wenn man die Geschichte des Mannes nicht kennt, nach dem sie benannt wurde. Charles New, ein ehemaliger Schuhmacher, hatte ein Eisenbahnunglück überlebt und danach gelobt, seinem Gott als Missionar in Afrika zu dienen. Für Fingerzeige des Herrn offenbar aufgeschlossen, mag es ihm späterhin erschienen sein, als ob er auserwählt sei, den Kibo, den Schneeberg zu bezwingen, den 1848 sein Glaubensbruder Johannes Rebmann als erster Europäer erblickt hatte. 1871 in Old Moshi tätig, unternahm New daher im August einen gescheiterten und gleich darauf noch einen Aufstieg. Die Gegebenheiten dafür waren – gemessen an heutigen – geradezu lächerlich beschaffen. Der Chaggahäuptling Mandara, eigentlich hieß er Rindi, stellte ihm ein paar splitternackte Träger, und auch die übrigen Begleiter, News Diener Tofiki und ein Elfenbeinhändler, waren bis auf den Führer Mtema gänzlich unerfahren.

Es gelang New und Tofiki dennoch nach wenigen Tagen, immerhin bis zur Schneegrenze des Kibos vorzudringen: unter großen Qualen, von der Sonne verbrannt, vom Schnee geblendet und mit blutenden Lippen. Wie hoch sie dabei gelangten, ist schwer zu ergründen. Experten nahmen an, die von ihnen erreichte Höhe habe zwischen 4000 und 4400 Metern gelegen. Einige Umstände in News Bericht sprechen aber dafür, dass er noch höher stand, als er da mit einem Chaggaspeer – vielleicht als erster Mensch auf dem Kibo – Eisstücke aus einem Brocken brach.

Charles New ist vier Jahre später zum Kibo zurückgekehrt, nachdem er sich in den Usambarabergen weiterhin im Bergsteigen und erstmals darin geübt hatte, Höhenbestimmungen auszuführen und Reliefkarten aufzunehmen. Der Erfolg blieb ihm versagt: Mandara, dessen Forderungen nach europäischen Handwerkern und Lehrern sowie nach einem Berg von Geschenken New nicht erfüllen konnte, stellte ihm keine Begleiter und raubte ihn aus. Es muss ein bitterer Augenblick gewesen sein, als New sich, schon auf dem Weg, der sein letzter sein sollte, noch einmal umwandte. Mandara hatte ihm die Bibel gelassen, und New liebte, wie auch Johannes Rebmann es gern tat, das so genannte Bibelschlagen. Er schlug also, den Blick auf den Kibo gerichtet, wahllos eine Seite auf und las dort: «Ich wandte mich und sah, wie es unter der Sonne zugeht, dass zum Laufen nicht hilft schnell sein, zum Streit hilft nicht stark sein, zur Nahrung hilft nicht geschickt sein, zum Reichtum hilft nicht klug sein; dass einer angenehm sei, dazu hilft nicht, dass er ein Ding wohl kann; sondern alles liegt an Zeit und Glück.»

News Schicksal hat mich immer besonders berührt, weil seine Voraussetzungen in einem so tragischen Missverhältnis zu seinem Vorhaben standen. Jeder seiner berühmteren Vorgänger und Nachfolger am Kibo spielte, wie man so sagt, mit weitaus besseren Karten. Und er genoss dennoch jeden Tag – voller Bewunderung für Landschaften, Pflanzen, Tiere, die kleineren Werke der Schöpfung am Wege – und schrieb sorgsam auf, was er sah. In englischsprachiger Literatur wird deshalb auf Kosten von Carl Claus von der Decken und Otto Kersten oft behauptet, New hätte als Erster die verschiedenen Vegetationszonen beschrieben, die den Kibo nahezu ringförmig umgeben. Die Geschichte der Inbesitznahme dieses Berges glich ja lange Zeit einem deutsch-britischen Wettlauf, bis sie dann vorläufig mit der haltlosen Legende schloss, Königin Victoria habe ihrem Enkel Wilhelm II. das Kilimandscharogebirge geschenkt.

Charles New starb, fünfunddreißigjährig, auf dem Rückweg zur Küste. Dennoch, die Welt ist für den, der sie aufmerksam besieht, immerfort voller Zeichen: In der Mondlandschaft des Kibokraters, wo sonst nur Flechten überleben können, fanden Botaniker zu ihrem Erstaunen an der östlichen Fumarole in einer Höhe von 5670 Metern eine Blütenpflanze: Helichrysum newii. Selbst auf dem zerrissenen Mawenzi ist sie bis auf 4950 Meter vorgedrungen.

«Er hätte einen Fluchtopf, nungu yekaba, ausleihen sollen, nachdem Mandara ihn bestahl», meinte Joseph, als ich ihm von New erzählte. «Die Zauberer liehen so etwas schon für eine Ziege aus.»

126

Ich weiß, Fluchtöpfe waren unter den Chagga eine nie versagende Waffe. So ein Topf wurde hängend in einer abgesonderten Hütte aufbewahrt und musste von dem, der ihn entlieh, schweigend ins Dorf getragen werden. Nicht etwa in die Hütte des Benutzenden – dann brachte der Topf ihn und seine Kinder um. Erst nach Sonnenuntergang, wenn alle Dorfbewohner heimgekehrt waren, trug man den Fluchtopf an einem Stock schwingend umher und verfluchte dabei den Dieb. Der Zauber war fast unfehlbar. Nur ganz selten mussten die Verfluchungen bis zum siebenten Tag fortgesetzt werden. War das gestohlene Gut auch dann noch nicht zurückgebracht worden, wartete man ab, bis jemand in der Nachbarschaft starb, und hielt das für die Wirkung des Topfes, der nun besänftigt werden musste, damit er nicht weiter tötete: mit der Milch, dem Mageninhalt und dem Fell eines geschlachteten Schafes und mit einer Sühnemedizin aus Haaren des Baumschliefers und der Zwergantilope, Schrot aus Pavianknochen, Riesenschlangenkot, Mutterkuchen vom Elefanten, Bienen- und Wespenhonig, Erden vom Markt und von einem Kreuzweg sowie anderen Zutaten. Danach wurde der Topf wieder in seine Hütte gebracht. Wer ihn trug, bedeckte seinen Mund zur Warnung – niemand durfte ihn grüßen oder gar ansprechen – mit einem Dracaenenblatt.

Etwas wehmütig sehe ich nach dem Frühstück den Trägern dabei zu, wie sie ihre Bündel verschnüren. Sie sind fröhlich, necken sich. Weil ihre Lasten wiederum etwas leichter als zuvor sind, weil sie kein Wasser tragen müssen, denn am Machame Camp gibt es einen Bach, und weil wir eintausend Meter abwärts gehen: in eine Gegend, in der andere Menschen, begierig nach Neuigkeiten, sie begrüßen werden, sei es auch nur ein Ranger oder der Hüttenwart. Ich dagegen könnte hier noch wochenlang bleiben: in dieser wunderbar eintönigen, klaren Natur, mit meinen Gespenstern, mit meinem kleinen, angelesenen Wissen, hoch über dem Treiben einer Gesellschaft, deren Werte mir wenig bedeuten.

Über flechtenbedeckte Lavafelsen klettern wir den Steilabfall hinab. Unter mir schwankt Josephs Gemüsekorb in ausgewogenem Rhythmus.

Das Bild prägt sich mir ein: der Mann, der da überlegt und ruhig nach Griffen und Tritten sucht, obwohl die Last ihn behindert. Sie sind wahrhaftig gewandte Akrobaten, diese Träger! Und es fällt mir eine Begebenheit ein, von der man in Bergsteigerkreisen nicht gern hört: von dem Afrikaner, der jahrelang immer wieder in der Gipfelregion vom Mount Kenya erschien – dort, wo ein Aufstieg ohne Seile und Haken völlig unmöglich erscheint. Ranger vertrieben den barfüßigen Kletterer mehrfach, weil er sowohl sich als auch den Stolz anderer Bergsteiger gefährdete. Sie brachten den Mann aber nicht dazu, seine einsamen Ausflüge aufzugeben. John Reader, der in einem Buch über den Mount Kenya davon berichtet, fand leider nie heraus, wie die Geschichte ausging.

Am Fuß der Geländestufe fällt auf, dass wir in eine andere Vegetationszone gelangt sind. Zwar gibt es auch hier Strohblumen und die vertrauten Rosetten von Lobelien und Senecien – die einen ähneln Artischocken, die anderen eher Kohlblättern – zwischen den an Scheinzypressen erinnernden Büschen. Doch der Bewuchs ist wesentlich dichter als auf dem windigen, steinigen Plateau. In Hainen beisammen stehende Riesensenecien sind verzweigt und tragen nur kurze Kleider aus abgestorbenen Blättern. Vor allem erscheinen erstmals wieder Baumheiden, diesmal solche der Gattung Philippia mit nadelartigen Blättern und dann auch wieder die vom Aufstieg her vertraute Erica arborea. Hier wächst sie stangenförmig, bestenfalls drei Meter hoch, und bildet nur ein kurzes Astwerk, im Waldgürtel kann sie gut dreimal so hoch werden. Pfeifenrauchern dürfte die auch am Mittelmeer gedeihende Baumheide in anderer Form bekannt sein: Aus ihrem Wurzelholz stellt man die Bruyèrepfeifen her. Die Zweigenden erinnern mit glockenförmigen Blüten und winzigen Blättern an das heimatliche Heidekraut, dem man im Kilimandscharogebirge gleichfalls begegnen kann. Zwar in einer Variante, aber in derselben weinroten Tönung, die europäische Heidelandschaften bestimmt.

Für unseren Abstieg erweist sich der an der Machameroute sehr hoch ausgedehnte Baumheidegürtel als hilfreich, weil der Pfad so glitschig

Abstieg von Lager Stream Campsite in den Baumheidewald.

und steil ist, dass wir uns immer wieder an den Erikastangen festhalten müssen: ein Griff hier, ein Griff dort, rutschen, und dann im Trippelschritt bis zum nächsten Busch. Wer ungeeignetes Schuhwerk trägt, der kann dabei gleich mehrere Zehennägel verlieren.

Bekanntlich geht hier, im Südwesten des Berges, der weitaus größte Teil aller Regenfälle am Kibo nieder. Und es dauert auch gar nicht lange, bis wir darüber belehrt werden. Zunächst prasseln Hagelkörner von Murmelgröße herab, dann folgt ein gehöriger Guss. Halbblind trotte ich dem roten Rucksack hinterher, den Anderson vor mir herträgt. Daraus fließt Wasser wie aus einer Dachrinne. Ein lustiger Anblick, wenn es nicht mein Rucksack wäre. Grausige Bilder von Nässe, die darin bis in die Filmdosen kriecht und sie mit aufgeweichter Schokolade verklebt, kommen mir in den Sinn. War der Plastikbeutel für den Schlafsack nicht beim Packen eingerissen? Und die Zigaretten – sind sie in der gummierten Seitentasche oder mittendrin? Grübelnd, von immer neuen Befürchtungen geschüttelt, stolpere, gleite, strauchele ich dahin. Die anderen unterhalten sich gelöst und lachend. Sie witzeln auf Josephs

Kosten, und ich begreife erst spät, worum es geht: Wasser, so glauben manche Afrikaner, spült Zauberkraft fort. Unser Koch verliert seine magischen Kräfte. Hoffentlich berührt das nicht seine Kochkünste. So oft schon habe ich das bewundert. Zu den allgemeinen Wesenszügen der Ostafrikaner gehört eine Eigenheit, die uns sehr fremd ist: ihre tiefe, ja vergnügte Befriedigung angesichts von Missgeschicken oder gescheiterten Vorhaben und Erwartungen. Gott sprach, das Schicksal schlug zu – siehe, es stellt uns nach, wir sind also seiner Beachtung wert! Das manchmal als Schadenfreude missverstandene Gebaren, wohl ein Gemisch aus mit dem Islam hereingetragenem Fatalismus und ursprünglichem Lebensgefühl, behütet sicherlich vor Verzweiflung. Gewiss, dieser Platzregen ist kein Schicksalsschlag, aber man kann ziemlich sicher sein, dass meine Begleiter es auch ganz lustig fänden, wenn jetzt Kuhfladen vom Himmel fallen würden. Weshalb soll man mit einem Geschehen hadern, das nicht abzuwenden ist? Wenn Gott dir ein Bein bricht, sagen die Weisen hierzulande, dann lehrt er dich auch, wie man hinkt.

Wir klagen dennoch, weil wir immerfort Besitz mit uns herumschleppen – Besitz, den wir leider nicht benutzen, um uns aus unwürdigen Umständen zu befreien. Weil wir unterwegs oder tätig sind, um zu besitzen, und das Schicksal als etwas erkannt haben, was es tatsächlich ist: eine fortdauernde Besitzgefährdung.

Bumms! Man kann nur eines: sich dem Rauschen von Binsenweisheiten hingeben oder auf sein Gleichgewicht achten. Wir kriechen unter einen Felsvorsprung, es ist ohnehin Lunchzeit, und ich betrachte den Schaden. Die berüchtigte weiße Wetterjacke trägt nun wenigstens auf der Rückseite eine ockerrote Markierung, eine Beule weist die Thermosflasche als weitgereisten Besitz aus – mehr ist nicht geschehen. Es gibt nasses, kaltes Hühnerfleisch, nassen, kalten Reis und als Beilage nasse Maisfladen, gefüllt mit etwas Kaltem.

«Wie sieht das aus, da unten im Camp? Gibt es ein Floß, auf dem man zelten kann?»

Tomasi entwirft unter beständigem Kichern ein traumhaftes Bild vom Machame Camp: eine trockene Wiese im Sonnenschein, Ausblicke auf die Shirakette und auf den Kibo, blühende Gladiolen unter Erikabäumen, und kalt ist dort nur das Bier, das der Caretaker für uns im Bach versenkt hat.

«Das Camp ist 3000 Meter hoch», nörgele ich. «Nach den ungeschriebenen Regeln der Trägergewerkschaft müsste der Preis einer Flasche Bier bei drei Dollar liegen. Mal fünf ergibt 15 Dollar, also 19 000 Shilling. 15 Dollar, dafür muss ein Träger auf der Maranguroute zwei oder drei Tage schuften, soll ich also ausgeben für eine Bande schadenfroher Scheinheiliger, die mein Waschwasser trotz ausdrücklicher Weisung nicht in die Sonne stellt und sich köstlich amüsiert, wenn ich hinfalle. Für 15 Dollar kann ich auf dem Markt anderthalb Dutzend große Ananas oder fünf Dutzend Mangos der allerbesten Sorte kaufen!»

Inzwischen weiß ich ja, wie ich ihnen Vergnügen bereite.

«Es gibt jetzt weder Ananas noch Mangos, Papa, und Musa trinkt nur Cola.»

«Gut, dann sind es fünf fette Suppenhühner. Jedenfalls müsst ihr euch wenigstens auf dem letzten Wegstück noch um sehr aufmerksame Umgangsformen bemühen, bevor euch die in den Schoß fallen!»

Der Regen endet, wir gehen weiter, und die Heiligen vertreiben sich lachend die Zeit mit einem pantomimischen Spiel, das wahrscheinlich aufmerksame Umgangsformen darstellen soll. Ihre Stimmen hallen im nebligen Baumheidewald wider. Unaufhörlich tropft Wasser von Zweigen und herabhängenden Bartflechten, aber es geht sich nun besser, seit der Felsen nur noch von einer dünnen Humusschicht bedeckt wird oder blank zutage tritt. Es ist Rhombenporphyrlava, die häufigste der neun Lavaarten, die am Kibo vorkommen.

Wir überqueren ein Bachbett, steigen einen Hügel hinauf und stehen vor gepriesenen Gefilden: Sonnenschein, Wiesen, zwei rußige grüne Hütten. Eine davon wird ganz bestimmt noch in dieser Woche zusammenfallen. Ein Schild warnt: «Vandalism will be prosecuted». Vielleicht haben unsere Vorgänger sich schlecht betragen. Ich sehe nur, dass die Tür des Toilettenhäuschens fehlt und wahrscheinlich einem Lagerfeuer geopfert wurde. Wer darin sitzt, wird die Tür wegen der überwältigenden Aussicht kaum vermissen: Im Nordwesten erheben Shira Cathedral und Shira Needle ihre Gipfel über Galerien aus Baumheidewäldern.

Ein schönes Bild in den warmen Goldtönen alter Ikonen. Die ersten, noch skizzenhaften topografischen und geologischen Ansichten davon lieferte der Schotte Joseph Thomson, nachdem er 1883 einen Aufstieg auf den Kibo versucht hatte, der aber bereits an der oberen Waldgrenze endete. Vermutlich war das Vorhaben schlecht vorbereitet, denn Thomson folgte nur ein einheimischer Begleiter, der wohl kaum Verpflegung für die beiden und ein Zelt getragen haben kann. Die ganze Unternehmung erscheint etwas rätselhaft, gehetzt. Thomson eilte damals dem Deutschen Gustav Adolf Fischer hinterher, fürchtete, künftig «der Mann in Fischers Schatten» genannt zu werden. Bedauerlich. Der Schotte verfügte schließlich sowohl über Bergerfahrung als auch über Häuptling Mandaras Gunst. Er war beliebt am Hof des Chaggafürsten, weil er Humor und komödiantisches Talent besaß. So konnte er zwei künstliche Schneidezähne zum Vergnügen seiner Zuschauer mit der Zunge nach vorn klappen und unterhielt Mandaras Frauen damit, dass er eine Art Brausepulver – vorgeblich eine Medizin – in ihrem Nabel aufschäumen ließ. Aber Spaßvogel Thomson war vor allem ein unternehmender Forscher: Die Shirakette hat er damals erkundet, bis der Dolch eines feindseligen Maasai ihn aufhielt. Danach besah er noch den Osten und den Norden des Kilimandscharogebirges, bevor er sich dem Victoriasee, dem Mount Kenya und der Grenze des Königreiches Buganda zuwandte. Er ist dann nur ein Jahr älter als sein Vorgänger, der bergsteigende Schuhmacher Charles New, geworden. Als Thomson Mandaras Residenz verließ, trug er News goldene Taschenuhr und dessen Petschaft mit sich. Der Häuptling hatte ihm diese Andenken an den Gescheiterten in einem nachgiebigen Augenblick überlassen.

Shira Needle und Shira Cathedral (3720 m), gesehen von Machame Campsite.

So viel Großzügigkeit erinnert mich daran, dass Tomasi eindringlich von Bierflaschen sprach, die im Bach auf uns warten würden.

«Nein», sagt der Hüttenwart, als ich danach frage, «es gibt keine Getränke. Nur wenn Gruppen mit vielen Trägern heraufkommen, bringen die dann immer welche mit.»

Glück gehabt, manchmal lagern hier zweihundert Leute. Ich habe also fünf Suppenhühner eingespart und beginne, fröhlich pfeifend, meine Wäscheleinen zu spannen. Kein Plastikbeutel ist eingerissen, alles überstand den Regen gut, aber was ich am Körper trug, ist durchnässt. Da baumeln die Sachen nun dampfend in der Sonne, die weite Welt hat Machame Camp erreicht: die breitkrempige Kopfbedeckung eines amerikanischen Marinesoldaten, erstanden – wie auch der danebenhängende Pullover eines britischen Infanteristen – auf dem Flohmarkt in Athen, die viel geschmähte weiße Jacke aus dem deutschen Winterschlussverkauf, türkische Schafwollsocken, ein polnischer Rucksack, eine gummierte Hose der Marke «Flecktarn» aus Bundeswehrbeständen, Skilaufunterwäsche aus Norwegen, in die rundherum tausendmal das Wort «Scheit» gewebt ist. Irgendwann, befürchte ich, wird mich jemand fragen, was das heißt.

Danach ein Ausflug in den Baumheidewald. Gefrorenes, filigranes Moos gibt es dort, in dem meine Schritte tiefe Eindrücke hinterlassen, sowie große Kissen aus Tussockgräsern, behangen mit glitzernden Wassertropfen. Und tatsächlich Gladiolen: Gladiolus watsonides – das erste brennende Rot seit Tagen. Dennoch wirkt das alles etwas trübselig, geradezu keimfrei und sehr still. Kein Vogellaut, man sieht nicht einmal ein Spinnennetz, nicht einen Käfer. Selbst in einer Höhe von 4000 Metern habe ich zuvor winzige schwarze Spinnen auf blankem Fels umherkriechen sehen. Dabei leben hier ganz bestimmt Insekten oder Wirbellose: in den Büscheln der Gräser und Moose, wo sie sowohl vor starker Einstrahlung als auch vor der Kälte geschützt sind. Aber es lässt sich nichts sehen, und so benutze ich eine Gruppe von dichten Baumheidebüschen, um endlich dahinter in der gewohnten Weise zu duschen: den wassergefüllten Plastikbeutel über dem Kopf ausgießen, einseifen, nachspülen, mit den Zähnen klappern, abtrocknen und weiter mit den Zähnen klappern.

Später, im warmen Zelt, suche ich im Reisebericht von Jaeger und Oehler nach Anregungen – es wird doch wohl irgendwelche aufregenden Dinge zu sehen geben. Aber die beiden, sie haben ebenfalls hier gelagert, erwähnen nur das sprühende Feuerwerk eines Waldbrandes, den ihr Koch verschuldet hatte und dem sie stundenlang zusahen.

Schade. Doch ich kann wohl kaum von meinen Begleitern verlangen, dass sie zu meiner Unterhaltung den Wald anzünden.

Es gibt auch so etwas zu tun: das Zelt auswischen, die Kleidung von der Leine nehmen und einpacken, bevor sie in der Abendkühle feucht wird. Zwischendurch bringt Anderson ein Steak, das genauso beschaffen ist, wie ich es befürchtet hatte, als der Fleischer von Rongai in einem Zeburind nach verkäuflichen Teilen forschte. Während ich missmutig

Trockenplatz Machame Camp, 3030 m.

daran herumschneide, erscheint Tomasi in der Zeltöffnung. Er trägt seine Sturmhaube und ist bekleidet, als ob uns erneut ein Schneesturm bevorstehen würde.

«Komm, komm schnell!»

Es geht einen Hügel hinauf, und dann sehe ich, dass die Wolken verschwunden sind. Über hohen, seltsam lindgrün gefärbten Terrassen aus Baumheide glänzt der Kibogipfel. Kalt wie der Mond und sehr nahe. Mir wird bewusst, wie empfindlich meine Sinne während der wenigen Tage unserer Wanderung geworden sind. Ich sehe jede Gratkontur, jede Kuppe, jeden Schneefleck scharf gezeichnet, höre die verstohlenen Geräusche im Heidewald, rieche den leicht aromatischen, unbestimmbaren Geruch dieser Landschaft.

«Man glaubt immer gar nicht, dass man dort oben gewesen ist. Und das mit einem alternden Seemann!», sagt Tomasi leise. «Du solltest dir wärmere Sachen anziehen. Die Nacht wird wieder sehr kalt.»

Wir sind wohl beide ein wenig stolz.

KAPITEL 6

DIE ARABER VON PEMBA
ERKENNEN SICH
AN DEN TURBANEN

L ass das liegen, das ist meine Sache, und außerdem bricht es!» Anderson mag es nicht, wenn ich das Zelt zusammenpacke. Auch sind die Nähte wirklich beinhart gefroren. Aber ich muss mich bewegen, es ist bitterkalt. Weithin liegt die Landschaft erstarrt und bereift, unter unseren Füßen zersplittert das Gras wie dünnes Glas. Rührei mit Schinken, zwei verkohlte Würstchen und Kaffee – mehr gibt es heute nicht. Ich will früh aufbrechen, um dem Regen zu entgehen, der uns sonst wahrscheinlich um die Mittagszeit im Wald heimsucht.

Machame Camp liegt an der Scheidelinie zwischen Waldgürtel und Moorlandzone, die hier höher liegt und anders als an den übrigen Berghängen beschaffen ist, nämlich überwuchert vom Baumheidewald. Wir gehen auf einem beiderseits steil abfallenden Grat talwärts und kommen bald darauf in den Wald. Zunächst stehen die mit Bartflechten behangenen Bäume noch licht. Meist sind es Kossobäume (Hagenia abyssinica), deren gefiederte Blätter an Eschen erinnern, oder Ostafrikanische Kampferbäume (Ocotea usambariensis) sowie prächtige Steineiben (Podocarpus milanjianus oder latifolius, sagt die «Flora of East Africa»). In dem Maße, in dem die Bartflechten von den Ästen verschwinden und ihre Plätze von Moosen eingenommen werden, mit zunehmender Feuchtigkeit also, entspricht die Umgebung immer mehr den Urwäldern meiner Jungenträume. Eine Vielfalt von Arten, kein Baum ist wie der nächststehende. Farne und andere Gewächse kleben, großen, liederlichen Vogelnestern gleichend, an Stämmen und Ästen, dazwischen ranken Luftwurzeln und Schlinggewächse wie verwirrtes Tauwerk von Segelschiffen.

Dies ist der eigentliche Ursprung des Wassers in der Kilimandscharoregion: Mehr als neun Zehntel davon regnen hier nieder oder kondensieren aus Nebeln, werden vom Blätterdach den Bächen und dem porösen Lavaboden zugeleitet. Es gibt nur immergrüne Bäume, denn während die Pflanzen in höheren oder niederen Regionen sich vor Austrocknung schützen müssen, kämpfen sie im Regenwald mit dem Ertrinken, benötigen sie die Blattflächen zur Verdunstung. Der Menge der täglich niedergehenden Flut entsprechend, sind deshalb auch Verbreitungsstufen merklich. Podocarpus zum Beispiel, der den Wasseransturm mit seinen schmalen Eibenblättern kaum fortleiten kann, verschwindet rasch und erscheint erst in viel geringerer Höhe wieder.

Allerdings bleibt wenig Zeit für derlei Beobachtungen. Pfützen, Schlamm und glitschiges Wurzelwerk fordern unsere Aufmerksamkeit, umgestürzte Stämme müssen umgangen werden. Auch zum Fotografieren ist wenig Gelegenheit, weil das Unterholz vom Schatten der Baumkronen verdunkelt wird. Nur bisweilen bleibe ich vor einer der glutroten Blutblumen stehen, sehe spindeldürre Verwandte jener Dracaenen, die daheim inzwischen nahezu jedes Blumenfenster zieren, Veilchen und Orchideen.

«Impatiens kilimanjari. Im Kilimandscharogebiet endemisch, wächst nirgendwo sonst auf der Welt», sagt Tomasi und deutet mit beherrschtem Stolz auf einen Busch mit rötlichgelben Blüten.

Er hat den Namen falsch betont, doch so klingt sicherlich auch mein Swahili. Ich darf jetzt nicht einmal lächeln. Viel mag nicht bleiben von den gemeinsamen Tagen auf dem Kibo, aber immerhin das: Nie mehr wird er an den zarten, fein geschwungenen Balsaminenblüten vorübergehen, ohne sich dieser Tage zu erinnern. Und das bedeutet mir schon etwas.

«Ein Hoch auf die ‹Flora of East Africa›, Tomasi! Aber sonst geht es hier leider ziemlich leblos zu. Wo sind die Leoparden, Waldschweine und Meerkatzen, die Hornvögel, denen Jaeger und Oehler begegneten?»

«Zamani sana.»

Richtig, das ist lange her. Der Kilimandscharo-Nationalpark umfasst nur das Gebiet oberhalb von 2700 Metern. Darunter liegt eine Art Reservatszone, ein Streifen, der vor Abholzung und Jagd geschützt werden soll. Aber das ist ein wenig hoffnungslos in einem Land, dessen Bevölkerung arm ist und sehr schnell wächst, an den Hängen eines Berges, in dessen Umkreis weitaus mehr als eine Million Menschen lebt. Bei einer umfassenden Bestandsaufnahme aus der Luft wurden in jenem Streifen zahlreiche Spuren der Abholzung, Holzkohlenmeiler, verborgene Viehweiden, illegale Ansiedlungen sowie ausgedehnte Erdrutsche aufgespürt. Zudem fand man viele Tausend Hektar Bergregenwald durch Brände vernichtet. Gut gemeinte Vorschriften hatten bisher wenig Erfolg, sodass vielleicht schon bald die ersten Schlammlawinen donnernd die Hänge hinabrasen. Dann werden sich die klaren Bergbäche braun färben, und es könnte sein, dass es hier einmal so trostlos wie in der Gipfelwüste aussieht.

Was nun die Tierwelt betrifft: Allein das häufige Erscheinen von Menschen – jeder Tourist wird gewöhnlich von drei Einheimischen, den Trägern, Köchen und Führern nämlich, begleitet – muss in der Umgebung der Bergwanderwege zur Verödung führen. Eine Ausnahme bilden derzeit noch die Mandarahütten an der Maranguroute, wo man fast immer Meerkatzen und mit etwas Glück auch Colobusaffen beobachten kann.

Der Pfad geht über in einen Forstweg – es dauert vielleicht noch eine halbe Stunde bis zum Parktor, an dem uns ein Auto erwartet. Nur drei Stunden werden wir insgesamt brauchen für die zehn Kilometer lange Rutschbahn zwischen dem Camp und der Rangerstation von Machame. Das war nicht immer so leicht. Jaegers und Oehlers Träger mussten den Aufstieg noch mit Haumessern bahnen. «Da können Sie unmöglich hinauf. Über Machame ist der Berg durch den Weruweru und den Kikafu und ihre Nebenflüsse dermaßen zerschluchtet, dass ein Durchkommen ganz ausgeschlossen ist», hatten ihnen deutsche Missionare in Machame gesagt. Denn die Machameroute war im Gegensatz zu anderen nicht Bestandteil jener vor langer Zeit angelegten Pfade, die alle Chaggasiedlungen im Süden des Kibos miteinander verbanden: Damals führten bereits mehrere Wege bergauf zu einem Umgang an der Waldgrenze, der während der Stammesfehden als neutrales Gebiet galt und es ermöglichte, ungefährdet fremde Märkte oder die so genannten Salzwiesen zu erreichen.

Die Chagga sind hier übrigens erst vor einigen Jahrhunderten sesshaft geworden, entstammen verschiedenen Völkerschaften und bildeten nach ihrer Ankunft erst allmählich eine ethnische und kulturelle Gemeinsamkeit aus. Hinterlassenschaften der ursprünglichen Bevölkerung – darunter Schüsseln aus Lavagestein, Werkzeuge aus Obsidian – fanden Archäologen an den Westhängen des Gebirges. Woher sie kam, ob sie den Eroberern auswich, sich vermischte oder von ihnen ausgelöscht wurde, weiß niemand.

Ich erinnere mich an die Trugbilder des Gipfeltages: an die Zwerge. Es ist möglich, dass der Waldgürtel an den Kilimandscharohängen früher eine Heimstatt von Pygmäen war. Oder doch zumindest von kleinwüchsigen Menschen, die den Khoisaniden Südafrikas, den Buschmännern und Hottentotten, verwandt waren oder glichen. Solche Menschen durchstreiften während unseres Mittelalters selbst noch das nördlicher liegende Kenia. Stämme kleinwüchsiger Menschen gibt es in Tansania heute noch: die Sandawe und die in älterer Literatur Tindiga genannten Hadzabe. Wenn es um ihre Zuordnung geht, ist die Wissenschaft freilich uneins. Manche Ethnologen halten sie für Nachkommen der Ureinwohner Afrikas, andere für eine Anpassung an die Lebensbedingungen im Urwald. Eigentlich ist nicht einzusehen, weshalb das eine das andere ausschließen sollte, denn Afrika war früher erheblich waldreicher.

Ja, ich weiß. Man spricht nicht mehr von Stämmen, sondern von ethnischen Gruppen – ein verschwommener Begriff, der nicht weniger abwertend als der frühere ist. Schließlich gibt es, denken wir an Nigeria, ethnische Gruppen, die Millionen von Menschen vereinen. Und es hilft ja alles nichts, es sind nun einmal Stämme, und bisher ist mir kein Afrikaner begegnet, der es ablehnte, dieses Wort zu verwenden. Man sagt auch nicht Buschmänner, sondern San. Wenn ich dem bedeutenden Ethnologen Jan Knappert vertrauen darf, dann sind die San allerdings nur eine kleine Volksgruppe in Westnamibia, die keine Buschmannsprache spricht und sich von den Buschmännern grundlegend unterscheidet. Für «Hottentotten» dagegen soll, um diese Menschen nicht zu verunglimpfen, nunmehr «Khoi» gesetzt werden. Das wäre aber ein böser Fehlgriff, weil die Khoi lediglich ein Teil der Hottentottenfamilie sind. Dergleichen wiederholt sich allerorten: So geht stets ein missbilligendes Raunen durch den Saal, wenn jemand es wagt, von Eskimos zu sprechen. Das heißt Inuit! Eskimovölkerschaften wie die Kalaallit, Inupiat und Yupik dürften da anderer Ansicht sein.

Leute, die vorgeben, die gesamte Menschheit umarmen und vor Herabwürdigung schützen zu wollen, sind eine nicht nur auf politischen Bühnen häufige Erscheinung. Die meisten von ihnen vermeiden es klug, ihre Menschenliebe zunächst einmal an ihren Nächsten zu erproben. Man erkennt sie leicht an der arroganten Unduldsamkeit, mit der sie jenen begegnen, die ihrer in stiller Übereinkunft beschlossenen Terminologie nicht mächtig sind.

Was soll das? Ist es das Unbehagen darüber, dass in meinem Tagebuch fortwährend von Afrika und von Afrikanern die Rede ist und dass ich damit meine Voreingenommenheit verrate? Ich kann doch allein von flüchtigen Begegnungen mit einem Dutzend Tansanier erzählen und möchte auch nicht als «Europäer» bezeichnet werden. Gut, wer sich auf die Geschichte einlässt, der kann nicht sagen, Tansanier hätten Hans Meyers Lasten getragen. Und «Afrikaner»? Ich kenne den Westen Afrikas ein wenig: Das ist eine völlig andere Welt als der Osten. Also «Ostafrikaner»? Wer soll denn etwas derart Holpriges schreiben? Zudem gibt es ja wohl erhebliche Unterschiede zwischen Menschen, die in Äthiopien, Eritrea und Somalia oder in Tansania leben. Ich belasse es also notgedrungen beim Afrikaner, obwohl sicherlich kein Deutscher, Österreicher oder Schweizer mit dem landschaftlichen, kulturellen und historischen Hintergrund – nur so zum Beispiel – eines Rumänen gleichgestellt werden möchte, auch wenn er ihn durchaus achtet? Bin ich dünkelhaft, betrüge ich mit meinem Geschreibsel Menschen um ihre historischen und individuellen Züge?

«Und die Afrikanerinnen?», höre ich jemanden beleidigt vom Sofa her rufen. Gemach, die schätze ich sehr. Aber man gerät unweigerlich

Im Waldgürtel der Machameroute.

ins Stottern und Stolpern, wenn man fortwährend von «Afrikanerinnen und Afrikanern» spricht.

«Tomasi, wie möchtest du bezeichnet werden: als Schwarzer, als Chagga, Tansanier, Afrikaner, Ostafrikaner?»

«Am wohlsten fühle ich mich, wenn man mich Tomasi Mtui nennt!»

Das mag es sein: Wenn wir dem Dargestellten gestatten, vom Objekt zum Subjekt zu werden, wenn wir erzählen, statt zu urteilen, können wir die Krücken fortschleudern wie nach einer Wunderheilung in Lourdes. Eine Binsenweisheit.

An den Wegrändern verrät dichter stehender Adlerfarn, dass wir durch eine von Menschen geformte Landschaft gehen. Traurig bin ich deshalb nicht. Vielmehr empfinde ich die hoffende Erleichterung, mit der unsere Vorfahren vor vielen Jahrtausenden die Wälder verließen.

Wer hier vom Weg abweicht, gerät sogleich in einen schwülen, stachligen, faulenden Irrgarten. Bilder steigen vor mir auf von dampfenden Duschbädern, schäumender Seife und duftendem Rasierwasser, von einem weichen Bett, von gestärktem Tischtuch, auf dem Gläser, Geschirr und Bestecke funkeln. Als wir das Parktor erreichen, zeigt die Zivilisation sich allerdings zunächst von ihrer bürokratischen Seite. Der Landrover, in den ich sogleich mit den Trägern hineinkrieche, ist zwar zur Abfahrt bereit, aber wir warten vergeblich auf Tomasi, der in der Rangerstation irgendwelche Umstände klärt. Er erscheint schließlich mit bekümmertem Gesicht.

«Ich habe uns abgemeldet. Aber es gibt hier keine Gipfelzertifikate. Nur am Mweka Gate oder in Marangu. Das sind hier lausige Postkartenverkäufer! Ich wusste das nicht. Normalerweise geht ja auch jeder die Maranguroute hinunter.»

Das ist mir inzwischen sattsam bekannt, und wir haben uns offenbar nicht besonders gut kennen gelernt. Wenn es etwas gibt, was mir jetzt gleichgültig ist, dann ist es dieser Zettel.

Es kommt noch schlimmer: Wir sind kaum den abschüssigen Weg hinab und durch Machame Village gefahren, da geht dem Wagen das Benzin aus. Der Fahrer findet das ungeheuer lustig und hat natürlich keinen Reservekanister. Er beginnt, vom Lachen geschüttelt, Vermutungen anzustellen, welcher seiner Kollegen für die Misere verantwortlich ist. Ich mache eine gehässige Bemerkung über seine Geistesgaben, die ihn endlich davontreibt. Da sitzen wir nun, zwei Dutzend Kilometer von den Freuden des Hotellebens entfernt, zwischen abgeernteten Maisfeldern unter einem regenschweren Himmel.

«Habt ihr noch eine Zwergengeschichte für mich?»

«Joseph erzählt, nur der kennt sich da aus, der kann sie sehen und spricht mit ihnen!»

Die blau spiegelnde Brille wendet sich mir zu:

«Das ist Unsinn, kein Mensch kann mit denen reden. Sobald du mit ihnen sprichst, lösen sie sich auf. Aber meinetwegen. Wir nennen sie

Wakonyingo oder Wadarimba. Es sind gute, hilfreiche Wesen, Zwerge mit großen Köpfen. Sie flohen vor langer Zeit, als die Chagga hierherkamen, auf den Kipoo, den Berg, den ihr Kibo nennt. Die Leute von Rombo an der Morgenseite sagen, dass sie jetzt im Berginnern leben, in einer Welt für sich mit all ihren spannengroßen Rindern und Bananenhainen. Wenn ein Armer den Weg zu ihnen findet, dann nehmen sie ihn freundlich auf und beschenken ihn. Reiche aber, die nur aus Gier nach ihren Schätzen kommen, werden verprügelt und verjagt. Die Machameleute an der Abendseite dagegen erzählen, die Zwerge würden auf dem Kipoogipfel wohnen. Es gibt da Leitern, auf denen man zu ihnen hinaufsteigen kann, und die Leitern führen dann noch weiter, bis in den Himmel.

Erinnerst du dich an die Raben mit den weißen Nacken?»

«Ja, natürlich.»

«Die Zwerge legen oben in ihren Bananenhainen Fleischstücke aus. Als Opfergaben für die Vorfahren. Manchmal rollen solche Stücke den Berg hinab. Sie verwandeln sich dann in Raben.»

«Das ist ein Geschenk, für das ich dir danke, Joseph.»

«Ach, wen interessiert so etwas heute noch.»

Die blauen Spiegel richten sich auf ein Maisfeld. Ich glaube zu wissen, woran Joseph denkt. Über die rotbraune Erde sind weithin vertrocknete Maisstängel verstreut. Es war wohl keine Zeit, sie zu verbrennen. Zeit, von der es früher genug gab, die man unbekümmert vergeuden durfte, Zeit, in der er als Kind an den wärmenden Feuern saß und den Erzählungen der Alten lauschte.

«Als ich mit Tomasi vom Gipfel kam, habe ich am Arrow Glacier Zwerge gesehen. Sie liefen zwischen Hütten umher, die wie nasse Bienenkörbe aussahen, und winkten mir zu. Freilich war ich da sehr erschöpft, vielleicht war es ein Trugbild ...»

«Kein Trugbild», sagt Joseph bestimmt. «Wakonyingo oder Geister. Kamen sie dir entgegen, oder waren auch welche hinter dir?»

«Sie waren vor mir.»

«Das ist gut. Es gibt nämlich drei Arten von Geistern: die Warimu wa uwe, die überirdisch leben und uns wohlgesinnt sind, wenn sie den Menschen auch viele Streiche spielen, dann die Warimu wa ngiinduka, die sich nur hinterrücks nähern und dich krank machen, um Opfergaben zu erpressen. Bier wollen sie und Milch und Früchte und Honig, manchmal Mehl. Schließlich die Walenge, die Zerstückelten. Die erscheinen uns nicht mehr. Aber die Berge sind voll davon. Alle Toten leben in den Bergen. Die Männer im Kipoo, die Frauen im Kimawenzi.»

Die anderen kichern. Tomasi blickt missbilligend, lässt sich anmerken, wie peinlich ihm ist, was Joseph da erzählt hat. Bestimmt befürchtet er, ich könnte sie allesamt für abergläubische Tröpfe halten und dem Zerrbild des Afrikaners verfallen, das ihn so anwidert. Und wahrscheinlich hält er mich nun endgültig für das, was er einen «verdammten Touristen» nennt. Ich sehe förmlich, wie er die Wörter in Gedanken vor sich hinmurmelt.

Joseph sieht verächtlich hinüber.

«Lacht nur! Der Caretaker der Arrow Hut hat auch immer gelacht, wenn wir darüber sprachen. Ja, ja, hat er gefeixt, die Warimu, sie kommen zur Hütte und lassen sich von mir füttern. Aber ich habe es gesehen: Er hatte damals schon keinen Schatten mehr! Und wo ist die Arrow Hut jetzt? Unter Steinen begraben! Und wo ist der Caretaker? Seine Leiche ist nie gefunden worden.»

Als Joseph noch ein Kind war, hat man ihm Lücken zwischen den mittleren Schneidezähnen herausgebrochen. Das war früher ein Schönheitsideal der Chagga. Er kann damit wunderbar pfeifen und tut das nun und blickt wieder auf das Maisfeld.

«Der Schafskopf kommt mit Benzin!», ruft Musa.

Es geht weiter, doch dann folgt der nächste Schlag. An der Zufahrt zur SUMMIT LODGE ist ein Schacht ausgehoben worden. Die Leitungen liegen bloß, Arbeiter werkeln daran herum. Die Aussicht, es könne im Hotel kein Wasser geben, stimmt mich leicht hysterisch.

Nur das nicht! Anderson, Musa und Elias tragen mein Gepäck hinein. Bis auf das heftig geschminkte Mädchen an der Rezeption ist wiederum niemand da. Kein Gast sieht den gefeierten Kilimandscharowanderer in schlammbeschmierter Jacke und mit schmutzstarrenden Gamaschen heimkehren, und ich bin eitel genug, um das zu bedauern. Ich hätte durchaus nichts dagegen, begafft zu werden wie ein zum Kriegszug herausgeputzter Maasai in der Zürcher Bahnhofstraße.

Auch der Abschied verläuft anders, als ich es mir vorgestellt hatte. Die Männer müssen sich im Büro in Moshi zurückmelden, und der Schafskopf will nicht auf sie warten. Also gut, Zahltag. Ich ziehe ein Dollarbündel aus der Brusttasche und verteile die Scheine. Joseph ist der Letzte in der Reihe. Als ich mich ihm zuwende, sind meine Hände bis auf eine Zwanzigernote leer. Es waren neue Banknoten, sie klebten zusammen, und jemand hat einen Schein zu viel bekommen. Hoffentlich war Anderson der Glückliche. Josephs betroffener Blick geht links und rechts neben mir in die Ferne.

«Ich bin der Koch!», stößt er hervor.

«Ich weiß, wer du bist, und es war gut, dich dabei zu haben. Es sieht aus, als ob ich mich verrechnet hätte. Tomasi wird dir den Rest von seinem Geld dazugeben und am Abend wiederkommen. Dann ist der Manager da und kann mir den Tresor aufschließen.»

Schulterklopfen, gemurmelte Dankesworte. Sie gehen winkend davon.

«Bye, bye, Papa!»

Ein wenig seltsam ist es schon, sie nach einer Woche gemeinsamer Anstrengungen fortgehen zu sehen. Kein wissendes, blau bebrilltes Lächeln mehr, kein belustigter Blick angesichts der Suche nach Gletscherschrammen, kein besorgtes «Do you feel well, Papa?».

Auf dem Bett in meinem Zimmer liegt geordnet die zum Waschen hinterlassene Kleidung. Die Nähte des schönen indischen Khakizeugs glänzen wie eingefettet. So bügelt man hier eben, oft noch mit Kohlebügeleisen. Wenn ich damit nach Hause komme, wird es Ärger geben.

Aber bis dahin läuft noch viel Wasser den Berg hinunter. Und über meinen Rücken: Seit den Kindheitstagen bin ich nicht mehr so schmutzig gewesen. Ich dusche zuerst mit umgehängtem Rucksack, dann mit dem verschwitztesten Hemd, dann mit Hut und Schuhen. Als ich die Nase ausblase, kommen Besorgnis erregende Mengen geronnenes Blut und noch immer etwas von dem Staub zutage, der während der Fahrt nach Rongai zum Autofenster hereinwehte. Die Nagelbetten sind derart verdreckt, dass ich erst nach dem Waschen von vier Sockenpaaren mit ihrem Anblick zufrieden bin. Tief wird die Wäscheleine auf dem Hof von ihrer Last hinabgezogen. Die Flecktarnhose der Bundeswehr hat längst den Boden erreicht.

Tomasi kommt herein. Er ist inzwischen nicht nur in Moshi gewesen, sondern auch noch mit dem Bus nach Marangu gefahren und hat das Gipfelzertifikat geholt.

«Das gehört schließlich dazu!»

Begleitet wird er vom unübersehbar angetrunkenen Anderson, der wohl beschlossen hat, die ihm unverhofft zugefallenen Dollar zu verjubeln. Ich gönne ihm den Spaß von Herzen. Der Mann war ein gut gelaunter, aufmerksamer Weggefährte, und er wird künftig mein Ruhmeslied an den Feuern der Chagga singen. Wir sitzen, trinken und reden, durchleben noch einmal komische und dramatische Momente unserer Wanderung.

«Schlaf nicht ein, Anderson!»

Aber das hat nicht viel Zweck. Er schreckt auf, ruft jedes Mal:

«Ich bin wieder dabei!»

Dann trinkt er einen Schluck, lehnt sich zurück und verschwindet in seinen alkoholisierten Träumen.

Tomasi möchte wissen, ob ich etwas über die Bergtour schreiben werde. Ich antworte ausweichend, dass mir eine mit den Jahren offenkundiger werdende Umkehrung der Schwerkraft Probleme bereitet: Noch immer strömen die Gedanken leicht vom Papier in den Kopf, aber in der entgegengesetzten Richtung gibt es Hemmungen.

«Ist auch gut so», meint er. «Wenn du trotzdem von dem Geister-kram schreiben solltest, über den du ständig mit Joseph gesprochen hast, dann halte meinen Namen da raus!»

Der Kellner lässt sich anmerken, dass die beiden seiner Meinung nach hier nicht hingehören. Mir schenkt er das Bier ein, ihnen stellt er die Flaschen nachlässig an den Tischrand. Es ist der aufgeblasene, gum-mikauende Kerl, der behauptet, Maasai zu sein. Als mir seine Unver-schämtheit zu viel wird, jage ich ihn unbarmherzig mit dämlichen Be-stellungen umher, bis er verzweifelnd seinen Kaugummi in einen Aschenbecher spuckt.

«Eigentlich», sagt Tomasi, der dem Treiben genießerisch zugesehen hat, «ist unser Geschäft nicht so übel. Es spielt dort oben keine Rolle, woher du kommst und wer du bist. Da zählt nur, was du tust und wie du es tust, und das kann jeder sehr genau sehen. Zwerge bleiben Zwer-ge, auch wenn sie auf Berge klettern. Und hier unten verlieren die Leu-te viel Zeit damit, sich größer zu machen, als sie sind.»

Na, das ist wohl noch eine Runde wert.

«Waarabu wa Pemba, hujuana kwa vilemba», sage ich beim Gruß über den Glasrand: Die Araber von Pemba erkennen einander an den Turbanen!

Ein letzter Handschlag, dann gehe ich zum Abendessen. Dort, wo vor Tagen die britischen Bartträger saßen, isst nun eine Gruppe aus Dres-den – voller Erwartung, wer sich wohl an den Tisch mit der deutschen Flagge setzen wird. Freundlich nickend gehe ich vorbei. Die Leute flüstern miteinander, dann kommt ein Mann herüber und fragt, ob er meinen Butterteller ausleihen dürfe. Ich antworte ihm englisch, er solle einen Kellner um Butter bitten.

«Ach, Sie sind gar kein Deutscher?»

Das war nun auch nicht so überaus klug von mir. Jetzt unterhalten sie sich laut und ungeniert. Zunächst über die blutverdünnende Wir-kung von Aspirin, dann über den Einfluss von Tropenaufenthalten auf die sexuelle Potenz. Doch es kann immer noch schlimmer kommen:

Hamid Jalal setzt sich zu mir und sagt, die Arbeiter hätten die Telefonleitung beschädigt, die Handyverbindung breche ständig zusammen, er werde mich aber zur Post in die Stadt fahren.

Unterwegs frage ich ihn, weshalb er den aufgeblasenen Kellner nicht hinauswirft.

«Er führt sich arrogant auf, wenn man mit Afrikanern zusammensitzt, serviert Getränke von links und Speisen von rechts und spuckt seine Kaugummis in die Aschenbecher. Das habe ich heute selbst gesehen!»

Hamid grinst niederträchtig. Er ist ein hellhöriges Naturtalent und weiß längst, was sich da abgespielt hat.

«Die Gäste mögen ihn. Er erzählt ihnen Geschichten aus dem Liebesleben der Maasai – den Speer vor der Hütte in den Boden gerammt, heute Nacht bist du mein! Und solches Zeug. Außerdem ist sein Vater Polizeioffizier. Den wird man nicht los.»

Die Postdame fordert fünfundzwanzig Dollar für drei Gesprächsminuten. Danach wird sie die Verbindung unterbrechen. Zwanzig? Nein, sagt sie, das ist nun wirklich die kleinste Einheit.

Wahrscheinlich ist erst dies der Augenblick der Rückkehr vom Berg: die aufgeregte Stimme meiner Frau, unsere Besorgnis füreinander, meine Verharmlosungen.

«In drei Tagen geht es weiter zum Mawenzi. Nein, der ist siebenhundert Meter niedriger, fast einen Kilometer. Gar nicht zu vergleichen mit dem, was hinter mir liegt. Das Schlimmste ist vorbei!»

Der Mawenzi nimmt in einer halben Minute, für vier Dollar, die Natur eines harmlosen Rodelberges an.

«Du weißt doch, ich bin nie allein. Da sind wieder Führer und Träger dabei. Und nun wahrscheinlich auch noch eine stattliche Schar Dresdener.

Wie ich mich fühle? Schwer zu sagen. Ein wenig jedenfalls so wie an den Morgen, an denen wir mit geschlossenen Augen lächelnd nebeneinanderliegen, weil der Kater um uns herumstreicht und unschlüssig ist, ob wir schon wach sind und ob es sich lohnt, uns fordernd zu berühren. Der Tag ist noch frisch, und obwohl wir getrennte Wege gehen werden, wird es doch ein gemeinsamer Tag sein. Etwa so.»

«Ich habe vergessen», sagt sie, «dir die Hirschwurst und das Bündnerfleisch einzupacken. Das wartet nun alles hier im Kühlschrank auf dich.»

«Ich vermisse noch mehr...»

Während der Rückfahrt spüre ich zum ersten Mal, wie schrecklich erschöpft ich bin. Auf der Hotelterrasse sitzen die Leute aus Dresden und sehen betont und mit beleidigten Mienen an mir vorbei. Wahrscheinlich haben sie sich beim Personal erkundigt, woher ich komme.

KAPITEL 7

DIE LEITER ZUM HIMMEL

D er Aufenthalt in Moshi beginnt mit einem Ärgernis. Am Vormittag fahre ich zum noblen Büro von Five Stars Safaris und treffe dort einen jungen Mann, der offenbar schlechte Nachrichten bereithält, denn er kann seine Heiterkeit kaum unterdrücken. Der mir versprochene klettergewandte Bergführer kehrt demnach angeblich erst in einer Woche aus dem Gebirge zurück.

«Drei-Gipfel-Tour, wissen Sie. Internationale Teilnehmer. Aber Sie haben ja noch nicht angezahlt, und wir schätzen uns glücklich, Ihnen ein besonders vorteilhaftes Angebot ...»

Und so weiter. Ich sage dem vergnügten Jüngling, dass ich mich ebenfalls für einen internationalen Teilnehmer halte, und wohin er sich sein besonders vorteilhaftes Angebot stecken soll. Dann kehre ich reuevoll unter die Fittiche von Singh Tours zurück, zwei Straßen weiter, dorthin, wo ein Schild die in naiver Manier gemalten, mit sehr viel Weiß bekleckerten Abbilder von Kibo und Mawenzi zeigt. Über den reichlich mit Zuckerguss bedachten Gipfeln schwebt eine Giraffe mit einer Sprechblase vor dem Maul: Karibu! Das heißt: Willkommen! Aber Jaipal Singh kann auch nicht helfen.

«Schon richtig, irgendwas findet da statt. Internationale Teilnehmer. Ich sehe nur drei Möglichkeiten: Wir buchen wieder bei Ice Peak, die treiben schon jemanden mit einer Lizenz für den Mawenzi auf, aber das wird, selbst ohne deinen Umweg auf dem Southern Circuit, sehr teuer. Oder du suchst in der Stadt nach einem Kletterpartner. Vielleicht hast du Glück. Drittens: Du gehst die Southern-Circuit-Tour mit meinen Männern und wählst dann einen Mawenzigipfel, den du allein machen kannst. Latham Peak oder einen im Süden. Auf ein paar hundert Meter Unterschied kommt es doch wohl nicht an.»

Ein abwegiger Vergleich, aber immerhin liegt die letzte Variante der ursprünglichen am nächsten und wird für uns beide die einträglichste sein. Kaum noch widerstrebend, spreche ich mit ihm darüber: zehn Tage von Machame nach Marangu, also eine Tour vom Shiraplateau über die südlichen Kibohänge zum Mawenzi, dort auf den Latham Peak und

Marktszene in Moshi, dem wirtschaftlichen Zentrum der Chaggalandschaften.

dann talwärts. «Ich nehme mal an», sagt Jaipal Singh, «danach hast du für dieses Jahr wohl auch genug.»

«Da könntest du recht haben. Wie wird denn das Wetter?»

«Das wissen nur die Götter. Nachmittags wird jemand ins Hotel kommen und noch ein paar Einzelheiten mit dir besprechen. Zahlst du mit Reiseschecks oder bar?»

Gerade war ich zu der verwegenen Ansicht gelangt, dies sei ein für beide Seiten einträgliches Geschäft. Aber es ist nur einer, der hier ein Wagnis eingeht. Mir fällt ein, dass es unter den Chagga, wahrscheinlich einmalig in Afrika, eine besondere Art von Magiern gab: die Regenbinder. Ihre Aufgabe bestand nicht etwa darin, Regen herbeizuzaubern, sondern ihn versiegen zu lassen, wenn er den Ackerboden davonspülte. Das sagt wohl etwas über das Wetter an den Kilimandscharohängen.

Ein Bedürfnis nach Entspannung treibt mich zum Markt. Wer den von der Mawenzi Road her erreichen will, der geht durch eine Hügellandschaft aus gebrauchter Kleidung: Arbeits- und Unterwäsche, Schu-

155

he und Hüte, Sommerkleider und Webpelze – der Inhalt europäischer Sammelcontainer, teils noch zu Ballen gepresst und von Stahlbändern zusammengehalten. Werden sie geöffnet, quellen seidene Dessous hervor, isländische Schafwollpullover und Kaschmirjacketts, Spitzenhöschen und Jogginganzüge. Der Händler, der das alles lachend sortiert, weiß viel über unsere Torheiten und Leidenschaften. Bisweilen schwenkt er schreiend und zur Freude der Umstehenden einen besonders großen Büstenhalter oder wirft sich ein absonderliches Kostüm über und führt damit ein pantomimisches Stück auf.

Mitumba, Ballen, heißt hier die von Europäern abgelegte Kleidung. Während der Regierungszeit Julius Nyereres und seiner Suche nach einem afrikanischen Sozialismus war die Einfuhr von mitumba verboten: der Würde der Menschen wegen und zum Wohle der einheimischen Baumwollspinnereien. Das ist zwei Jahrzehnte her, mitumba war dann wohlfeiler als tansanische Baumwollstoffe. Die wenigen verbliebenen Spinnereien stellen heute unter chinesischer Leitung Billigware für den Weltmarkt her.

Der Markt im Südwinter: Früchte sind rar, ich vermisse die lärmenden Verkäufer, die sonst überall mit ihren auf Wagen befestigten Walzen umhergehen, Zuckerrohr auspressen und den Saft darreichen, die Ananashändler, die mit unglaublichem Tempo und Geschick fauligsüß duftende Zapfen schälen, vermisse die zahllosen Mangosorten, die sonnenwarmen Sabadillaäpfel und die verwachsenen Anonen. Es gibt freilich noch fingerlange Bananen, verschiedene Zitrusfrüchte, Granatäpfel, Passionsfrüchte, saftige Papayas und anderes mehr sowie Gemüse aller Art.

Alles ist sorgsam ausgelegt: vielfarbige Häuflein von Gewürzen, Pyramiden aus Melonen oder Chilischoten, Hügelchen aus Maniokknollen. In den Gesten, mit denen eine Marktfrau ihre Tomaten poliert, liegt mehr Hingabe als in der gesamten Auslage eines Supermarktes. Töpfe, Schüsseln, Körbe, aufgekrempelte Säcke voller Mais, Bohnen, Linsen, Hirse, Reis – natürlich jeweils in einem halben Dutzend Sorten. Nichts wird gewogen, alles geht durch Hohlmaße.

Daneben Rinder, Ziegen, Schafe in allen erdenklichen Formen der Zerteilung, angstvoll zuckende Hühner mit zusammengebundenen Beinen, Tauben, Gänse und Enten in Käfigen, Emailschüsseln voller faustgroßer Schnecken, Stockfisch mit stumpfen, salzüberkrusteten Augen und andere Gaben der Küste: metallisch schillernde Makrelen, bläuliche Tintenfische mit blassen Saugnäpfen, dornenschwänzige Rochen und salzgraues, gedörrtes Haifleisch. Am Medizinstand Plastikbeutel voller Wurzeln, Rinden und Kräuter, kräftig gefärbte Pulver, die man widerstrebenden Schönen oder einem nachlässigen Geliebten unter das Essen mischen kann, Fläschchen mit Tinkturen gegen Schlangenbisse oder schlechte Träume, kleine Lederfutterale mit Amuletten, die magische Bedrohungen abwenden sollen.

«Es ist alles da», sagt eine Händlerin zu mir und weist zufrieden um sich.

Auch fetttriefende Backwaren, knallbuntes Zuckerwerk, Nüsse und Honig. Und über allem Geschrei, Gelächter, Gerede, Gezeter, denn es gibt nicht ein einziges Preisschild. Nicht jedes Geschäft wird abgeschlossen, sondern häufig lachend oder stumm und mit bezeichnender Geste abgebrochen. Da müssen zudem Herkunft und Alter der Ware erfragt, der Geschmack geprüft, der Zustand betastet oder die Zubereitung besprochen werden – ein Albtraum für eilige europäische Händler, hier eine Quelle von Vergnügen und Selbstdarstellung.

Ein Teil des Marktes ist Gebrauchsgegenständen und Gerätschaften vorbehalten, die aus Schrott hergestellt wurden, aus Achsfederblättern, Kanistern, Konservendosen: Haumesser, Kochtöpfe, Öllampen zum Beispiel. Weil dieses Handwerk bald verschwinden wird, will ich fotografieren. Unwillige Zurufe hindern mich jedoch daran. Viele Einwohner von Moshi hängen im Gegensatz zu jenen von höher gelegenen Ortschaften wie Machame oder Marangu dem muslimischen Glauben an. Der Imam einer nahen, mit Lautsprechern bewehrten Moschee belehrt den Reisenden mit weithin hallendem Gesang fünfmal am Tag darüber. Der staatlichen Statistik zufolge huldigt lediglich etwas mehr als ein

Drittel der Bevölkerung Moshis Allah und seinem Propheten, aber bei einem Rundgang über den Markt gewinnt man einen gänzlich anderen Eindruck. Im kühleren Klima von Machame und Marangu hingegen wirkten christliche Missionare. Sehr erfolgreich: An Sonntagen drängen dort große Scharen festlich gestimmter Menschen auf ihrem Weg zum Gottesdienst durch die Straßen.

Zum Schluss kaufe ich ein paar vergängliche Reiseandenken: Kokosflocken in wehmütigem Gedenken an Josephs unvergleichliches Chicken pili-pili, Rohrzucker für den Tee und Rohkaffee. Der ist an den Kilimandscharohängen gewachsen, hat dort geblüht, weiß wie Jasmin und mit ganz ähnlichem Duft, ist dort geschält, verlesen und getrocknet worden. Man bekommt ihn sonst nur noch im Kaffeehaus der Pflanzergenossenschaft und dann wohl geröstet, in Blechdosen mit dem Abbild des Kibos verpackt und zu gediegenem Preis. Aber den hier kann ich mir selbst rösten, im Winter, wenn mich Zugvogelsehnsucht plagt und mir die Erinnerung den Hals zuschnürt.

Dann noch ein Bummel zur christlichen Buchhandlung, der einzigen Buchhandlung in Moshi. Unterwegs bietet ein geckenhaft herausgeputzter junger Mann mir verstohlen Armbänder aus den Schwanzquasten von Elefanten sowie Tansanitdiamanten an. Die Diamanten hat er in einen Fetzen Packpapier gewickelt. Sie sehen aus wie brauner Kandiszucker mit violettem Schimmer, wurden also noch nicht gebrannt, denn danach werden sie blau. Ich war einmal in der Hölle, in der sie gefördert werden: in den Mererani Hills, nur zwei Dutzend Kilometer entfernt vom Kilimanjaro International Airport, an einem Ort, an dem man wesentlich mehr über dieses Land und den Lauf der Welt erfahren kann als etwa auf dem Kibogipfel oder an anderen bevorzugten Touristenzielen. Felsen neben der steinigen Straße, die zu den Hügeln hinaufführt, sind mit Aufschriften versehen worden, und eine davon verkündet: MUNGO YUPO, es gibt einen Gott. Aber solchen Glauben kann man in den Minen dahinter rasch verlieren. 10 000 Männer, Jugendliche und Kinder – wahrscheinlich sind es weitaus mehr, genau weiß das niemand – arbeiten dort in etwa 750 Minen, wühlen sich nicht selten 100 Meter tief in den Graphitschiefer. Kein Jahr vergeht, ohne dass viele von ihnen bei einer der ständigen Streitereien umgebracht werden, in den Schächten ersticken oder während heftiger Regenfälle zu Dutzenden ertrinken.

Ich habe es damals nicht gewagt, über eine der wackelnden Hühnerleitern hinabzusteigen. Der Staub, die Enge, die erschöpften, halb irren Menschen, die da heraufkletterten – sie besaßen nicht einmal Grubenlampen, sondern benutzten Taschenlampen –, die kaltäugigen Aufkäufer am Rande und die schreckliche Not, die hinter all dem stehen musste, waren Eindruck genug.

Die Armbänder, die der Mann anbietet, können erst recht nur aus trüben Quellen stammen, und er führt sich deshalb wie ein Verschwörer auf. Während er flüsternd neben mir hergeht, sinkt der Preis für die Diamanten in bodenlose Tiefen. Dabei sind sie wahrscheinlich sogar echt. Derlei Burschen loszuwerden, ist allerdings nicht schwierig, wenn man nur ein wenig laut wird. Lästiger sind die vielen Schlepper, treffend flycatcher genannt, die in der Hoffnung auf Provision für irgendwelche Reiseunternehmen werben und unglaublich preiswerte Kilimandscharotouren empfehlen.

Nein, sagt die Verkäuferin in der Buchhandlung, sie habe kein Bestimmungsbuch für alle ostafrikanischen Pflanzen, nur «Trees of Kenya». Schade, ich hätte Tomasi Mtui gern so etwas zur Erinnerung geschenkt. Meine jahrzehntealte, zerfledderte «Flora of East Africa», gänzlich unerwartet und freudig aufgefunden in einem Londoner Antiquariat, kann ich nicht hergeben. Sie ist mir zu wertvoll. Weniger zur Bestimmung, weil es darin für die einheimischen Pflanzen meist nur lateinische Namen gibt, die sich schwerlich mitteilen lassen, sondern vielmehr wegen ihrer Hinweise auf die ersten Erforscher des Kilimandscharogebirges. Die Herausgeber schrieben nämlich den Artnamen groß, wenn er einen Menschen ehrte, und so lässt sich da leicht eine botanisch verklärte Entdeckungsgeschichte ablesen: Lobelia Deckenii,

Gehobene Airport Art: ein Nagelfetisch und andere zweifelhafte Antiquitäten.

Helichrysum Newii, Anemone Thomsonii, Senecio Johnstonii, Begonia Meyer-Johannis, Senecio Purtschellerii.

Vergeblich war der Weg dennoch nicht. Es werden Makondeschnitzereien angeboten: zwergenhaft, nur eine Handbreit hoch, kunstvoll gearbeitet, mit ganz individuellen Gesichtszügen, aus bestem Mpingoholz und überaus preiswert. Darunter ein Fabelwesen, offenkundig dem Alkohol verfallen, denn aus seinem Kopf wächst eine Flasche hervor, eine mythische Kreatur auf dem Rücken eines gehörnten Wesens sowie mehrere Hanfraucher mit Kürbispfeifen, die ihre Hände an die Köpfe gepresst halten. Ja, da schmerzt der Schädel, und so etwas gehört eigentlich nicht unter die Kruzifixe im Schaufenster. Es wird deshalb besser sein, wenn ich die Figuren kaufe. Was für ein Glück! Ein paar der braunen Lappen – das Papiergeld hier ist schrecklich schmutzig, Münzen sieht man nur noch in den Näpfen der Bettler –, und ich darf sie davontragen.

«Zwerge bringen mir Glück», sage ich zu der Verkäuferin, die abschätzig auf das Holzhäuflein blickt.

Sie hebt eine Schulter und neigt den Kopf, als ob sie mit einem Kind sprechen würde.

«Die machen so etwas aus den Abfällen ihrer großen Schnitzereien. Aus dem Holz, das sie aus Zwischenräumen herausarbeiten. Deshalb sind die Dinger so klein und billig. Haben Sie denn zu Hause keine Zwerge?»

Britischer Kolonialoffizier zwischen so genannter Airport Art: den Reiseandenken für Touristen.

«Ja, aber die sind aus Plastik. Sie leben in Vorgärten, haben lange, weiße Bärte und knallrote Säufernasen und sehen furchtbar grämlich aus. Früher, als wir noch glaubten, sie würden das Haus behüten und uns irgendwann den Weg zu verborgenen Schätzen zeigen, stellten wir ihnen Speisen auf die Schwelle. Doch sie haben uns enttäuscht. Deshalb stehen sie jetzt zur Strafe draußen und müssen ein Leben lang im Goldfischteich angeln oder eine Harke halten.»

Die junge Frau sieht mich mit demselben Blick an, mit dem sie das Häuflein Holz betrachtet hat, und geht kopfschüttelnd zur Kasse.

Auch so eine Spur der Kolonialzeit: Die Makonde stammen eigentlich aus dem Hochland im Norden von Moçambique, nur wenige siedelten im Süden Deutsch-Ostafrikas, in der Gegend um Mtwara und Lindi. Heute leben viele von ihnen auch im übrigen Tansania. Ihre Vorfahren sollen wegen der Arbeitsmöglichkeiten auf den deutschen Sisalplantagen nach Norden gekommen sein. Ob das wirklich eine freie Entscheidung war, ist nunmehr schwer zu ergründen. Wie so vieles, das jene Zeit betrifft. Geschichte wird im Rückblick geschrieben, vom Ende her, gerade gewonnene Erkenntnis bestätigend. Die kluge Elspeth Huxley zitierte dazu in «Nine Faces of Kenya» das Urteil eines afrikanischen Häuptlings: «Der Kolonialismus gleicht dem Zebra. Manche sagen, es ist ein schwarzes Tier, manche sagen, es ist ein weißes Tier, und nur jene, die wirklich scharfsichtig sind, die wissen, dass es ein gestreiftes Tier ist.»

Nachdem ich vergeblich nach einem bescheidenen Taxifahrer gesucht habe, fahre ich mit dem Bus zurück. Das ist ohnehin interessanter. Bald setzt sich eine ebenso füllige wie verschwitzte Frau auf den Platz neben mir. Sie ist schläfrig. Zunächst ergießt sich nur in den Kurven, dann dauerhaft die gesammelte Fruchtbarkeit Afrikas über mich. Ich leide, wie so oft, unter der vertrauenerweckenden Ausstrahlung, die mich zu umgeben scheint. Dabei mag ich sonst alles, worin man versinken kann: das Meer – es gab eine lange Zeit, in der mir Berge allenfalls etwas bedeuteten, wenn man von ihnen her das Meer sehen konnte –, die Wüste, Bücher, Musik.

Hinter dem Fenster huscht die Vorstadt vorbei: kleine Häuser, aus Beton gegossen oder mit Zement geputzt und bunt bemalt, gedeckt mit rostigen Blechdächern. Waschblau und Rosa sind die vorherrschenden Fassadenfarben, den Rest haben der Wind, der Regen und der Lateritstaub braunrot getüncht. In den Vorgärten Reihen von Milchpulver- oder Farbdosen, mit Blumen bepflanzt. Die in naiver Manier bemalten, schreiend bunten Schilder von Geschäften, Kneipen, Werkstätten, Internetcafés und anderem wären einen Bildband wert. Zum Beispiel die Werbung eines Heilkundigen, die alle Stadien des Schmerzes bis hin zu glückseliger Befreiung nach der Zahnextraktion zeigt. Oder Darstellungen der Zöpfchen und Muster, die eine Friseuse auf jeden Damenkopf zu zaubern verspricht. Solche Zöpfchenflechterei, mit der das Haar durch beständig wirkenden Zug verlängert werden soll, bezahlen viele

Die Ergebnisse naiver Kunstbemühungen schmücken nicht nur Gebäude, sondern auch Fahrzeuge aller Art.

Frauen mit früher Kahlheit. Wenn es um Moden geht, sind Afrikanerinnen nicht weniger töricht als die Menschen anderenorts. Dann ist etwas vonnöten, was ebenfalls auf dem Schild der Friseuse angepriesen wird: pariki. Das Wort, in dem die Perücke anklingt, ist während der Kolonialzeit ebenso aus dem Deutschen ins Kiswahili eingewandert wie etwa «shule», «kaputi» oder der nun nicht mehr benötigte Kaiser: «kaizari».

Moshi gehört zu den wohlhabenderen Städten des Kontinents. Verschläge aus Blech und Pappe, Elendsviertel wie etwa in Nairobi – in einem hämisch Kongo genannten Stadtteil hausen dort zwischen drei- und vierhunderttausend Menschen in unvorstellbarer Armut und Entwürdigung – gibt es nicht. Aber wer nachts durch die Straßen geht, der wird auch hier Menschen sehen, die in Zugängen und Einfahrten auf dem Pflaster schlafen.

Als ich mich an der SUMMIT LODGE sanft aus der bedrängenden Anhänglichkeit meiner Nachbarin befreie, lacht sie auf. Das Lachen kommt tief aus ihrem Bauch. Jemand ruft ihr etwas zu, da schickt sie mir einen Satz hinterher, kreischt vor Vergnügen und spreizt dabei einladend die gewaltigen Schenkel. Ringsum Gelächter, vor dem ich eilig davonlaufe. Die Fahrgäste applaudieren.

In meinem Zimmer hat die auf dem Tisch hinterlassene Dollarnote erstaunliche Veränderungen bewirkt: Alles blitzt in matter Reinheit, die Bettwäsche ist sogar mit einem Duftspray getränkt. Bisher bin ich in Ostafrikas Hochland nur ein einziges Mal von Ungeziefer geplagt worden, und das geschah, wie seltsam, in der vornehmen CRATER LODGE am Ngorongoro, wo lediglich gepflegte Leute nächtigen und zuvor noch ein tressengeschmückter Diener ins Zimmer kommt und eine Wärmflasche bringt. «Have a good night, Sir!». Aber dem folgten Flohjagd und mitternächtlicher Zimmerwechsel.

Zum Abendessen gibt es ein enttäuschendes Chicken Curry. Wenn einem bei Currygerichten nicht wenigstens ein paar feine Schweißperlen auf die Oberlippe treten, dann war alles umsonst.

Vor dem Speisesaal wartet eine anmutige, schöne Inderin im roten Sari auf mich. Eine zauberhafte Kleidung, auch wenn sie viele Fragen offen lässt.

«Ich komme von Singh Tours und bitte um Entschuldigung. Da waren außer Ihnen noch mehrere Touristen zu betreuen.»

«Ich bin kein Tourist.»

Sie sieht mich irritiert an und umfasst ihren rabenschwarzen Zopf.

«Sondern was?»

Sehr um Josephs verspiegeltes Lächeln bemüht, sage ich:

«Ich bin Reisender. Ein Tourist bewahrt und vermehrt sein Gepäck, ein Reisender lässt es zurück. Mit anderen Worten: Der Tourist gibt nichts auf von dem, was er hat, und nimmt bis auf ein paar Reiseandenken und Fotografien nichts mit von dem, was er findet. Störche zum Beispiel sind dagegen typische Reisende: Sie leben jeweils fast eine Jahreshälfte in Europa, eine in Afrika, aber weder hier noch dort wird jemandem der Gedanke kommen, sie seien Fremde.»

«Ich glaube, ich verstehe, was Sie meinen. Sie schreiben Bücher und fliegen nach Afrika, um hier fette Frösche zu fangen.»

Hm. Das ist nur die halbe Wahrheit, aber immerhin ein gutes Stück davon. Das will erst einmal geschluckt sein.

«Es ist doch immer dieselbe Geschichte», redet sie weiter, «jeder möchte ein Held sein und in einem fremden Land einen Drachen töten. Er will dem Ungeheuer die sieben Köpfe abschlagen und dann seine Belohnung erhalten: die Königskrone oder die Hand der Prinzessin, eine Truhe voller Juwelen oder einen Literaturpreis. Und natürlich will er kein Tourist, sondern ein reisender Held sein und nach zwei Wochen wieder dorthin verschwinden, wo er wenigstens erzählen kann, er habe die sieben Köpfe abgeschlagen und das Herz der Prinzessin erobert.»

Sie ist neugierig, wie ich den Streich parieren werde, das sieht man. Sicherlich fiele mir auch etwas Scharfsinniges ein, wenn sie nur ihren Zopf loslassen würde. Da bin ich im Wortsinn vorwitzig gewesen und auf den Kopf gefallen, und wo, wo zum Teufel, ist mein Horn?

«Also, das gilt für mich nicht gänzlich. Ich habe mich bisher mit Zwergengeschichten und dem Gipfelbuch zufrieden gegeben. Der Vergleich mit den Störchen fiel mir übrigens ein, als ich vor einer kalten Nudelsuppe in der School Hut saß. Das war keine sonderlich heldenhafte Stimmung. Den Drachen, er heißt Mawenzi, muss ich erst noch bezwingen, und ich hoffe, Sie haben einen guten Bergführer, der mir dabei hilft.»

«Den besten. Hier, ich habe Ihnen den Namen aufgeschrieben: Nelson Kidale. Nelson ist seit langem im Geschäft, sehr kenntnisreich und Mitglied der Rettungsmannschaft. Sie können viel von ihm erfahren. Es gab allerdings schon Kunden, die meinten, er sei etwas wortkarg und arrogant. Ich denke, Sie werden sich bestimmt gut verstehen.»

Darüber können wir nun gemeinsam lachen.

«Sie bekommen auch ein ganz neues Zelt sowie drei Träger. Und hier ist die Liste der Einkäufe. Die Leute kaufen morgen ein, weil es übermorgen recht früh losgeht.»

Nun muss ich widersprechen. Drei Träger und ein Koch waren für sieben Tage zweifellos und aus gutem Grund – der kranke Musa sollte etwas verdienen – ein Mann zu viel. Drei Träger für zehn Tage erscheinen mir jedoch zu wenig. Bewegt werden müssen die Verpflegung für fünf Personen sowie Wasser und Ausrüstung. Der Bergführer rührt keine Last an, und ich will natürlich ebenfalls unbeschwert umherziehen.

«In einer Woche wird eine von uns betreute Gruppe an der Barafuhütte sein. Deren Träger bringen frischen Proviant und auch die Sachen mit hinauf, die Sie am Mawenzi brauchen.»

«Wenn sie es nicht tun oder verspätet eintreffen, dann komme ich herunter, und es wäre sicherlich besser, wenn Sie zuvor auswandern!»

Die Dame gibt fröhlich zu, sie würde ohnehin in London leben und hier nur einen Verwandten vertreten. Damit sie nun nicht glaubt, ich sei ein unkomplizierter Mensch, mäkele ich noch ein wenig an der Einkaufsliste herum, aber wir einigen uns bald. Übermorgen um acht Uhr werden mich also ein wortkarger, arroganter Bergführer und seine Mittäter abholen. Dann geht es die Leiter zum Himmel hinauf, von der Joseph erzählte. Ich hoffe, dass die Sprossen trocken sind.

Allein im Hotel. Die Dresdener und eine Gruppe Franzosen sind am Morgen nach Marangu aufgebrochen. Endlich ist Gelegenheit, ungestört auf der Terrasse zu sitzen, Postkarten und das arg vernachlässigte Tagebuch zu schreiben, noch ein wenig in Hans Meyers Reiseberichten zu lesen. Denke ich. Da kommt Obedi, der Barkeeper, mit einem Fünfzig-Euro-Schein und fragt mich, ob der echt sei. Es ist eine gute Fälschung, staunenswert, wie der Sicherungsstreifen und selbst das Wasserzeichen nachgeahmt sind, aber die Farbe ist nicht wasserfest. Der Junge tut mir leid. Ich mag ihn gern, weil er sich sorgfältig kleidet, Freude an seiner Arbeit hat und auch dem vulgärsten Gast noch mit ausgeglichener Höflichkeit begegnet, ohne unterwürfig zu sein.

Die Dresdener? Nein, andere, schon abgereist.

Das kostet ihn einen Monatslohn.

Obedi geht schweigend und mit einer hilflosen Geste zur Bar zurück, poliert Flaschen, deren Etiketten vom vielen Putzen längst verblichen sind. Wie würde sich jemand von uns verhalten, wenn er durch Betrug ein Monatsgehalt verliert? Was ist das für ein Mensch, der vermögend genug ist, um nach Afrika zu reisen, und dabei einen falschen Geldschein mitnimmt, den er der Verkäuferin im Supermarkt nicht hatte andrehen können?

Auf dem Blatt vor mir eine Fotografie: das Abbild eines kraftvollen Mannes mit lockigem, kurz geschnittenem Haar und gepflegtem Knebelbart. Distanzierter, ja abwesender Blick hinter Kneifergläsern, Lachfältchen in den Augenwinkeln. Oder ist er nur oft von tropischer Sonne geblendet worden? Die Arme sind vor der Brust verschränkt, auch das wirkt abweisend. Hans Meyer. Er schätzte diese Fotografie sehr.

Ich besitze ein Buch aus Meyers Bibliothek: «To the Mountains of the Moon», geschrieben von John Edmund Sharrock Moore, einem Mitglied der britischen Royal Geographical Society. Darin sieht man Meyers Anstreichungen und Randbemerkungen – sehr kritisch, oft verärgert, dominant und manchmal verächtlich. Eine starke Hand hat da den Bleistift geführt. Höhnende Fragezeichen setzte sie an den Rand, wenn es der Autor, ergriffen von Bewunderung für die ostafrikanische Bergwelt, einmal vergaß, wissenschaftlich verwertbare Angaben mitzuteilen.

Es war gewiss schwierig, Meyers Anerkennung zu erlangen, und zudem war er wohl kein überschwänglicher Menschenfreund. Aber es gab wahrscheinlich nicht viele Menschen, bei denen Anspruch und Haltung so wie bei ihm übereinstimmten. Als das Bild entstand, war der Verlegersohn bereits viel in den Alpen herumgeklettert, hatte die Hauptketten des Himalayagebirges besucht und in die Krater der Vulkane Javas geblickt, war in den Urwäldern der Philippinen und auf südafrikanischen Diamantenfeldern, auf Ceylon und in Mexiko umhergestreift. Die Beschreibung einer Weltreise sowie die anthropologische Betrachtung einer philippinischen Völkerschaft wiesen ihn bereits als scharfsichtigen, sehr talentierten Reiseschriftsteller – er hatte neben vielen anderen auch germanistische Vorlesungen gehört – und als wissenschaftlichen Autor aus.

Meyer kam erstmals im Juli 1887 mit einer Trägerkarawane über Mombasa, Taveta und Marangu zum Kibo und erreichte eine Höhe von 5450 Metern, in der ihm eine 40 Meter hohe blaue Eiswand den Aufstieg versperrte. Auch dürfte er damals zu einer Einsicht gelangt sein, die seinen späteren Erfolg begünstigt hat: Wir würden heute sagen, der Berg war nur in einer Art Expeditionsstil, nicht im Alpinstil «zu machen». Ein zweiter Versuch im folgenden Jahr konnte nicht ausgeführt werden, weil Meyer und sein österreichischer Gefährte Oscar Baumann in die Wirren eines Aufstandes und in Ketten gerieten. Zum Glück respektierten ihre Peiniger einen Scheck mit Meyers Unterschrift und ließen die Wissenschaftler späterhin frei. Verloren war freilich der allergrößte Teil der 30 000 Mark, damals eine mehr als stattliche Summe, die Meyer für die Expedition aufgewendet hatte, der Sammlungen, Fotografien und Aufzeichnungen. Der Scharlatan Otto Ehlers publizierte inzwischen sein Kiboabenteuer, und für Meyer schien der Berg so fern wie nie zuvor.

Aber 1889, diesmal begleitet von dem Salzburger Bergführer und Turnlehrer Ludwig Purtscheller, über seine Zeit hinaus einer der bedeutendsten und erfolgreichsten Alpinisten, gelang das Vorhaben doch noch. Mit der Hilfe eines gut durchdachten Nachschubsystems für Proviant und Feuerholz und einheimischer Träger erreichten die beiden den Gipfel des afrikanischen Schneeberges, des höchsten auf dem Kontinent. Nachvollziehbar ist ihre Tat heute nicht mehr, denn die Vereisung der Gipfelzone war unvergleichbar ausgedehnter, als sie es heute ist. Über Gletscherspalten, durch mehrere Meter hohen Zackenfirn, immer wieder brusttief einbrechend, muss jetzt niemand mehr gehen, wenn er eine der Normalrouten benutzt.

Das geschah also am 6. Oktober 1889, als Meyer und Purtscheller nochmals aufstiegen, um den westwärts gelegenen höchsten Punkt des Kraterrandes zu erreichen, den sie drei Tage zuvor wohl bemerkt hatten, zu dem sie jedoch nicht mehr gelangen konnten. Nach schrecklichen Mühen standen sie um halb elf am Vormittag auf der schwarzbraunen, verwitterten Lavakuppe, an der jetzt ein Schild verkündet:

YOU ARE NOW AT THE UHURU PEAK. Es war Ludwig Purtschellers vierzigster Geburtstag. Der Name Uhuru Peak, Freiheitsspitze, gehört natürlich einer späteren Zeit an. Damals schwenkte Purtscheller unter Hurrarufen eine schwarz-weiß-rote Fahne, und Meyer rief feierlich aus: «Mit dem Recht des ersten Ersteigers taufe ich diese bisher unbekannte, namenlose Spitze des Kibo, den höchsten Punkt afrikanischer und deutscher Erde: ‹Kaiser-Wilhelm-Spitze›.»

So steht es auf den kopierten Seiten aus Meyers 1890 erschienenem Buch «Ostafrikanische Gletscherfahrten», die ich mitgebracht habe. Es gibt eine Reihe heutiger Autoren, denen jene Gipfelzeremonie als anmaßend und sogar als komödiantisch erscheint. Aber ich glaube nicht, dass man Menschen und ihre Leistungen gering schätzen oder verhöhnen darf, nur weil sie den Erfordernissen und Zwängen ihrer Zeit gerecht wurden – sofern diese nicht offenkundig unmenschlichen Bestrebungen dienten. Kolonialer Anspruch war keine deutsche Eigenheit. Wohl dem, der von einer Kaiserin regiert wurde, am besten von der von Indien: Lake Victoria, Victoria Falls – das blieb bestehen, und keinen vernünftigen Menschen regt das heute auf. Die Deutschen hatten damals eben diesen kleiderreichen Kaiser mit dem verkümmerten Arm und all dem, was er an sich zog. Wem hätte Hans Meyer denn seine Tat widmen sollen? Karl Marx und dem Bund der Kommunisten, der Liga für Menschenrechte, der Europäischen Union oder besser einer afrikanischen Unabhängigkeitsbewegung des folgenden Jahrhunderts?

Darüber hinaus sind die «Gletscherfahrten» ein wirklich großartiges Buch, das beste, das jemals über das Kilimandscharogebiet geschrieben wurde: kenntnisreich, voller tiefer Empfindungen und treffender Naturschilderungen, teilnehmend am Dasein der Afrikaner. Hans Meyer hat so etwas nie wieder schreiben können: später, als er der Wissenschaftler von Rang und auch der Kolonialpolitiker war, der er wohl immer sein wollte, und die überragende Autorität genoss, die er ersehnt haben mag. Sein Beitrag zum Hergang einer gewinnsüchtigen Ära, die nicht zwielichtiger war als die unsere – da sie vergangen ist, darf man ungehindert sehr zornig darüber sprechen und schreiben – hat dazu geführt, dass ihm bisweilen niedrigste Motive unterstellt werden. Von Leuten, die nicht im Stande sind, seine außerordentlichen wissenschaftlichen Leistungen oder wenigstens die Verdienste zu achten, die er durch eine weitreichende Verbreitung von Kenntnissen über Afrika erwarb, von Leuten, die unfähig sind, irgendetwas zu achten.

Eduard Oehler, der Forscher, dessen Spuren Tomasi Mtui und ich vor wenigen Tagen beim Abstieg durch die Western Breach folgten, bekam übrigens die «Ostafrikanischen Gletscherfahrten» zur Konfirmation geschenkt und gab ein schönes Beispiel für die Wirkungsgeschichte des Buches: Die Lektüre bestimmte einen bedeutenden Teil seines Lebens und trieb ihn schließlich auf den höchsten Mawenzigipfel, der seither Hans-Meyer-Spitze heißt.

«Eröffnest du hier jetzt ein Büro?»

Ich brauche gar nicht hinzusehen, wer da kommt: ein schmächtiger dunkler Mann, in dessen Augen alle Sehnsüchte Goas und eine genügsame Bosheit brennen und der, ganz sicher, eine Gabel und einen Teller voller Makkaroni in den Händen hält. Noch nie hat jemand folgenlos solche Mengen von Teigwaren gegessen, und wenn es mit rechten Dingen zuginge, dann müsste er wie Humpty Dumpty aussehen: Hamid Jalal.

«Wir sind zum Essen allein», sagt er dann. «Es kommt niemand vom Berg zurück. Ich werde also in die Küche gehen und dir, weil du dich gestern beklagt hast, ein Curry zubereiten, das dich bis zur Shirahöhle bläst. Schwarze können nun mal nicht mit Curry umgehen.»

«Du bist auch nicht viel heller.»

«Doch, im Kopf!»

Darüber gehe ich lieber hinweg. Ich mag jetzt nicht über anarchische Zustände in Südafrika oder über Massaker in Simbabwe, Ruanda, Uganda, im Kongo und sonstwo oder über andere Scheußlichkeiten sprechen. Das alles hat schließlich wenig mit Hautfarbe und Verstand zu tun, sondern eher damit, dass Macht den Menschen nicht bessert.

«Kennst du Hans Meyer, Daktari Maya?»

«Selbstverständlich. Vor einigen Jahren beschäftigte die Presse sich sehr mit ihm. Er soll in seinen Büchern verschwiegen haben, wer ihn denn eigentlich auf den Kibo brachte. So hat er seinen Bergführer Yohani Lauwo nicht genannt, den die Reporter damals befragt haben. Lauwo war da angeblich fast hundertdreißig Jahre alt. In Marangu hat man deshalb neben der für Meyer eine zweite Gedenktafel für seine Begleiter angebracht.»

Ich weiß, die Tafel habe ich vor Jahren übersehen, weil ich nach der Ankunft sofort zum Wasserfall gelaufen bin. Aber dass Meyer jemanden verschwieg, der ihn auf den Kibo begleitete, das kann ich nicht glauben. Meyer hat in seinem autoritären Lebensabschnitt, genauer gesagt in seinem Buch «Der Kilimandjaro», einmal angemerkt, Afrikaner seien zum Bergsteigen unfähig. Und im selben Text dann achtungsvoll geschildert, wie der Askari Munifasi gemeinsam mit ihm, zunächst zögernd und dann begeistert, den Drygalskigletscher bestieg. Gewiss, jeder hohe Berg hat seine Scharlatane – es gab auch am Kibo und am Mawenzi einige davon. Aber doch nicht Hans Meyer! Ich erinnere mich gut, wie der Afrikaner hieß, der Meyer und Purtscheller bis in das letzte Biwak vor dem Gipfel begleitete und dort auf sie wartete: Muini oder besser Mwinyi Amani. Der stammte allerdings aus Pangani, nicht aus Marangu. Daneben gab es Führer und vor allem Träger, keine Expedition kam ohne sie aus, obgleich Meyer den Weg zum Gipfelberg bereits kannte, vermessen und kartiert hatte. Er hat ihre Rolle jedoch nie verschwiegen.

«Den Muini Amani sehe ich förmlich vor mir, so schön hat Meyer ihn beschrieben: in der Uniform eines schottischen Infanteristen – schon damals lud ja Europa hier gebrauchte Kleidung ab –, das Gesicht mit dem Turbantuch vor der Kälte geschützt. Er kochte wohl nicht ganz so gut wie Joseph, aber es war sein ‹Na rudi salama›, das Meyer und Purtscheller vor jedem Aufstieg abergläubisch erwarteten, und es war sein Feuer, das ihnen den Rückweg wies. Sollen die Leute von der Gedenktafel etwa mit auf dem Gipfel gewesen sein?»

«Ein Reporter hat das behauptet. Sieh es dir doch in Marangu an.»

KAPITEL 8

AM TAG, AN DEM
EIN AFFE STERBEN SOLL ...

Um vier Uhr morgens werde ich wach. Da ist irgendetwas. Nein, es sind nicht die Regungen von Hamids Currygericht, das in meinem Bauch umgeht. Jetzt höre ich es bewusst. Regen trommelt auf das Dach. Zu Hause habe ich ein Regenholz aus Peru: getrockneter Kaktusstumpf, gefüllt mit winzigen Kieselsteinen. Wenn man die Röhre anhebt und ein wenig geschickt handhabt, kann man lauschen, wie der Regen dort unten mit den Blättern der Chiromoyabäume spielt. Das ist entspannend, aber was ich hier höre, ist ein bösartig lärmendes, feindseliges Geräusch. Aus dem verhaltenen Trommeln wird das Dröhnen, mit dem sich ein Heuschreckenschwarm nähert, und schließlich das irre Geheul des Makondedämons Judi, des Albtraums der Wanderer.

Das geht so bis zum Frühstück. Zum letzten Mal für einige Zeit sitze ich geduscht und rasiert an einem Tisch mit gestärkter, schneeweißer Decke. Auf den Pfützen vor der Terrasse schwimmt der Widerschein blaugrauer Wolken.

«Ich weiß auch nicht», sagt die mütterliche Kellnerin mit dem Fettsteiß und sieht mich bekümmert an, «die Regenzeit ist längst vorbei. Oben, in Machame, wird es aber bestimmt trocken sein.»

Mag sein. Wenn die Wellen hochschlagen, sagt ein zuversichtliches Swahilisprichwort, dann ist das Land nicht fern. Aber es heißt hier auch: Am Tag, an dem ein Affe sterben soll, sind alle Äste glitschig.

«Hier ist ein Schild. Obedi soll es, wenn er deutsche Gäste hat, zusammen mit einem Kästchen an die Bar stellen und diesen Euroschein hineinlegen. Vielleicht hilft das. Der Manager hat es erlaubt.»

Sie betrachtet das Schild, das sie nicht lesen kann, und lächelt ungläubig. Dann läuft sie davon, um es den anderen Kellnern zu zeigen.

Um acht schiebt sich ein Landcruiser mit Vierradantrieb und gewaltigen Reifen langsam zwischen den Torpfeilern hindurch in den Hof. Die Scheiben sind beschlagen. Dahinter kauern dunkle Gestalten, auf dem Dach stehen Proviantkörbe, Bündel, Kanister. Ich ahne, weshalb Jaipal Singh solch einen starken Wagen schickt.

Der Mann, der da aussteigt, gefällt mir: verwaschene Baseballkappe über einem sauberen, runden Gesicht. Fester Blick und ein Hauch von Spott.

«Ich bin Nelson», sagt er, gibt mir die Hand und greift nach meinem Rucksack.

«Ich heiße Paul.»

An der Abzweigung nach Weruweru beginnt es wieder zu regnen. Hinten auf der Bank tuscheln die Begleiter: Jackson, der Zeltdiener, grobschlächtig, alle überragend, der ganze Bursche ein herzliches Grinsen, mit dem schmallippigen William, der nach Piratenart ein Tuch um den Kopf geschlungen hat und auch sonst aussieht, als ob er diesem kühnen Gewerbe nachgehen würde. William wird kochen. Daneben schweigend, unsicher blinzelnd, der kleine Peter, fast noch ein Junge. Ihre feuchte Kleidung riecht nach Kernseife und nach dem Rauch von Holzkohlenfeuern.

«Habt ihr die Hühner, die bittere Schokolade und den Wein?»

«Alles wie auf der Liste!»

«Woher kommt ihr?»

«Aus Marangu», antwortet wiederum Jackson, «alle aus Marangu. Und in Marangu regnet es, hoho, ganz schrecklich. Wenn wir wiederkommen, wird alles weggeschwemmt sein.»

Und er lacht, hoho, frohlockend über so viel Unglück. Dumpf starre ich auf den torkelnden Scheibenwischer.

In Machame gleicht die Straße einem rotbraunen, tobenden Bach. Zur Linken huscht ein Schild vorbei: JOHANNES REBMANN MEMORIAL LIBRARY. Auch so ein Stück Geschichte in beklagenswertem Zustand. Rebmann, ehemals deutscher Missionar in britischen Diensten, hätte ein würdigeres Denkmal verdient. Er war es nämlich, der im Mai 1848 das Kilimandscharogebirge für Europa entdeckte. Eigentlich an der Küste, in der Station Rabai neben der Insel Mombasa wirkend, war er nur mit sehr wenigen einheimischen Begleitern und allein mit einem Regenschirm bewaffnet in das Landesinnere gezogen, um nach dem «von bösen Geistern bewohnten Gold- oder Silberberg» zu forschen, von dem ihm Karawanenführer erzählt hatten. Dabei ging es ihm nicht um Gold oder Silber. Stattdessen sehnte er sich wie sein Amtsbruder Ludwig Krapf, dem zuvor Frau und Tochter im giftigen Klima Mombasas gestorben waren, nach Höhe, nach reiner Luft, in der die Worte des Herrn gefahrloser verkündet werden konnten.

Auch nach der Vorbereitung der Expedition im Mai 1848, die sie gemeinsam ausführen wollten, hatte Krapf, vom Fieber niedergeworfen, zurückbleiben müssen. Was Rebmann nun an jenem Maitag aus der Ferne sah, schien zunächst nur ein von einer glänzenden weißen Wolke umschlungener Gipfel zu sein. Freilich vermutete der Missionar, der solche Anblicke aus den Alpen kannte, schon etwas anderes. Zumal sein Führer auf den Berg wies und dabei «baridi» – kalt – sagte. Als sie näher kamen, schwand jeder Zweifel: Drei Breitengrade südlich vom Äquator erhebt sich ein Gebirge, dessen höchster Gipfel von Schnee bedeckt wird.

Johannes Rebmanns weiteres Leben – er blieb bis 1875 in Afrika und musste dann erblindend heimkehren – war nicht frei von den Bürden, die sein Gott den Menschen auferlegt. Zum Beispiel galt er bedeutenden Geografen Europas einige Zeit lang als eifernder, vielleicht nicht ganz nüchterner Sonderling, der wahrscheinlich von Quarz geblendet oder von einer Wolkenbank genarrt wurde und dies als Schnee ausgegeben hatte. Aber man musste ihm später recht geben, und er durfte auch die Saat der Mission noch keimen sehen.

Zur Rechten nun Hütten, fleckig von Nässe. Der Regen schüttelt Kaffeebüsche und Bananenstauden. Als der Asphaltbelag endet, schlingern wir durch Morast einen steilen Hang hinauf. Hilflos wie ein Albatros auf dem glatten Deck eines Schiffes. Zweimal gerät der Wagen mit dem Heck über den Rand des Hanges. Der Motor jault, unter der Haube quillt Dampf hervor. Wieder rutschen wir auf den Hangrand zu, hinter mir umkrampfen Peters Hände die Sitzlehne.

«He, he, he!», rufe ich ärgerlich und frage den Fahrer dann ruhiger, ob er uns umbringen will. Er grinst, fährt aber auf ein Rasenstück und hält.

Es sind nur noch wenige Schritte bis zum Parktor. Der Regen strömt gnadenlos. In einer Stimmung heiterer Verzweiflung laden wir uns die Lasten auf. Ich lache dabei vor mich hin, weil mir eine Ermahnung meiner Frau in den Sinn kommt: Wir haben keine Bilder, auf denen die Erregung des Aufbruchs festgehalten wird. Du musst das diesmal unbedingt fotografieren!

Im Rangerbüro am Tor erledigt Nelson den Papierkram. Nachdem ich mich eingetragen habe – die geforderten Angaben würden für einen Nachruf ausreichen –, gehe ich in den Aufenthaltsraum. Dort sitzen sieben Amerikaner: junge Leute, zwei Frauen darunter, Aufnäher vom Denali an den grellroten Jacken. Sie sind schlecht gelaunt; ich muss erst darum bitten, dass sie einen Platz frei räumen. Überall stehen ihre Bündel herum, an zweien sind auf gefährliche Weise Eispickel befestigt, die man wohl unbedingt sehen soll. Ihre Träger, zwanzig Leute, lagern draußen. Meine Gruppenphobie beginnt sich zu regen.

Nelson sieht herein: «Wir können losgehen. Hast du keinen Stock?»

Tatsächlich, ich bin ein Trottel. Seit zwei Tagen rüste ich mich für diese Bergtour und vergesse den Stock! Ich versuche mein Glück draußen, bei den fliegenden Händlern und denen, die eine Anstellung als Träger suchen. Es sind wohl ein halbes Hundert Menschen, die sich da trotz des Regens hinter einer Absperrung drängen, mit verlangend vorgestreckten Armen um Arbeit flehen, Reiseandenken – darunter sogar Speere und Kurzschwerter nach Maasaiart –, Safarihüte, Gamaschen und Rucksackhüllen feilbieten. Zweien gelingt es, über die Barriere zu klettern. Ein Ranger treibt sie mit Schlägen und Tritten zurück. Ein widerwärtiger Anblick. Mitten unter den Bedauernswerten sehe ich eine alte Frau: Auf dem Kopf trägt sie eine triefende Plastiktüte mit dem Union Jack und dem lächelnden Abbild Lady Dianas, in einer Hand einen schönen, mit Naturfarben rot und weiß bemalten Stock, von dessen Griff ein

Stück Eidechsenhaut sowie etwas herabhängt, das wie getrockneter Hühnerdarm aussieht.

«Vier Dollar!», sagt sie, als sie mein Interesse bemerkt, und zielt lachend mit dem Stock auf meinen Kopf.

Da gibt es nichts zu handeln. Den will ich haben. Erregt von dem unverhofften Handel, wispert die Alte, der Stock sei «tilisimu mkubwa, dawa mkubwa».

Wunderbar, denn wenn der Regen anhält, werde ich jede Art von Hilfe brauchen. Dawa ist eine Medizin, hinter dem Swahiliwort «tilisimu» verbirgt sich das griechische «telesmena», das auch den Ursprung unseres Wortes Talisman bildet.

«Bist du eine Hexe?»

Sie hebt den Kopf. Der Regen perlt über ihr faltiges Gesicht, und sie lächelt mit geschlossenen Augen.

«Gottes Regen regnet auf alle, auch auf die Hexen.»

Mir fällt nichts Besseres ein, als die Hand auf ihre Schulter zu legen, bis sie mich ansieht, und ihr das Lächeln zurückzugeben. Auf einmal ist der Regen gar nicht mehr so lästig.

Zunächst folgen wir dem von Adlerfarn bestandenen Forstweg, dann geht es durch dichten Wald. Schweigend, keuchend, strauchelnd durch rotbraunen Schlamm, über schleimige Wurzeln und fauliges Laub. Nach kurzer Zeit sind Schuhe, Gamaschen und Hosenbeine dick mit Schlamm beschmiert.

Ein athletisch gebauter Mann, wohl Italiener, denn auf dem Rückenteil seiner Jacke leuchten die Buchstaben CAI, überholt uns: zwei Teleskopstöcke gebrauchend, in irrwitzigem Tempo, laut die Atemluft ausstoßend. Hinterdrein sein schwitzender Führer. Der Mann trainiert vielleicht für olympische Läufe oder er ist schlichtweg verblödet. Bis zur Machamehütte, die 3000 Meter hoch liegt, höher als die Zugspitze, müssen 1200 Höhenmeter und mehr als zehn Kilometer auf einer steilen Bergrippe überwunden werden. Das erfordert bei diesem Wetter sechs, sieben Stunden bedächtigen Anstieg. Stunden, deren Verlauf

Rastplatz auf einer Lichtung am unteren Waldrand der Machameroute.
Es ist so feucht, dass Moose selbst den Boden überwuchern.

überaus wichtig ist für die spätere Kondition am Berg. Auch ist nicht recht einzusehen, weshalb jemand von Europa nach Afrika reist, dafür viel Geld sowie Bergführer und Träger bezahlt, um nach Luft schnappend und von Schweiß geblendet durch einen einzigartigen tropischen Bergregenwald zu rennen.

Mittags rasten wir unter vier Meter hohen Baumfarnen. Das Licht reicht aber nicht aus, um sie zu fotografieren – überhaupt kann ich alle Pläne im Hinblick auf Waldfotos wohl getrost vergessen. Es ist wieder einmal dunkel, kalt und nass. Den schnellen Abstieg mit Tomasi verwünschend – da war es heller und vor allem trocken –, kaue ich übellaunig auf einer Hähnchenkeule herum. Nelson fragt, weshalb ich noch einmal auf den Berg will.

«Wegen des schönen Wetters.»

Er sieht verdutzt herüber und lacht dann leise vor sich hin.

«Weiter oben wird es besser, spätestens hinter Barranco.»

Wie tröstlich. Weiter oben ... Das habe ich schon beim Frühstück gehört. Und bis Barranco sind es, den Rasttag im Shira Camp eingeschlossen, noch drei Tage.

Unter den Säumen unserer Regenumhänge sammeln sich Pfützen. Ich höre einen Bach rauschen und schicke Jackson hinunter. Er klettert die moosbedeckten Felsen hinab und bringt später kristallklares, eiskaltes Wasser, das man nur in kleinen Schlucken trinken kann.

Merkwürdig, dass es hier keinen Bambusgürtel gibt – fast alle hohen Berge Ostafrikas tragen einen. Nelson sagt, das sei eines der Rätsel des Kilimandscharogebirges, auch am benachbarten Meru würde Bambus wachsen. Unser Gespräch wird unterbrochen, als die Amerikaner und ihre Träger vorbeiziehen. Ihr Führer, ein abenteuerlich aussehender Bursche mit Rastalocken, unterhält sich mit Nelson, und das wenige, das ich davon verstehe, erregt meine Neugier. Offenbar ist an den Südhängen tagelang erfolglos nach zwei Neuseeländern gesucht worden. Mir fällt ein, dass Nelson Mitglied der Rettungsmannschaft ist.

«Nein, wir haben sie nicht gefunden», erzählt er mir später. «In dem Hotel in Moshi, in dem noch ihr Gepäck und ihre Pässe liegen, hatten sie gesagt, dass sie zum Heimgletscher wollen. Aber dort oben waren sie nicht oder jedenfalls nicht mehr. Sie sind ja schon vor zwei Wochen losgezogen. Wir fanden nur eine völlig zerfetzte Jacke, die aussah, als ob jemand mit Steigeisen darauf herumgetrampelt wäre. Manchmal verletzt sich einer beim Klettern, bleibt auf dem Gletscher und erfriert, während der andere Hilfe holen will und irgendwo abstürzt oder auch erfriert. Sie hatten nicht einmal ein Zelt mit, nur Biwaksäcke. Wahrscheinlich deshalb, um schneller davonlaufen zu können, wenn sie auf Ranger treffen. Weil sie keine Parkgebühren bezahlt haben. Der Juli ist nun wirklich kein Monat für solche Jungenstreiche.»

Er winkt ärgerlich ab.

Immer wieder geschieht es, dass Trekker oder Kletterer heimlich in das Gebirge gehen, weil sie die hohen Parkgebühren meiden wollen und nicht einsehen, weshalb sie Führer und Träger bezahlen sollen. Es ist schließlich kein Problem, ungesehen hineinzukommen. Die wenigen Ranger können die Gegend nur unzureichend überwachen. Doch wer nicht in die Listen an einem der Tore eingetragen ist, der wird auch nicht oder erst viel zu spät vermisst. Er muss zudem die Nähe von Hütten, Routen und Wasserstellen meiden, denn die Hüttenwarte sind, wie auch Bergführer und Träger, verpflichtet, den Rangern Einzelgänger zu melden. Hinzu kommt, dass die im Hochgebirge nun einmal alltäglichen Gefahren unterschätzt werden: Vor einigen Jahren fand man auf dem Plateau über uns die Leiche eines sommerlich gekleideten jungen Mannes und daneben eine halb geschälte Apfelsine. Er war, noch während er die Frucht schälte, erschöpft eingeschlafen und erfroren.

Insbesondere hier, im Südwesten des Kibos, fanden schon viele dramatische Such- und Rettungsaktionen statt und kosteten dann die Betroffenen, wenn sie zu den sparsamen, heimlichen Wanderern gehörten, sehr viel Geld. Sofern sie überhaupt gefunden wurden. Viele verschwanden spurlos. Die Geschichte der Taten der Bergwacht im Kilimandscharogebirge ist allerdings noch nicht geschrieben worden. Angestellte der Parkverwaltung reagieren, was aus mancherlei Gründen verständlich ist, sehr verschlossen, wenn sie nach solchen Begebenheiten gefragt werden. Umso heftiger brodelt dergleichen in den Gerüchteküchen der Hotels. Man vermag leicht zu entscheiden, ob da Schauermärchen erzählt werden: Taucht am Ende der Geschichte ein rettender Hubschrauber auf, dann hat sie ganz gewiss jemand erdacht.

Wir plagen uns weiter. Oben prasselt schwerer Regen auf das Blätterdach der Kossobäume und kommt hier unten in der Form von Gießbächen an, sodass man nur blinzelnd umhersehen kann. Die Täler neben dem schmalen Grat, auf dem wir entlanggehen, sind regenverhangen. Meist sehe ich nicht mehr als Nelsons blauen Zeltsack und die daran baumelnde Petroleumlampe. Oder meine Schritte im Schlamm – ein endloser, entsetzlich langweiliger Film läuft da ab. So ist das eben. Immer denken wir nur an den Hafen und haben keine Blicke für das Meer, das uns zu ihm trägt. Schön hatten die Briten das gesungen an jenem Abend in der SUMMIT LODGE, vor ihrem Aufstieg: «Stand at your window sill, tonight. / Attend my tide, / And mark the harbour with your light. / I'll not be far / From your bedside, / My guiding star, / My midnight bride / In moonbeam white. / For I'll be steered across the bar / To you, by candlelight.»

Vor mich hin summend, beginne ich, mir nebenher etwas über den Zusammenhang von äußerer Fülle und innerer Leere auszudenken, was ich für geistreich halte, da bleibt Nelson stehen.

«Kima!»

Pfeifendes Geschnatter auf den Ästen über uns, ein paar dunkle Fellbündel mit langen Schwänzen hangeln davon. Es sind Meerkatzen, im Englischen Blue Monkeys genannt und von uns mit dem seltsamen Namen bedacht, weil wir mit der alten indischen Benennung «Markata» nichts Besseres anzufangen wussten. Die galt allerdings für Rhesusaffen. Die Chagga schätzten Meerkatzen früher sehr: ihr Fell und ihr Fleisch. Ich mag sie schon deshalb nicht, weil ihre Gesichter an Paviane erinnern, an die gefährlichen, rotärschigen Gesellen, die an Hämorrhoiden zu leiden scheinen und sich oft entsprechend übellaunig aufführen.

Irgendwann werden die Bäume licht. Baumerika säumt den schmalen Weg. Brandspuren und die an den Schnittflächen blutroten Stümpfe abgehackter Büsche künden den nahen Lagerplatz an. Machame Camp. Seltsam, eine der Hütten, die schon bei meinem letzten Besuch vom Einsturz gefährdet war, ist immer noch nicht zusammengebrochen.

Auf einem Baumstumpf sitzend, sehe ich zu, wie die Träger sich mit dem Zelt herumplagen – ein ihnen unbekanntes Modell. Es sieht nicht so aus, als ob sie es jemals aufstellen könnten. Ich habe keine Lust, an ihren Bemühungen teilzunehmen, weil ich glaube, jetzt ein Recht auf einen ganz kleinen Nervenzusammenbruch zu haben.

Nebenan schreien sich die Amerikaner an: David, der eingebildete Tropf, glaubt, so wird da gebrüllt, seiner Firma unentbehrlich zu sein, und hat damit verschuldet, dass man in dieses scheußliche Wetter geraten ist. David gibt, nicht weniger lautstark, Auskünfte über den Charakter seines Anklägers zum Besten: ein depressives Arschloch sei er, das nicht einmal vor die Haustür, geschweige denn ins Gebirge gehen sollte.

Wie schön und klug, ohne Partner unterwegs zu sein, denke ich selbstzufrieden und gehe nun doch zu meinen Begleitern hinüber, um ihnen zu helfen. Das Zelt ist geräumig, zwar voller Pfützen, doch behaglich, auch wenn mit mir jetzt auch noch ein Haufen Schlamm hineingerät. Der Rucksack und alles darin ist feucht und

Die Blattfülle im Bergregenwald verrät, dass die Pflanzen sich dort gegen das Ertrinken wehren müssen.

wird selbst hier drinnen nicht trocknen. Da bleibt wenig mehr zu tun, als schicksalsergeben dem Regen zuzusehen und nebenher ein paar sarkastische Sätze in das Tagebuch zu schreiben.

Jackson bringt Popcorn, geröstete Erdnüsse und Tee. Nelson erkundigt sich, wie ich mich fühle.

«Hervorragend. Weißt du, ich habe unter Kamtschatkas Vulkanen in Drachenblut gebadet. Danach noch vier Wochen Dauerläufe durch die Hundescheiße in einem Berliner Vorort, die Kiboüberschreitung mit Tomasi Mtui und ein Schneesturm am Äquator. Mich kann nun wirklich nichts mehr umwerfen.»

«Das ist gut, das ist sehr gut», sagt er und nickt. «Morgen könnten wir nämlich richtig schlechtes Wetter bekommen.»

Zum Abendessen gibt es eine schmackhafte Spinatsuppe, Hähnchenbrust mit ugali sowie zum Dessert Bananen und Passionsfrüchte. Im Zelt nebenan bedankt der Italiener sich für seine Mahlzeit, möchte aber nichts essen, nur Tee trinken. Morgen, wenn er sich mit viel Aspirin und wenigen Keksen im Magen dahinschleppt, wird er begreifen, wie gefährlich unbedachte Betriebsamkeit sein kann. Keineswegs nur erschöpfend, wirklich gefährlich. Da hält die Höhe nicht allein Kopfschmerzen, Schlafstörungen, Kurzatmigkeit, Verwirrung und Herzbeschwerden bereit, sondern es kann geschehen, dass einer ersäuft wird von der Flüssigkeit, die sich in seiner Lunge anstaut, oder dass ihn ein Hirnödem umbringt. Wir sind hier nicht in der Hochregion des Himalayas, doch gehörigen Respekt verlangt dieser Berg auch.

Später dringen von draußen Nachtgeräusche in das Zelt: ein beständiges Knistern. Ich stelle mir vor, dass es die Rosetten von Lobelien sind, die sich vor dem Frost verschließen. Und Eisnadeln, die aus dem Boden wachsen. Oder die Kiesel im Bach, der vorsichtige Schritt einer Ginsterkatze. Der Wind zerrt an der Leinwand, summt in Höhlungen. Eine Eule erzählt klagend eine Geschichte von ertrunkenen Liebenden.

Der Schlaf will nicht kommen. Ich stehe auf, suche Nelson und finde ihn in der baufälligen Hütte neben der des Caretakers. Er sitzt auf den Brennholzbündeln, die Jackson und die anderen im Wald gesammelt haben, und säubert im Schein der Petroleumlampe seine Schuhe mit einem Holzspan. Die Flamme über dem Docht windet sich, zeichnet zuckende Schatten an die Wand.

«Warum ziehst du jetzt schon die schweren Bergstiefel an, warum nicht leichte Trekkingschuhe, so wie ich?»

Er wendet sich mir mit unbewegtem Gesicht zu.

«Ich habe keinen Träger, der mir die Bergstiefel tragen würde, bis ich sie brauche.»

Gut, diese Runde geht an ihn.

«Erzähl mir etwas. Ich kann nicht einschlafen. Hast du schon von den Zwergen gehört, den Wakonyingo, die auf dem Berg leben oder gelebt haben sollen?»

«Ich sehe hier jeden Tag welche umherlaufen. Sie tragen rote Jacken.»

«Weißt du, ich bin selbst ein Spötter, und wenn du dich über mich lustig machen willst, dann kann das eine ziemlich anstrengende Tour werden. Du musst nicht glauben, ich würde nach Dingen suchen, die uns trennen. Ich suche Gemeinsamkeit. Eure Mythologie ist farbig, bildhaft und phantasievoll. Das zieht mich an, und ich weiß sehr gut, dass du nicht glaubst, der Teufel würde mit nach hinten gerichteten Füßen im Wald umherlaufen.»

«Wir sind Christen, seit hundert Jahren. Meine Eltern haben mir solche Geschichten nie erzählt. Frag William, der ist Swahili. Die Muslime reden manchmal über so etwas. Aber was interessiert dich daran? Dunkles, dämonisches Afrika und so weiter? Das gibt es auch, ja, aber viel mehr in euren Vorstellungen.»

«Die Alte, die mir den Stock verkaufte, hat sich ganz selbstverständlich als Hexe ausgegeben.»

«Da hat sie mit dem Feuer gespielt.» Er fährt sich mit dem Zeigefinger über die Kehle. «Es gibt hier Gegenden, da verbrennen sie solche Frauen oder zerhacken sie mit pangas. Aber die wird das gesagt haben, weil selbst jede Alte weiß, was ihr gerne hört. Besonders dann, wenn man etwas verkaufen will. Und noch etwas: Niemand spricht in einer eckigen Hütte über Dinge wie die Wakonyingo. Das tut man im Freien oder in runden Hütten. In den Ecken hocken Geister.»

Ist das nun wieder Spott?

«Lala salama, Nelson! Sag William, dass das Essen ihm gelungen ist. Aber er soll es nicht mehr so stark salzen.»

«Lala salama, Paul! Es gibt Geister, pepo mzuri, die sind Brücken zu Gott.»

Nachts weckt mich grässliches Sodbrennen. Draußen funkelt der Kibo neben faustgroßen Sternen wie ein Mond über den schwarzen Erikawäldern. Ich setze mich an die vom Fallwind entfachte, summende Glut unseres Lagerfeuers und kaue Magnesiumtabletten.

KAPITEL 9

WOLKEN OHNE RÄNDER

Das Zeltdach ist bereift, aber dennoch erhellt: Sonne! Wirklich liegt warmer Glanz über Shira Needle und Shira Cathedral, selbst der Kibo zeigt sich. Ich stolpere mit der Kamera hinaus. Doch die beschlägt, dann beginnt der Autofokus zu rasen, weil meine Augen in der Kälte tränen, und die Hände sind zu zittrig für die langen Belichtungszeiten. Während ich das Stativ hole, ziehen aus dem Tal schon dunkle Vögel herauf: Wolkenschwaden. Und es beginnt zu regnen.

Nebenan kriecht Jackson aus der Hütte. Es ist immer wieder ein schönes Bild, wenn sie aufstehen: ihre Bewegungen voll lebensfreudiger Trägheit, ihr Schnuppern. Sie können es riechen, das Wetter des ganzen folgenden Tages. Ich weiß nicht, wie das möglich ist. Instinkt, Erfahrung? Jedenfalls trifft immer zu, was sie da morgens erschnuppern.

«Hoho, das wird heute bis auf das Shiraplateau hinauf so gehen, Papa. Du gibst viel Geld aus, um den Regen am Kipoo zu erleben, eiserner Mann. Wirst uns noch verrosten, hoho!»

Die Aussicht auf einen rostenden Kunden erheitert ihn derart, dass er sich, vom Lachen geschüttelt, kaum aufrichten kann. Dann steht er endlich in seinem ganzen Gardemaß vor mir.

«Du solltest Basketball spielen. Deine Gegner hätten kaum Chancen.»

«Hab ich gemacht, in der Militärzeit. Aber jetzt braucht ihr mich hier, weil keiner so gut wie ich Zeltstangen halten kann, hoho!»

Er geht vergnügt davon, um das Schüsselchen mit dem Waschwasser zu holen. Im Regen erscheint das als unsinnige Prozedur, aber es hat sich aus vielerlei Gründen bewährt, wenn man starrsinnig am gewohnten Ablauf des Lagerlebens festhält.

Danach erscheint William in der Hüttenöffnung, das Piratentuch bereits um den Kopf geschlungen. Er sieht mit dem Blick eines verschlafenen Habichts herüber und schnuppert.

«William, wie wird das Wetter?»

«Bis zum Plateau Regen, dann Wolken ohne Ränder.»

«Du meinst Nebel?»

«Ja, ukunga, Wolken ohne Ränder!»

Er ist offensichtlich verwundert darüber, dass es Menschen gibt, die sehen und riechen können und dennoch nicht wissen, wie das Wetter wird.

Ich frühstücke trotzig und unmäßig. Als wir losmarschieren, sind die Amerikaner längst unterwegs, nur der Italiener kauert noch mit einem Teller Maisbrei in den zitternden Händen unter seinem Vorzelt.

Hinter dem Camp durchqueren wir einen Talkessel, dann folgt ein langer Aufstieg durch den Baumheidewald. Der Regen fällt wiederum brausend. Im Unterschied zu gestern rutschen wir heute in schwarzem statt in rotbraunem Schlamm umher. Nur ungefähr acht Kilometer Weg sind es bis Shira Camp und etwa 850 Höhenmeter, aber dergleichen sagt überhaupt nichts: Unter entsprechenden Bedingungen kann man den Abschnitt ohne große Mühen in knapp fünf Stunden gehen. Heute werden es wahrscheinlich sieben. Ein hübsches Stück davon führt auf einem recht steilen, steinigen Grat – später an einer Steilkante – entlang, auf dem es für nicht ganz schwindelfreie Bergwanderer vorteilhaft sein mag, wenn Nebel oder Regen die Sicht nach unten verwehren. Das tun sie heute.

Grenzland zum Reich der Winde: keine geduldigen Bäume, keine Blätter mehr, nur die schuppigen, bald flechtenbehangenen Zweige niedriger Baumheidebüsche. Weiter oben, wo der Fels weniger steil abfällt, liegen bizarr geformte schwarze Lavablöcke herum, dazwischen wachsen Riesensenecien und die ersten Strohblumenpolster: zunächst niedrigwüchsige in dunklem Rosa, dann langstielige weiße. Dazwischen Fackellilien und blutrote Gladiolen. Die Lavablöcke sind Vorboten des Plateaurandes, abgebrochen und heruntergestürzt von den Stirnen gewaltiger Lavaströme, mit denen der Kibo die Hochfläche über uns vor langer Zeit überflutete. Er hat dabei auch Teile des damals längst erloschenen Shiras mit flüssigem Gestein überschwemmt, eingeebnet und das Plateau gebildet, zu dem wir hinaufsteigen. Die Entstehungsgeschichte des Shiraplateaus gleicht also jener der Sattellandschaft zwischen Kibo und Mawenzi, an deren Bildung allerdings beide Vulkane beteiligt waren.

Allmählich wird der Untergrund felsiger. Grasbüschel und Strauchwerk bedecken hin und wieder das Gestein, die Baumheide wächst nur noch vereinzelt. Das bringt Erleichterung, die Schritte greifen sicherer. Dennoch schwitze ich trotz des kalten Regens und atme keuchend, muss Willenskraft aufwenden, um nicht in blindes Dahintrotten zu verfallen. Eine Weile regt die Aussicht auf den bevorstehenden Rasttag im Shira Camp die Gedanken an, dann bringen umherhuschende Streifenmäuse etwas Abwechselung in das einförmige Bild. Und bisweilen fordert auch der Weg – mitunter ein schmaler Steig, auf dem man ohne Hilfe der Hände nicht vorankommt – alle Achtsamkeit.

Nach Stunden eine graue, steil aufragende Geländestufe aus Basaltgestein: der Plateaurand. Vor einigen Tagen, als wir das Camp am Lager Stream verließen, sind wir wenige Kilometer ostwärts über dieselbe Stufe hinabgestiegen und sahen einen überraschenden Wechsel des Bewuchses. Euryops und andere Stauden, angepasst an den trockenen Schotterboden der Hochebene, verschwanden plötzlich, ihren Platz nahm die Baumheide ein. Hier wird es nun umgekehrt sein, aber nachdem wir die Wand hinaufgeklettert sind, erwartet uns zunächst ein schöner Rastplatz, auf dem die Amerikaner lagern: Picnic Rock. Der Regen ist, wie vorausgesagt, unter uns zurückgeblieben. «Wolken ohne Ränder» hüllen das Shiraplateau ein.

Ich sage Nelson, dass wir nicht wortlos an den Leuten vorbeigehen wollen, aber nicht in ihrer Nähe rasten werden. Wie dann zu sehen ist, hat sich die Gruppe in zwei erheblich voneinander entfernt lagernde Einheiten geteilt. Offenbar wirken der Streit um Davids Unentbehrlichkeit, die Suche nach jemandem, der diese Wettermisere verschuldete, noch nachhaltig. Also grüßen wir beide Parteien, reden ein paar Belanglosigkeiten daher und verschwinden eilig.

Trotz der Kurzatmigkeit wird der Marsch nun weniger beschwerlich. Das Gelände verläuft nahezu eben, wird nur von Senken und Bachläu-

Nebelstimmung, vom Wind zerzauste Baumheide, Riesensenecie und Strohblumenbüsche an der Machameroute, um 3500 m.

fen unterbrochen. Die Baumheide hat auch diese Höhenstufe besiedelt, wächst jedoch strauchartig und vereinzelt. Ihre Zweige sind vom Frost ausgekahlt und mit langen Bartflechten behangen. Zuweilen erheben die Säulen von Riesensenecien sich an den Bächen und gleichen dunklen, im Nebel lauernden Gestalten in Lumpenkleidern, bis man befreit ihre grotesken Kohlköpfe erkennt. Ansonsten Moos, Gräser, pergamentartige Strohblumen in verblichenen Tönungen. Obschon sie nicht so wasserreich ist, erinnert die Landschaft mit Anblick, Geruch und Stimmung an Moorgegenden. Hier mögen die verschlagenen Geister hausen, von denen mir Joseph Matoli erzählt hat: die Aufhucker, die dem Wanderer auf den Rücken springen, ihn hetzen, bis er zusammenbricht, die bösen Zwergenzauberer, die runzlig wie Warzenschweine sind und den Menschen auflauern, sie totprügeln und auffressen.

Während wir rasten, gehen die beiden amerikanischen Gruppen stumm und mit gehörigem Abstand zueinander vorbei. Nelson grinst und beschreibt mir dann den Ausblick auf den Südteil der Shirakette, der sich bei klarem Wetter von hier aus darbieten würde. «Dort drüben liegt Shira Cathedral, dort Platz Cone. Nein, Platz Cone kann man erst nach der nächsten Wegbiegung sehen, aber das ist auch ziemlich egal. Du bist ja nur wegen des schönen Wetters und wegen der Zwerge gekommen.» Richtig, so wird es wohl sein. Und es erscheint mir durchaus sinnvoll, wenn man sich – noch etwas unerfahren auf dem weiten Feld der Menschenliebe – zunächst einmal auf Zwerge beschränkt. Wie so oft hat auch das mit einem Buch begonnen. Zwerge lassen mich nicht mehr los, seit ich «Ota Benga: The Pigmy in the Zoo» von Phillip Bradford und Harvey Blume las. Darin wird das Schicksal eines kleinwüchsigen Mannes geschildert, eines Pygmäen aus dem Kongo. Er hieß Ota Benga und hatte das Unglück, in einen Kulturkreis zu geraten, dessen Mitglieder sich jenem der Pygmäen sehr überlegen fühlen.

Der kleine Mann war auf der Jagd, als Kolonialsoldaten das Lager seiner Sippe überfielen und die Bewohner ermordeten – darunter Ota Bengas Frau und Kinder. So blieb er am Leben, geriet jedoch hernach unter die Handelsgüter groß gewachsener Landsleute, die ihn wie ein Äffchen auf dem Markt feilboten. Dort erstand ihn der im Kongogebiet missionierende, forschende und sammelnde Amerikaner Samuel Philips Verner. Ota Benga war für etwas Salz und Tuch im Wert von etwa fünf Dollar zu haben: eine glückliche Fügung für Verner, der nach Afrikanern suchte, die auf der Weltausstellung in Saint Louis zur Schau gestellt werden sollten. Achtzehn Exemplare standen auf seiner Einkaufsliste, aber er brachte zum Schluss nur vier Pygmäen zusammen. Das geschah 1904. Während der Weltausstellung wurde Ota Benga dann gemeinsam mit Angehörigen von nordamerikanischen Indianerstämmen, mit Eskimos, Japanern und anderen präsentiert, zeigte den schaudernden Besuchern lachend seine spitzgefeilten Zähne und bestärkte manchen von ihnen in der Ansicht, mit den Pygmäen sei das lange gesuchte «missing link» der Darwin'schen Evolutionstheorie gefunden.

Vielleicht kam dem einen oder anderen auch der Gedanke, es sei nicht recht, dass man einen Menschensohn und Vater wie Vieh zur Schau stellte.

Als die Ausstellung endete, brachte Verner die Afrikaner zum Kongo zurück. Ota Benga heiratete wieder, doch seine Frau starb an einem Schlangenbiss, und nach den Erlebnissen in Amerika fiel es ihm ohnehin schwer, sich wieder in die früheren Lebensumstände zu finden. Verner nahm ihn deshalb abermals mit und fand eine Heimstatt für ihn: das Primatenhaus im New Yorker Bronx Zoo. An Sonntagen sahen dort nun bis zu vierzigtausend Besucher den gemeinsam mit einem Orang Utan ausgestellten Menschensohn. Ein Schild vor den Gitterstäben verkündete: «Afrikanischer Pygmäe, ‹Ota Benga›. Alter 23 Jahre. Größe 4 Fuß 11 Zoll. Gewicht 103 Pfund. Von Dr. Samuel P. Verner vom Kasaifluss, Kongofreistaat, südliches Zentralafrika, hergebracht...»

Es gehört leider wenig Phantasie dazu, sich vorzustellen, auf welche Weise viele der Zoobesucher Ota Benga begegneten. Er wurde gehänselt, bespuckt, mit Stöcken gestoßen, zum Schaukampf mit dem Orang Utan gehetzt, und einigen besonders geschickten Spaßvögeln gelang es manchmal, ihn mit der Glut einer Zigarre zu versengen. Man hatte schließlich für den Zoobesuch bezahlt und wollte sein Vergnügen haben, und der hilflose, verwirrte kleine Mensch, der wohl begriff, was die heitere Menge von ihm erwartete, fletschte seine spitzgefeilten Zähne und sprang wie ein Affe umher. Bis er eines Tages schwermütig wurde.

Da gab es endlich Proteste. Von der Zooleitung wurden sie mit der Begründung zurückgewiesen, Ota Benga sei glücklich und im besten Raum des Primatenhauses untergebracht. Das war 1906. Ota Bengas Lebensweg führte sodann in ein Waisenhaus für Farbige, später betreute er die Kinder einer afroamerikanischen Gemeinde, war für zehn Dollar im Monat auf einer Farm in Virginia tätig und nahm Arbeit in einer Tabakfabrik an. Er lernte Englisch, ließ sich Kronen auf die gefeilten Zähne setzen, ging zur Schule, wurde Christ und ein guter Baseballspieler, bemühte sich auch in anderer Hinsicht um Anpassung und wurde dennoch als depressiv, feindselig, irrational und verloren wirkend beschrieben. Als er erfuhr, was eine Überfahrt nach Afrika kostete, sah man ihn weinen.

Im März 1916 riss sich Ota Benga die Zahnkronen heraus, ging an einen einsamen Ort und schoss sich mit einem Revolver ins Herz.

Die Geschichte vom Pygmäen im Zoo ist ein Jahrhundert alt, und dergleichen könnte heute wohl nicht mehr geschehen. Denken wir. Nein, man geht mit Zwergen noch ebenso wie damals um: zum Beispiel mit den Hadzabe hier in Tansania, einer kleinwüchsigen, als Jäger und Sammler im Umkreis vom Lake Eyasi lebenden Völkerschaft. Angrenzende Stämme rauben diesen Menschen, für die sie nur Verachtung empfinden, das Land, die Wasserstellen, das Wild und damit die Lebensgrundlagen. Jedermann – vom ehrgeizigen Ethnologen, der sie allein als gewinnbringende Studienobjekte betrachtet, bis hin zum Reiseunternehmer, der Fotosafaris dorthin ausrichtet – sucht sich auf ihre Kosten zu bereichern. Und auch die Folgen der Begegnung sind die gleichen geblieben: Die Bevölkerungsstatistik der tansanischen Regierung gibt an, 1965 hätten über dreißigtausend Hadzabe gelebt, jetzt seien es etwa fünftausend – nach inoffiziellen Behauptungen sind es lediglich noch vierhundert.

Wir starren auf die randlosen Wolken. Der Platzkegel – jetzt, da falsch übersetzt, Cone Place –, den Nelson eben erwähnte, ist vor langer Zeit nach dem aus Karlsruhe stammenden Maler und achtbaren Bergsteiger Ernst Platz benannt worden, der Hans Meyer während dessen vierter und letzter Reise zum Kilimandscharo begleitete. Platz stieg im August 1898 gemeinsam mit Meyer zum Ostrand des Kibokraters hinauf und war somit nach Meyer und Ludwig Purtscheller der dritte Mensch, vor dem sich dort die Erde auftat. Eine überaus bewundernswerte Leistung, weil der Maler sehr unter der Malaria litt. Die damals Sumpffieber genannte Erkrankung wird er sich auf dem Weg von der Küste her zugezogen haben. Denn im Gebirge, etwa von der Höhe von

So etwa sah Ernst Platz von seinem Krankenlager her die Überreste des Shiravulkanes.

Marangu aufwärts, kommen Anophelesmücken, die Überträger des Übels, nicht mehr vor. Eine seiner vielen schönen Illustrationen für Meyers Standardwerk «Der Kilimandjaro» zeigt Platz, wie er, auf einem Klapphocker sitzend, die Eisbildungen im Krater skizziert. Wer dort oben war, kann ganz gut ermessen, welch eiserner Wille den Mann dabei getrieben hat: von Kälte und Fieber geschüttelt, vom langen Aufstieg geschwächt, mit zitternder Hand zeichnend. Es kam aber noch ärger. Während der anschließenden Umgehung der nördlichen Kibohänge musste Platz bereits getragen werden, auf dem Shiraplateau war er schließlich dem Tod sehr nahe. Dort lag er, blaugrau verfärbt, nach Atem ringend und vom Fieberwahn geplagt, mehrere Tage in der Galumahöhle. In klaren Augenblicken konnte er auf die von vulkanischem Feuer verbrannte, kegelförmige Erhebung herabsehen, die Meyer soeben nach ihm benannt hatte. Woran denkt man wohl, wenn man solcherart sein Denkmal, seinen Grabstein erblickt, während draußen der Tod umherschleicht?

Mir kommt in den Sinn, dass jemand auch in unseren Tagen sehr gesund und trainiert sein sollte, wenn er diese Gegend aufsucht. An der Maranguroute stehen immerhin auf Räder montierte Tragen bereit, mit denen Erkrankte oder Verletzte talwärts gebracht werden können. Zweifellos ist die Fahrt darauf eine grausige Tortur, aber die Gefährte gestatten wenigstens noch eingeschränkte Hoffnungen. Zudem verfügen alle Hütten auf jener Route über Sprechfunkverbindungen, die in Notfällen eine ärztliche Beratung ermöglichen. Abseits davon, auf allen anderen Wegen, sind jenseits der Forstwege menschliche Rücken die einzigen Transportmittel. Es gäbe oberhalb vom Waldgürtel nicht einmal ein paar Äste, um eine Schienung oder gar eine Trage anzufertigen, es gibt von den zahlreichen «Funklöchern» am Berg her zumeist keinerlei Nachrichtenverbindungen, denn nur sehr wenige Bergführer sind mit Satellitentelefonen ausgerüstet, und niemand sollte auf den geisterhaften Hubschrauber hoffen, der nur im Dunst der Gerüchteküchen umherfliegt.

«Hast du schon einmal von einem Rettungshubschrauber gehört?», frage ich Nelson und schenke ihm damit einen Moment höchsten Vergnügens.

Man sieht, wie sich das Gelächter wie eine Blase in seinem Bauch formt, glucksend aufsteigt und dann hervorbricht. Lachen ist hier keine Sache von Schall und Grimassen allein. Der ganze Körper beteiligt sich daran. Vermutlich wird meine Frage noch am abendlichen Lagerfeuer für Fröhlichkeit sorgen. Wenn Jackson davon hört, wird er, hoho, den anderen vorspielen, wie ich mit hoffend himmelwärts gerichtetem Blick herumtapse, entmutigt und verrostet.

Allerdings finde ich es gar nicht erheiternd, dass eine Parkverwaltung, die jährlich viele Millionen Dollar einnimmt, erst 2006 die Parkgebühren verdoppelt hat und von jedem Bergwanderer 20 Dollar Rettungsgebühren verlangt, bis auf den leeren Hubschrauberlandeplatz Morum Barrier an der Shiraroute, zu kurze «emergency roads» und ein paar Rolltragen keine Vorkehrungen zur Rettung am Berg trifft. Betroffen davon sind ja nicht allein Bergtouristen, sondern immer häufiger auch ihre einheimischen Träger, die selbst Opfer der Höhe werden oder zumindest für die Sparsamkeit der Parkverwaltung büßen müssen.

Zum Beispiel gibt es die Geschichte des Amerikaners Greg Wesson, der im Januar 2005 auf der Naremoru-Route – auch Nalemoru-, Rongai- oder gar Loitokitok-Route genannt, obwohl das nur zum Teil gleichzusetzen ist – unterwegs war. Am Morgen des vierten Tages, beim Aufenthalt am 4330 Meter hoch gelegenen Bergsee Mawenzi Tarn, konnte es keinen Zweifel mehr geben, dass Wesson an einem Lungenödem litt: Er war hinfällig, blau verfärbt, hustete, sein Atem ging rasselnd. Es wurde beschlossen, ihn zur Horombohütte zu bringen, weil dort Rolltragen aufbewahrt werden. Nun liegt Mawenzi Tarn in einem tiefen Talkessel, den man auf dem Weg nach Horombo erst einmal aufsteigend verlassen muss. Die Arme um die Schultern von zwei Trägern gelegt, meist mehr gezogen als getragen, ist Wesson das in stundenlangen Mühen auch gelungen. Während der ganzen Zeit wurde er von Husten geschüttelt und erbrach immer wieder eine rotbraune, aus seiner Lunge aufsteigende Flüssigkeit. Fraglos war er dem Tod nahe, aber er hat sich nicht damit aufgehalten, als er sein Erlebnis erzählte, sondern war voller Bewunderung für die Männer, die ihn da um den halben Mawenzi herum schleiften.

Am Nachmittag, sieben Stunden nach dem Aufbruch, erreichte die Gruppe Horombo Hut und erfuhr dort von einem Mitglied des Rettungsteams, dass keine Rolltrage vorhanden wäre. Vermutlich war das Gerät zuvor benötigt worden, denn man sieht sonst immer dergleichen unter einer der Hütten herumliegen. Weil es Greg Wesson sehr schlecht ging, wurde versucht, ihn so auf den Schultern zu tragen, wie das bisweilen mit kleinen Kindern bei einer Straßenparade getan wird. Aber Wesson wiegt zwei Zentner. Also schleppte man ihn weiter den Berg hinab und begegnete eine Stunde später Leuten vom Rescue Team, die eine Rolltrage heraufbrachten. Sie erwies sich allerdings als zu knapp geschnitten, die Gurte passten nicht, sodass Wessons Arme an den Seiten herabbaumelten. Und weil das einrädrige Gefährt, das von vier Männern geschoben und gehalten werden musste, keine Stossdämpfer hatte, wurde Wesson nun auch noch von heftigen Kopf- und Gliederschmerzen geplagt. Am Abend gegen 19 Uhr, mehr als zehn Stunden nach dem Aufbruch, sprang dann das Rad aus der Führung. Der Schaden wurde, da kein Werkzeug vorhanden war, notdürftig mit Steinschlägen behoben, und das Rad ist später tatsächlich nur noch bei zwei Gelegenheiten verloren worden, bei denen Wesson freilich sehr unsanft auf den felsigen Boden fiel.

Um 23 Uhr, das Rad war inzwischen verbogen und fast unbrauchbar, nahm ein Auto den Todkranken auf. Der Fahrer brachte nun erst einmal die beteiligten Rescue Rangers und Träger nach Hause. Greg Wesson, inzwischen wieder fähig, sich zu bewegen, konnte das Auto aus eigener Kraft verlassen, als es in der ersten Stunde des neuen Tages endlich vor dem Hospital stand.

Ein Arzt stellte die erwartete Diagnose – Lungenödem –, verabreichte eine Injektion und verschrieb dem Patienten ein Rezept. In der Höhe von Marangu bestand ja nun keine allzu große Gefahr mehr. Trotzdem ist der Wutanfall verständlich, den Wesson bekam, als der Fahrer ihm während der Fahrt zum Hotel eine Hyäne im Scheinwerferlicht zeigte. Wer hätte da auch nicht an die vor dem Zelt wimmernde Hyäne aus der Schlussszene von Hemingways «Schnee auf dem Kilimandscharo» gedacht?

Greg Wesson hat seine Geschichte bescheiden, mit bemerkenswertem Galgenhumor und ständigen Hinweisen auf die fürsorglichen Mühen seiner Retter erzählt. Und man sollte eigentlich annehmen, dass die Parkverwaltung irgendwelche Lehren daraus gezogen hätte, zumal der Januar des folgenden Jahres dann ein wirklich schreckliches Unglück brachte.

Am 4. Januar 2006 sind zwei Frauen und ein Mann einer amerikanischen Bergsteigergruppe beim Aufstieg in der Western Breach von einem Felsrutsch getötet worden. Eine weitere Bergsteigerin und mehrere Träger – über ihre Anzahl sind die Pressemitteilungen uneins – wurden schwer verletzt. Die Tragödie ereignete sich in der Nähe des Arrow-Gletschers, wo es seit langem zwischen 5220 und 5310 Metern eine von Steinschlägen besonders gefährdete Zone gibt. So wurde auch die Berghütte am Arrow Glacier bereits vor mehreren Jahrzehnten von herabstürzendem Gestein zerstört. Seither sind viele Diskussionen über eine gänzliche Schließung der Route, Sprengungen, Ausweichrouten und anderes mehr geführt worden. Von der Anschaffung eines Rettungshubschraubers war jedoch nichts zu hören, obwohl das Geschehen nach dem Unglück wiederum erwies, wie hilfreich das sein könnte. Zunächst einmal blieb die Western Breach nun gesperrt. In Afrika verfahren Vorgesetzte nach solchen Ereignissen immer nach demselben Muster: Einheimische Beteiligte, ob schuldig oder nicht, werden allesamt bestraft, denn das täuscht Tatkraft vor und lässt viele Wege offen. Entschieden wird nichts, denn eines Tages kommt ganz gewiss jemand, der für eine Entscheidung Geld anbietet.

Es gibt einen erzählenswerten Nachtrag zu dieser traurigen Geschichte. Jessica Post, eine junge Amerikanerin, die gemeinsam mit ihrem Vater an dem verhängnisvollen Aufstieg teilgenommen hatte und damals schwer verletzt wurde, kehrte, wiederum von ihrem Vater begleitet, im Januar 2007 zum Kibo zurück. Dabei ging es den Posts nicht darum, ein Trauma zu überwinden. Sie wollten ein Zeichen setzen und verlangten, von denselben Führern und Trägern begleitet zu werden, die während des Unglücks bei ihnen waren: insbesondere vom Chief Guide Sharif Bakari, der Jessica Post, deren Oberschenkel zerschmettert worden war, heruntergetragen hatte. Bakari blieb seither ohne Anstellung. Mit ihm erreichten die Posts nun auf der Maranguroute den Kibogipfel und nutzten die Aufmerksamkeit der Presse, um ihre Zuneigung zu jenen Menschen zu bekunden, deren Tätigkeit anderen ein bewegendes Erlebnis ermöglicht.

Trotz solcher Gefahren wandern wir hier unbestritten in einer der angenehmsten Gegenden Afrikas: kühles Hochland mit reinem Wasser. Darunter geht es beschwerlicher zu, stechen Insekten in die von klebrigem Schweiß aufgequollene, von Pilzen zerfressene Haut und übertragen alle Fieber des Kontinents, schlüpfen die widerlichsten Parasiten in die Körperöffnungen. Und trübes, stinkendes Wasser, schmierige Früchte, von Würmern befallenes Fleisch bewirken, dass es einem fast die Därme zerreißt und tagelang glühend heißer Kotbrei aus dem After spritzt. Kein Europäer kann diesen Erdteil längere Zeit ohne solche Erfahrungen bereisen.

Einige Spalten in der Geländestufe, an der wir nach der Rast entlanggehen, sind mit Obsidian gefüllt: mit dem pechfarbenen, glasähnlichen Gestein, das in Vulkanen entsteht. Wie es die Schaber, Klingen und anderen Werkzeuge aus Obsidian zeigen, die von Archäologen an den Gebirgshängen gefunden wurden, spielte das vulkanische Glas im Leben der ursprünglichen Bevölkerung einmal jene Rolle, die anderenorts dem Feuerstein zukam. Und schon bald darauf gehen wir durch ein breites, mit Obsidianknollen übersätes Bachbett. Rabenschwarz von der Nässe, rundgeschliffen und melonengroß liegen die Knollen weithin herum. Oben auf dem Kibo, hatte Joseph mir erzählt, legen die Wakonyingo Fleischstücke aus, als Opfergaben für ihre Ahnen. Rollen solche Stücke einmal den Berg hinunter, dann verwandeln sie sich in Raben. Die Legende könnte hier entstanden sein.

Fern zur Rechten liegt eine Felsgruppe, die aussieht, als ob Gletscher daran entlanggeschrammt wären. Auch sie verschwindet sogleich wieder hinter schweren Nebelschleppen. Dann liegt vor uns eine windige, flache Landschaft mit Schutt und grobem Kies, mit von Flechten rot und schwarz gefleckten Geröllbrocken und geduckten, gelblichweiß blühenden Stauden: New Shira Camp, 3845 Meter, ein wenig mehr als Großglocknerhöhe.

Mein Zelt ist schon aufgestellt, die Träger haben in einer großen, muschelförmigen Höhle ein Feuer entfacht. Ich erkenne die Höhle sofort, blättere aber dennoch in Hans Meyers Bericht, bis ich eine Fotografie davon und die entsprechende Textstelle finde: «Wir sind hier 3643 Meter hoch, aber trotz der Lage auf freier, kalter, windiger Ebene ganz gut geschützt in der vom Kibo abgewendeten Höhle. Da wir noch ein paar Säcke Reis und drei Ziegen haben, lässt es sich hier für 3–4 Tage sehr wohl aushalten. ‹Nyumba ya Galuma› (Haus des Galuma) nennen die Wadschagga die Höhle, angeblich nach dem früheren Kiboscho-Häuptling Galuma, der einmal hierher geflüchtet sein soll. Nach ihr benenne ich das von Hügelzügen flankierte Hochplateau, auf dem die Höhle liegt, das Galumaplateau.»

Der Name für die Hochfläche wurde – zu Meyers Verdruss – nie gebräuchlich. Andere hatten bereits die treffendere Bezeichnung Shiraplateau eingeführt. Dahinter steckte mehr: Hans Meyer sah hier eine jüngere vulkanische Aufschüttung, von der Georg Volkens jedoch bereits vermutet hatte, unter ihr liege das alte Eruptionszentrum des Shiravulkans begraben. Und Volkens sollte recht behalten. Korrigiert werden musste – wie alle aus jener Zeit – auch die Höhenangabe. Es gab zudem noch einen weiteren Widerspruch: Meyers Galumahöhle ist nicht jene, in der Carl Lent, Kurt Johannes und Volkens sich nach ihrer teilweisen Kiboumgehung im März 1894 einem bescheidenen Kognakpunschgelage hingaben und von der Volkens schrieb: «Noch ein paar das Schenkamt versehende übermütige Dirnen, und ein Räuberlager, wie es unsere Schauerromane schildern, wäre fertig gewesen.» Ihre Führer, die den Unterschlupf ebenfalls Nyumba ya Galuma nannten, mögen sich geirrt haben. Denn Volkens erwähnte, die Höhle habe in einer zwanzig Meter hohen Felswand gelegen und der benachbarte Meruberg sei von dorther nicht sichtbar gewesen: eine Beschreibung, die mit den Gegebenheiten hier unvereinbar ist.

Wie es auch sei, die Höhle, in der jetzt unser Lagerfeuer flackert, ist jener Ort, von dem der todkranke Ernst Platz auf das Trümmerstück des Shiravulkans blickte, das seinen Namen bewahren sollte und an dem Hans Meyer darüber nachsann, welche geologischen Ansichten seiner Vorgänger wohl angreifbar seien.

Darauf hoffend, dass der Nebel aufreißt, schlendere ich später den Weg zurück, um die von Gletschern gehobene Felsgruppe zu besehen, die mir zuvor aufgefallen war. Sie bleibt unauffindbar. Ich irre geraume Zeit umher, suche dann in der dummen Hoffnung, daran vielleicht Bearbeitungsspuren zu finden, nach den Obsidianknollen. Das Vorhaben ist schon deshalb blödsinnig, weil die Knollen in dieser Höhe bestenfalls für den Transport gespalten wurden, vor allem aber darum, weil meine Lesebrille im Zelt liegt. Ich könnte ohne sie zwar, wenn der Nebel nicht wäre, von hier aus mühelos jedes Straßenschild dort unten in Moshi lesen, aber doch kaum eine bearbeitete Knolle erkennen.

Während ich mir das in einem erregt geführten Monolog vorhalte – es ist schon etwas peinlich, dabei von jemandem überrascht zu werden –, steht plötzlich eine der Amerikanerinnen auf dem Weg und spricht mich an. Es geht um das übliche Woher und Wohin.

«Wir gehen bis Barafu Hut und dann auf den Mawenzi», antworte ich.

«Oh, unmöglich. Den Mawenzi kannst du solo nicht machen! Komm doch nach dem Abendessen mal zu uns, um mit den Männern zu sprechen. Zwei davon kennen sich hier aus.»

«Sind das die beiden mit den Eispickeln?»

«Ja. Sie wollen auf den Rebmanngletscher. Komm nur. Wir haben auch noch ein paar Flaschen mexikanisches Bier.»

«Mexikanisches Bier?»

«In Nairobi gekauft.»

Beeindruckend. Der Rebmanngletscher ist freilich nicht gerade das, was man als «formidable climb» bezeichnen könnte – vielleicht zweiter Grad, mit Steigeisen müheloser zu gehen als die Normalroute daneben. Gut für Angeberfotos. Wer weiß, was für einen Unsinn ich mir erst anhören muss, wenn die Kerle sich mit ihrem mexikanischen Bier vollgepumpt haben.

«Danke für die Einladung, Sandra. Ich bin einfach zu müde.»

Sie bläst eine Strähne scheckig-blond gefärbter Haare aus dem Gesicht und sieht enttäuscht an mir vorbei. Aber von dorther wird wohl niemand mehr kommen. Vermutlich sucht ihre Gruppe nach einem geduldigen Zuhörer, dem sie erzählen kann, wie niederträchtig sich die abtrünnigen Weggefährten verhalten. Der italienische Teleskopstockathlet, auf den sie hoffen mag, ist noch nicht erschienen.

«Ich war schon einmal hier», sagt sie dann. «Da sind wir auf der Umbweroute gekommen. Sehr, sehr steil. Die ganze Zeit hatten wir Sonnenschein, aber am Kraterrand dicken Nebel. Und diesmal nun das: nur Regen und Nebel und nichts als Streiterei. Weißt du vielleicht, wie das Wetter wird?»

«Keine Ahnung. Ich bin zwar ein belesener Mensch, aber hundert Jahre zu spät gekommen. Wenn noch etwas von dem zutrifft, was damals geschrieben wurde, dann ist das Barrancotal eine Wetterscheide. Jedenfalls gehe ich morgen weiter. Obwohl ich eigentlich einen Tag hier bleiben wollte, weil dort drüben die schönste Landschaft des ganzen Gebirges liegt!»

«Das wollten wir auch.»

«Ihr seid doch vom Denali her sicherlich viel Schlimmeres gewöhnt.»

«Von wo?»

«Vom Mount McKinley.»

«Ach ja, Denali. Da war es zwar wirklich schrecklich kalt, aber wir hatten immer klares Wetter. Auch letztes Jahr, auf dem Elbrus.»

Der Denali oder McKinley ist der höchste Berg Nordamerikas, der Elbrus der höchste Europas, und jetzt stehen wir fast auf dem Dach Afrikas. Also vermute ich:

«Ihr wollt wohl so weitermachen, die Seven Summits besteigen?»

«Klar, zumindest so lange, wie man das bezahlen kann. Nächstes Jahr wird es leicht, dann ist der Kosciusko dran.»

«Hm. Der zählt aber nicht. Da müsst ihr nach Neuguinea. Gute Nacht!»

Beim Abendessen hüpfen Steinschmätzer um mich herum: possierliche Gesellen, die aufgeplusterten Sperlingen gleichen. Das Essen ist wieder versalzen, selbst die hungrigen Steinschmätzer fressen nicht alles davon. Als Jackson das Geschirr holt, brumme ich ihm zu, sie sollten auf Trinkgelder nicht mehr hoffen, weil ich all mein Geld nach der versalzenen Kost versaufen werde. Er merkt, dass ich diesmal nicht spaße, und erzählt wohl sogleich Nelson davon, denn der kommt besorgt herüber. Die Leute, sagt er, tragen schwer und schwitzen stark, sie brauchen jetzt viel Salz. Gut, das sehe ich ein. Aber William kann mir doch die erste Kelle von jeder Mahlzeit geben und dann meinetwegen einen Sack Salz in den Topf schütten. Das nun sieht er ein.

Die passende Bettlektüre zum Ende eines miesen Tages: «Der Gebrauch der Präfixe im Swahili». Ich verstehe gar nichts davon und gehe Hilfe suchend zur Höhle hinüber.

Ein schönes Bild: die schwarzen Silhouetten der um das Feuer kauernden Männer, der Fels dahinter rot vom Tuffstein und vom Widerschein der Flammen. Ich brauche nur wenige Sätze aus dem Wörterbuch vorzulesen, um Heiterkeit zu erregen. Weil ich dann jedoch auch Ratschläge bekomme, geht das so eine Weile so weiter, bis, vom Gelächter angelockt, Sandra und ihre Begleiter erscheinen: in den Händen Flaschen mit einer gelben Flüssigkeit, die wie Limonade oder wie etwas viel Schlimmeres aussieht. Da mache ich mich rasch davon.

Eine Weile sehe ich noch auf den verknäulten Nebel im Zeltausschnitt. Die Leinwand flattert matt. Steinschmätzer sehen hoffend herein, bis ich den Reißverschluss schließe. Hinter mir wird laut gesprochen, und ich höre etwas, was mich betrifft und mir gar nicht gefällt. Das soll nun der Himmel sein?

KAPITEL 10

DER SOMMER EINER HASELMAUS

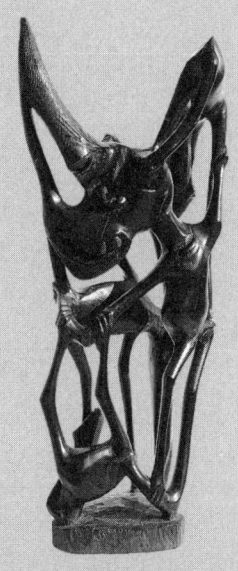

Draußen stellt Jackson wie an jedem Morgen das Schüsselchen mit warmem Wasser vor mein Zelt. Wie viele Afrikaner es können, sieht er durch das bisschen Leinwand hindurch und weiß, dass ich wach bin. Als ich den Reißverschluss öffne, weht der bittere Geruch der Heide herein. Wind wühlt in den Büschen, kehrt die silbrigen Unterseiten der Blätter nach oben. In der Nacht habe ich von diesem Landstrich geträumt. Krächzende Flugechsen mit faltigen Kehlsäcken und krallenbewehrten Pergamentflügeln schwebten darüber. Noch beim Erwachen funkelten ihre bösen Augen im Zeltdunkel. Man schläft hier schlecht. Das Herz schlägt hoch im Hals, manchmal beginnt der Puls ohne ersichtlichen Grund zu rasen.

Zwischen unserem Biwak und dem Shirakamm liegen Wolken wie ein gefrorenes Meer. Darauf wandert langsam ein riesiger Schatten über das Land der Chagga: der Schatten des Kibos.

Als ich mich umwende, sind Kibos Gletscher, die Kerbe der Western Breach, selbst die Eiszapfen an der Breach Wall klar zu sehen. Sie scheinen unerreichbar nah. Noch liegt der Berg in bläulichem Halbdunkel, während das Sonnenlicht schon den Bogen des Shirakammes bestrahlt: Wie poliertes Messing glänzen seine Drachenzähne über violetten Schutthalden. Man erkennt auch ohne geologische Vorbildung, dass dies der älteste Gebirgsteil ist. Im Westen schwebt der Merugipfel über den Wolken. Weithin schroffe Grate, bis zur Wolkengrenze begrünt von Baumheidegehölzen. Dazwischen drängen Regenwolken aufwärts. Es wird also nicht viel Zeit zur Betrachtung bleiben.

Schon beim Frühstück ziehen die ersten Nebelknäuel vorbei. Nelson fragt dennoch, ob ich den geplanten Rasttag wirklich aufgebe.

«Natürlich. Ich würde doch sonst nur den ganzen Tag in den Nebel starren. Wie war denn eure mexikanische Bierorgie?»

«Ach was! Es gab für jeden nur einen Schluck.»

Und darauf, mit einem Lächeln:

Der Kibo in der Morgendämmerung, gesehen vom Shira Camp, 3850 m.

«Sandra hat gesagt, ich soll gut auf dich aufpassen, du bist schließlich kein Jüngling mehr. Was sind das eigentlich für Leute?»

«Sehr witzig. Ich habe das übrigens gehört. Noch bin ich nicht so alt,
dass ich über die Schulter blicken muss, wenn ich das Leben sehen will.
Und was deine Zechkumpane für Leute sind, weißt du besser als ich.
Bergtouristen. Sie waren auf dem höchsten Berg Nordamerikas, erinnern sich aber nur mit Mühe an seinen indianischen Namen. Nun sammeln sie weiter Berge, über die sie nichts wissen und die sie deshalb
nichts lehren können. Frag mich lieber, wie ich die Nacht verbracht
habe. Etwas seelischer Beistand wäre willkommen.»

«Ich habe selbst kaum geschlafen, es war verflucht kalt.»

«Säuferschicksal. Komm, wir gehen!»

Ostwärts, in der Zugrichtung der Nebelschwaden, trotten wir über
das Shiraplateau. Den Pfad säumen gelb blühende Stauden, Strohblumen, bisweilen große Schopflobelien und sehr viel Losung: hellgraue
Würstchen, fast gänzlich aus Tierhaaren bestehend und ein falsches
Bild vorgaukelnd. Denn es sieht aus, als ob Zibetkatzen und andere

Räuber – Erlebnisberichte aus dieser Gegend sprechen natürlich besonders gern von Leoparden – hier reichliche Beute finden. Dabei vergisst man, dass der Kot im kalten Höhenklima lange Zeit liegen bleibt, bis er verrottet ist. Das vergessen ja auch die vielen Bergwanderer, die das wahrhaftig scheußlich verschmutzte Toilettenhäuschen am Biwakplatz meiden und sich am Rande erleichtern.

Vielleicht eine halbe Wegstunde, dann folgen ein lang gezogener Rücken und der Beginn der Steinwüste: nach Süden abfallende Mulden, darin eine Million Lavablöcke, geschwärzt von schrumpligen Flechten und behangen mit gelben Ziegenbärten, die ebenfalls Flechten sind. Wo der Wind die Erde am Fuß der Blöcke weggetragen hat, wird sichtbar, dass das Gestein eigentlich grau ist.

Als ich mit Tomasi Mtui die Western Breach hinabkam, sind wir irgendwo dort vorn nach Südwesten abgebogen. Was für ein Tag! Verse aus einer Novelle von Storm fallen mir ein: «Er wäre fast verirret / Und wusste nicht hinaus; / Da stand das Kind am Wege / Und winkte ihm nach Haus!» Dann werde ich die Verse nicht mehr los, sie dröhnen in meinem Kopf. «Er wäre fast verirret ...»

Zehn Kilometer noch bis Barranco Hut. Die Höhenunterschiede in diesem Abschnitt sind gering, und wir werden am Ende nur etwas mehr als 100 Höhenmeter gewinnen. Als Storms Verse verklingen und die Gedanken sich wieder dem Weg zuwenden, vermisse ich meine Armbanduhr. Sie blieb in einer Zelttasche zurück. Weil aber Jackson stets sorgfältig den Reif aus dem Zeltinneren schüttelt, liegt sie nun wahrscheinlich auf dem Shiraplateau. Oder in Jacksons Hosentasche.

«Sie sind ganz zutraulich, ich gebe ihnen Namen!», ruft mir Sandra zu, die mit ihren Begleitern neben dem Pfad rastet. Fast ein Dutzend Steinschmätzer hüpfen um sie herum.

«Nenn den ältesten Paul!», fauche ich gehässig.

Nelson lacht, und wir ziehen vorbei.

Bröckelnde Felsstümpfe in Schutthügeln, Male der Vergänglichkeit, überwuchert von roten Flechten. Alles, was man über das Leben wissen

In der Steinwüste zwischen Shira Camp und Barranco Hut, um 4450 m.

sollte, hier kann man es jeden Tag erkennen und erfahren. Manchmal reißt der Dunst vor uns auf, dann sehen wir einen dunkelblauen Himmel, strahlendes Gletschereis, einen Teil der Western Breach oder sogar die drei Gipfel der Lentgruppe über den nördlichen Kibohängen.

Dort drüben, auf dem Drygalskigletscher, hat sich 1898 der Askari Munifasi als erster Afrikaner im Eisklettern erprobt. Weil sein Gefährte Ernst Platz damals fiebernd in der Galumahöhle lag, suchte Hans Meyer einen Freiwilligen, der bereit war, ihm auf den Kibo zu folgen. Schließlich meldete sich der Schutztruppensoldat, Wegführer und bewunderte Kürbisgitarrenspieler Munifasi. Allerdings mit der Einschränkung, er würde niemals Eis betreten. Anfangs skeptisch, berichtete Meyer bald achtungsvoll von den Fortschritten seines Begleiters: «Zum Schutz gegen Eis, Wind und Frost hatte sich mein schwarzer Kamerad mit Tüchern und anderen Dingen sorglich eingepackt. Wie ein Bergsteiger sah er allerdings nicht gerade aus. An den Füßen trug er über den Wollstrümpfen ein Paar gelbiederne Schnürschuhe, die Beine staken in einem Paar Galahosen der preußischen Gardeartillerie, die ich aus meinem abgelegten Landwehroffiziersstand für den Häuptling Mareale mitgebracht hatte; den Oberkörper schützte eine karierte englische Wolljacke und den Kopf ein alter türkischer Fes, der von einem um die Ohren gebundenen Halstuch festgehalten wurde. Doch ich gewöhnte mich schnell an diesen unfreiwilligen Theatereffekt und nahm den braven Burschen bald ganz ernst, denn er fand sich mit einer Ruhe und Gewandtheit in das nie vorher geübte Felsklettern, wie ich es bei einem Neger nicht für möglich gehalten hätte.»

Mitumba, mitumba, immer wieder mitumba!

Noch verwunderter war Meyer, als Munifasi sich dann auch noch für das Eisklettern begeisterte. Beide sind gemeinsam als erste Menschen auf den von tiefen Spalten zerrissenen Gletscher hinaufgestiegen, den Meyer nach einem seiner Freunde, dem Grönlandreisenden und Glaziologen Erich von Drygalski, benannte. Bei jener Gelegenheit erhielten auch die benachbarten Gletscher ihre Namen, mit denen Meyer den Glazialgeologen Hermann Credner sowie den Gletscherforscher und Geografen Albrecht Penck ehrte.

«Davon habe ich nie gehört», sagt Nelson. «Und die Lentgruppe dahinter, weshalb heißt die so?»

«Carl Lent war ein Geologe, der die deutsche Forschungsstation in Marangu leitete. Er ist 1894 gemeinsam mit dem Ornithologen Kretschmer und sieben Trägern südöstlich vom Mawenzi, in Rombo Kerua, ermordet worden. Die Romboleute haben die Leichen verbrannt, aber man fand später ein paar verkohlte Überreste. Die sind in deinem Dorf bestattet worden. Ich weiß nicht, ob es die Gräber noch gibt.»

«Die Deutschen haben sich bestimmt gerächt!»

«Die Hand voll Deutscher, die damals hier war, hätte gar nichts ausrichten können. Ein deutscher Stabsarzt und drei Dutzend Askari zogen zwar nach Rombo Kerua, hielten sich aber zurück, weil sie sich nicht in die unterirdischen Zufluchten der Romboleute wagten. Vollstreckt wurde die Rache erst von Kriegern aus Moshi und Marangu. Einer deiner Vorfahren wird also dabei gewesen sein. Es gab weit über

hundert Tote. Zudem sind der Häuptling von Rombo und mehrere seiner Gefolgsleute später von den Deutschen gehenkt worden.»
«Schlimme Zeiten. Lass uns jetzt essen!»
Immer endet das so. Im Gegensatz zu meinen intellektuellen Freunden daheim, unter denen eine vereinbarte und festgeschriebene, sehr aufgeregte Entrüstung über die Kolonialzeit vorherrscht, begegnet mir hier stets die Friedfertigkeit so genannter kleiner Leute. Keine Gleichgültigkeit, sondern eine Toleranz, wie man sie sonst zuweilen als Folge umfassenden Wissens findet. Das kann die Ursache jedoch nicht sein. Wenn Nachsicht also auch aus schlichtem Gemüt zu entspringen vermag, warum nehmen dann unsere Einfältigkeiten so verderbliche Wege? Warum sind wir so aggressiv? Einen Teil der Antwort mag der Organisationsgrad einer Gesellschaft bilden. Aber man sollte wohl länger darüber nachdenken, als das in der dünnen Höhenluft möglich ist.

Wir essen gekochte Eier, kalten Braten, Passionsfrüchte. Zur Linken liegt Lava Tower, der orangefarbene Felsdom, höher als das Matterhorn, von dem ich beim Abstieg mit Tomasi Mtui nur den Unterbau sah. Den säuerlichen Brei aus den Früchten saugend, reden wir über das Leben, das wir gewöhnlich führen. Nelson besitzt Land in Marangu, auf dem er Kaffee, Bananen und Gemüse anbaut. Wenn nicht gerade Erntezeit ist, verdingt er sich als Bergführer, und auf das Einkommen aus dieser Tätigkeit könnte er schon seit vielen Jahren nicht mehr verzichten. Gemessen an afrikanischen Verhältnissen ist er ein wohlhabender Mann. Das zeigt sich unter anderem daran, dass er nur drei Kinder hat. In Marangu, wo es genügend Wasser, eine ertragreiche Landwirtschaft und ärztliche Betreuung gibt, sterben selten Kinder. Niemand ist gezwungen, sich mit einer Schar davon zu umgeben, um das eigene Überleben und das seiner Familie zu sichern. Probleme gibt es dennoch genug. Zum Beispiel ist das fruchtbare Land im und um das Dorf längst aufgeteilt, vergeben, durch Erbschaft zerstückelt. Weiden gibt es deshalb gar nicht mehr, das Viehfutter muss von weither herangeschafft werden: zum Teil, wie auch das Brennholz, von den Kilimandscharohängen, obwohl das verboten ist. Das Wasser in den Bewässerungskanälen wird knapp, seit dem ersten Auftreten der Kaffeebeerenkrankheit vor einem Vierteljahrhundert werden teure Pestizide versprüht, darunter DDT. Mit geringem Erfolg – es sind nur die Schmetterlinge verschwunden, und Vieh und Menschen leiden unter rätselhaften Erkrankungen.

Nelson verwendet keine Pestizide. Er ist Mitglied des Genossenschaftsverbandes der Kaffeepflanzer, der seine Erzeugnisse mit dem Hinweis auf einen ökologisch verträglichen Anbau vertreibt. Sein Genossenschaftsverband ist wohl der älteste südlich der Sahara – in den zwanziger Jahren des vergangenen Jahrhunderts mit der Hilfe der Kolonialbehörden gegründet und bis zum Verfall der Kaffeepreise ein Gewinn bringendes Unternehmen mit eigenem Restaurant und Hotel sowie eigenen Hospitälern und Privatschulen für die Kinder der Mitglieder. Angebaut wird Arabica-Kaffee, der in einer Höhe von 1400 bis 2000 Metern hervorragend auf dem vulkanischen Boden und in dem milden, regenreichen Klima gedeiht. Aber inzwischen drängen sich zu viele Anbieter auf dem Weltmarkt.

Ich hatte mir schon während der vorhergehenden Reise zum Kilimandscharo Pflanzungen in Marangu angesehen: Gehöfte und Stallungen standen mittendrin, die Grenzen wurden von Hecken und Bewässerungskanälen bestanden. Sie umschlossen einen Bereich, dessen Bezeichnung Kihamba – das Chaggawort für Garten oder Pflanzung – inzwischen zum Begriff für ein mehrschichtiges Ökosystem wurde. In der Kihamba spenden Mango- und andere Bäume Schatten und schützen den Boden vor Austrocknung. Das darunterliegende Stockwerk bilden oft Bananenstauden, und auch deren Blattwerk vermindert die Sonneneinstrahlung, sodass zwischen oder unter diesen Pflanzen noch Mais, Kaffeesträucher oder Hirse gedeihen. In der bodennahen Zone werden Gemüse wie Kürbisse, Auberginen und Tomaten angebaut, bevor die Kihamba sich unter der Erde mit Bataten, Maniok oder Yams fortsetzt. Wird etwas davon geerntet, bleiben Strünke, Stängel und Blätter auf dem Boden liegen. Zweifellos wäre es in fast allen Landstrichen der Erde lohnend, die Kihambakultur zu übernehmen. Der ökologische Landbau, mit dem wir inzwischen unser schlechtes Gewissen beschwichtigen, vermindert Erträge um ein Drittel. Das ist ein Luxus, der angesichts einer rasch wachsenden Menschheit kaum empfehlenswert erscheint. Kihamba dagegen beschert robuste, vielfältige Erträge von verhältnismäßig kleinen Flächen und das Überleben der Bäume.

Außerdem hält Nelson ein paar Ziegen, die ihm und seiner Frau wenig Mühe bereiten, weil sich ein Lohnhirte darum kümmert. Ohne die Touristen, meint er, wäre alles viel schwerer, es sei ein Segen, wenn man in Marangu zur Welt kommt. Jedenfalls zur Zeit noch – der benachbarte Distrikt Rombo ist bereits so übervölkert, dass zunächst einmal fünftausend Menschen in die Küstenregion umgesiedelt werden sollen.

Ich frage nach dem Schulgeld, dessen Einführung der Internationale Währungsfonds inzwischen erzwungen hat. Die Primary School ist weiterhin kostenlos, die Secondary School kostet 20 Dollar jährlich sowie eine Abgabe von Mais und Bohnen, insgesamt ein Zentner, sofern die Schüler nicht in einem Internat untergebracht sind. Für Nelson ist das erschwinglich, für manchen Bauern sicherlich schon ein Problem.

«Ich finde es so viel schöner. Die Landschaft starrt dich nicht an, als ob sie dich belauern würde», sagt er dann, weil er bemerkt hat, dass ich besorgt auf die Nebelschwaden blicke, die unter uns zu tanzen beginnen. Das ist ein Natureindruck, wie ich ihn von meinem Begleiter nicht erwartet und selbst selten empfunden habe.

«Aber für euch ist das nicht gut. Ihr müsst ja fotografieren», fügt er ganz ohne Bosheit hinzu.

Er hat recht. Wir müssen uns ein Bild von allem machen. Am besten eines, das verkäuflich ist.

Als ich durch den Kamerasucher zum Lava Tower hinübersehe, kriecht Nebel in den Bildausschnitt. Wenn die Landschaft uns wirklich angestarrt haben sollte, dann hat sie jetzt genug gesehen. Sie verbirgt sich nun hinter einer Scheibe aus Milchglas. Einmal noch, als wir ein tief eingeschnittenes Bachbett überschreiten – es ist Bastion's Stream –, gibt der Nebel den Blick auf den dicken Eispanzer frei, unter dem die Quelle aus dem Gestein hervorsprudelt.

Da gehen wir schon auf einem Grat entlang, der zur Linken wahrscheinlich bereits 300 Meter tief zum Barranco Valley abfällt. Das ist eine wahrhaftig nebelhafte Vermutung. Soweit die Sicht reicht, und das sind nur ein Dutzend Meter, säumen Riesensenecien, «Gespensterbäume», wie Vogelscheuchen den Pfad: schwarz und mit menschenähnlichen Konturen. Dazwischen Strohblumen, silbergraues Gesträuch und kahle Kiesflächen mit seltsamen, streifenförmigen Zeichnungen darauf, hervorgerufen durch den Wechsel von Gefrieren und Auftauen. Bisweilen sieht es so aus, als ob jemand die Steinchen nach ihrer Größe sortiert und in Streifen verstreut hätte.

Nieselregen. Um Gleichmut bemüht, ziehe ich mir die Regenjacke über; eine wasserdichte Hose habe ich nicht im Rucksack. Um wenigstens seine Stimmung zu heben, sage ich Nelson, dies sei nun der dritte Tag, für den ich mein Geld von der Parkverwaltung zurückfordern werde. Das tut ihm gut. Und er ruft mir lachend zu, es sei nicht mehr weit. Aber es dauert noch fast eine Stunde, bis nach einem steilen Abstieg vor uns eines der verwitterten Toilettenhäuschen und schließlich auch die grüne Rundhütte aus Aluminiumblech sichtbar wird. BARRANCO HUT steht auf dem Schild daneben. Wir sind in einer Höhe von etwa 3980 Metern. Und nun begreife ich, weshalb die Amerikaner zuvor in schnellem Marsch an uns vorbeidrängten. Ich hätte daran denken müssen, ich wusste doch, dass zwei von ihnen sich hier auskennen. Jetzt haben sie die schöne Höhle im Tal besetzt, in der kleinen Höhle hier oben kauern ihre Träger. Meine Begleiter haben mein Zelt und eines für sich aufgestellt, sind aber nun ohne trockene Feuerstelle.

«Kein Problem», sagt Nelson. «Wir hätten einen Wettlauf machen können, aber ich glaube nicht, dass du darauf stolz gewesen wärest. Pole pole ni mwendo. Langsam geht es am besten. Gekocht wird mit Gas im Zelt, und unsere nassen Sachen trocknen wir in der Hütte.»

Der Kibogipfel über Barranco Valley; die «Hakennase» zur Linken ist Breach Wall, die schwierigste Wand auf dem Kontinent.

Als ich, vor Kälte zitternd, im Zelt sitze, dem trommelnden Regen zuhöre und stumpfsinnig auf den Dampf sehe, der von meiner durchnässten Hose aufsteigt, überkommt mich Niedergeschlagenheit. Ich ziehe den Walkman aus dem Rucksack und finde unter den Kassetten etwas, was zur Stimmung passt. Es ist Bonnie Tylers rauchige Whiskystimme: «... Standing in the cold rain, feeling like a clown...» Und eine in mir hallende Frage will nicht verstummen: Wie dämlich muss man eigentlich sein, um sich solchen Strapazen auszusetzen, eiserner Mann?

Als Jackson mich so nannte, hielt ich das für eine Anerkennung, die mir schmeichelte. Aber Nelson hat es mir später erklärt: Während der Nacht im Machame Camp, als ich am Lagerfeuer saß und Magnesiumtabletten kaute, hatten sie mich beobachtet. Im Schein des Feuers sah mein Gesicht wie rot glühendes Eisen aus. Schwerfällig wie immer, hatte ich Nelson gefragt, woher sie denn den Anblick glühenden Eisens kennen würden, und von der Schmiede in Marangu gehört, in der aus alten Blattfedern «echte Maasaispeere» für die Souvenirläden am Flugplatz geschmiedet werden.

Jackson scharrt an der Leinwand, bringt Tee, Kekse und Popcorn – das Salz dazu auf einem Tellerchen, damit ich den Puffmais nach meinem Geschmack salzen kann. Als er alles hingestellt hat, schiebt er grinsend seinen Ärmel hoch: am Handgelenk meine Uhr. Hoho! Es wären wahrhaftig andere Möglichkeiten denkbar gewesen. Ich schäme mich solcher Gedanken und krame verlegen einige Zigarettenschachteln hervor.

«Nein, Papa, lass das, die wirst du brauchen. Wir sind noch lange unterwegs.»

«Du redest Müll! Ich werde gar nichts mehr brauchen, weil ich nämlich diese idiotische Tour beende, wenn der Regen nicht auf der Stelle aufhört. Bassi, kaputi!»

«Hoho, du nicht, aber einer von den Amerikanern geht morgen hinunter nach Umbwe. Hat immerzu Kopfschmerzen, macht Schluss.»

Schon der Zweite, denn der rasende Italiener ist nie wieder erschienen. Offenbar gehört auch etwas Glück zum Aufstieg. Harald Lange berichtet in seinem Kilimandscharobuch, selbst einer der berühmtesten Bergsteiger der Welt, Leute, die auf dem Everest waren oder zum Beispiel ein wohltrainierter Astronaut hätten am Kibo aufgegeben. Im Gegensatz dazu sieht man immer wieder Leute, die niemals Sport getrieben haben und Gebirge nur aus Bildbänden kennen, ziemlich munter hinaufgehen. Wahrscheinlich reagiert jeder unterschiedlich auf den schnellen Höhengewinn während der ersten Tage.

Eine halbe Stunde später sitzen wir vereint rauchend um das Feuer in der Hütte. Ach, welch ein hervorragendes, stimmungsvolles Reklamefoto für ein Erzeugnis der Firma Benson&Hedges geht da verloren! Die Darsteller sehen freilich etwas banditenhaft aus, und zum Glück bliebe dem Betrachter der von ihnen verströmte Geruch von Rauch, Schweiß und nassen Socken erspart.

Es gibt eine sehr überzeugende Abhandlung des Kilimandscharokenners Fritz Klute aus dem Jahre 1914, in der er nachweist, die Wirkungen von Südostpassat und Antipassat würden hier im Juli keine Niederschläge erlauben. Nun gut, darüber brauche ich in diesem Kreis von begnadeten Wetterschnüfflern keinen Vortrag zu halten. Aber ein wenig Luft möchte ich meinem Ärger darüber, dass die Natur Erkenntnisse der Wissenschaft sowie meine sorgsamen Planungen derart missachtet, schon machen. Die anderen hören sich das höflich an, obwohl es ihnen aus ihrer etwas fatalistisch anmutenden Weltsicht ziemlich albern erscheinen muss. Und selbst mir wird endlich bewusst, dass Zehntausende Menschen in irgendwelchen Flüchtlingslagern ständig so leben müssen: in Zelten, von Schlamm umgeben.

«Haraka haraka haina baraka», murmelt Nelson, ohne den Blick vom Feuer zu lösen. Das Sprichwort kenne ich, es entspricht etwa unserem «Blinder Eifer schadet nur.» Mitfühlend klingt es jedenfalls nicht.

Abends serviert Jackson ndizi: Das heißt schlicht Banane, als Gericht bedeutet es mit Fleisch gekochte grüne Bananen. Ich habe mir ndizi bestellt, werde es aber ganz gewiss niemals wieder tun.

Heute scheint alles missraten. Ich grübele rachsüchtig, wem ich die Schuld dafür geben könnte. Die Auswahl ist leider sehr begrenzt. Und es fällt mir eine Veröffentlichung von Wilhelm Methner ein, während der deutschen Kolonialära Bezirksamtmann in Moshi. Der hatte geschrieben, der Juli gehöre am Kilimandscharo häufig noch der Regenzeit an. Aber ich wollte das nicht wahrhaben, verließ mich auf Fritz Klute, weil ich ungeduldig war. Allein meine Ungeduld und mein Glaube an die Unfehlbarkeit von Experten – dabei hat die Rechtschreibreform gerade gezeigt, wie entsetzlich fehlbar die sind – haben mich in diese Lage gebracht. Der Oktober wäre gut gewesen, natürlich vor allem Januar und Februar, aber dann wimmelt es hier von Rotjacken.

Immerhin, ich habe mich bisher, und das ist wahrhaftig ein Wunder, nicht erkältet. Die einzige Erklärung dafür scheint der Ingwertee zu sein, von dem ich täglich mehr als drei Liter trinke. Er wird aus getrockneter, zerstoßener Ingwerwurzel zubereitet und schmeckt grauenerregend. Aber William schwört darauf, allein zwei Dinge würden sie alle vor Erkältung schützen: tagsüber Ingwertee, nachts das Zeitungspapier aus den Lasten, das sich meine Begleiter zusammengeknüllt unter die Hemden schieben.

Lektüre feuchter Fotokopien im Schein der Taschenlampe: 1912 sind Eduard Oehler und Fritz Klute hier entlanggekommen. Das war jener Eduard Oehler, der sechs Jahre zuvor gemeinsam mit Fritz Jaeger die Machameroute erschlossen hatte, einen erfolglosen Aufstieg zum Kibogipfel über den Penckgletscher unternahm und das Lager einrichtete, nach dessen Überresten ich suchte, als ich am Tag nach der Kiboüberschreitung dem Lagerbach folgte. Oehler kehrte damals für ein halbes Jahr mit dem Geografen Klute zum Kilimandscharo zurück, um das Gebirge fotogrammetrisch aufzumessen, wissenschaftliche Forschungen vorzunehmen und einige recht ehrgeizige bergsteigerische Unternehmungen zu wagen. Nahezu alles davon gelang. So erkundeten die beiden als Erste den Shira. Eigentlich kann man ja in diesem Fall von einem Berg kaum sprechen, weil vom Shira nur ein Teil der Kraterumwallung erhalten blieb. Eine ihrer Zinnen trägt seither den Namen Klute Peak, der höchste Punkt dort ist Johnsell Point mit 3962 Metern. Klute und Oehler stiegen zudem über die Gletscher in Kibos Nordwesten zum Krater hinauf und verspürten dabei – mit Oehlers Worten – einen «Vorgeschmack der Unendlichkeit». Beim Abstieg begingen sie erstmals die Western Breach und umrundeten bei einer anderen Gelegenheit als Erste den Kibo vollständig. Vor allem jedoch gelang ihnen endlich, was Hans Meyer und Ludwig Purtscheller noch versagt geblieben war: Nach mehreren gescheiterten Versuchen standen sie im Juni 1912 auf dem höchsten Mawenzigipfel, dem sie den Namen Hans-Meyer-Spitze gaben.

Das von ihnen am längsten genutzte Basislager lag nicht weit entfernt von jenem, das Jaeger und Oehler 1906 bewohnt hatten, und wiederum am Lagerbach, dem Lager Stream heutiger Landkarten. Es wurde aus Baumheideästen und Grasdeckenstücken an einer Stelle errichtet, von der man einen freien Ausblick auf den Kibo, das Shiraplateau und den Shirakamm gewann. Der heute noch kenntliche Unterschlupf wurde «Haus zum fröhlichen Bergsteiger» genannt. Er verdiente diesen Namen jedoch nicht an jedem Tag. Jaeger und Oehler waren Verwandte, und wenn das während einer Expedition auch nicht immer vorteilhaft ist, so achteten sie einander doch. Mit Fritz Klute hatte der phantasievolle, eigenwillige Oehler nun einen Weggenossen gewählt, dem methodische wissenschaftliche Arbeit mehr bedeutete als ein ungebundenes Abenteuer. Er wurde deshalb in Oehlers Aufzeichnungen oft als «der Doktor» oder «der Generalstabschef» bezeichnet, dessen bisweilen herrische Art Widerspruch herausforderte.

Ein ungeeigneter Partner also für den tatendurstigen Eduard Oehler, der sich auszeichnen, der Geheimnisse entschleiern wollte und zum Beispiel nach der Betrachtung seltsamer Eisbildungen auf dem Penckgletscher glaubte, ein Naturgesetz erkannt zu haben: «Das alles, was gegen ein anderes Mittel vordringt, konvexe Form, und alles, was sich gegenüber einem anderen Mittel zurückzieht, konkave Form annimmt.» Dergleichen ist aber nie als Oehler'sches Gesetz in unsere Schulbücher geraten. Wahrscheinlich hatte Oehler zuvor noch keine Wüste bereist. Dort hätte er sehen können, wie Sicheldünen über ein Felsplateau kriechen: mit konkav geformter Frontseite.

Fritz Klute hingegen war schon derzeit ein hervorragender Geograf, der später geografische Standardwerke herausgab, mehrere ausgedehnte Forschungsreisen unternahm und unter anderem eine Expedition nach Grönland leitete. In den vierziger Jahren seines Jahrhunderts erlag er leider der Versuchung, überdies Ausflüge in die faschistische Rassenkunde zu unternehmen. Kurzum, es mag im «Haus zum fröhlichen Bergsteiger» manchmal ganz ähnlich wie im Lager der Amerikaner zugegangen sein, zumal Oehler nicht vergessen haben dürfte, dass er es war, der die Expedition finanzierte. Er litt schließlich nicht unter Schüchternheit und prügelte sich, nur so zum Beispiel, hin und wieder gern mit den Trägern herum.

Die recht gegensätzlichen Männer sind damals während ihrer Kiboumgehung in das Barrancotal hinabgestiegen, über dem wir jetzt lagern. Barranco, das spanische Wort für Schlucht, ist ein Begriff aus der physischen Geografie und kennzeichnet radial verlaufende Erosionsrisse in Vulkankegeln. Auf dem Boden der Schlucht – sie heißt heute Great Barranco – angekommen, sahen die beiden sich einem Hindernis gegenüber, das ihren Weg nach Osten versperrte: Barranco Wall, eine dort wohl 200 Meter hohe, steile Felswand. Zunächst erschien es nicht allzu schwierig, sie zu überwinden, weil man die vorgelagerte, von Gras und Staudengesträuch bewachsene Schutthalde noch zügig hinaufgehen konnte. Dann aber wurde das Gelände immer steiler. Die letzten vierzig Meter bestanden aus nacktem Fels, der ohne Klettererfahrungen schwierig und mit den Traglasten gar nicht zu überwinden war: «Es waren also ähnliche Verhältnisse», schrieb Eduard Oehler, «wie beim Madschamesteilrand, nur war hier die Randmauer höher und der Abhang darunter steiler. [...] Wir ließen die Träger die Lasten ablegen, vorklettern und sich übereinander aufstellen. Dann wurde eine Traglast nach der anderen hinaufgereicht und über das oberste Stück mit dem Seil hinaufgezogen. Es erforderte drei Viertelstunden, bis wir die Mauer überwunden hatten. Einem Träger wurde dabei von einem fallenden Stein ein Zahn abgebrochen.»

Dort müssen auch wir morgen hinauf.

Ein Wintermorgen in Afrika. Fröstelnd und ärgerlich brummend ziehe ich mich an. Scheußlich, wie lange man allein für das Schnüren der Bergstiefel braucht. Lord Byron hat einmal gesagt, man verbringe fast das ganze Leben damit, sich an- und auszukleiden, Knöpfe zu schließen oder zu öffnen. Der Rest sei nur noch der Sommer einer Haselmaus.

Vergeblich bleiben dann alle Versuche, den Reißverschluss am Vorzelt zu öffnen. So ziehe ich einfach die Erdnägel aus dem gefrorenen Boden, krieche nach draußen und sehe, dass das Zelt von einer dicken, blanken Eisschicht bedeckt wird. Hoch über dem Biwakplatz erhebt sich fahlblau der Kibogipfel: eine hakennasige Sphinx, Eiszapfen um das

Blick auf die Talschultern von Barranco Valley. Die schwarze Wand gegenüber ist Barranco Wall, «Breakfast» liegt jedoch in einem weniger schroffen Abschnitt.

Haupt, kalt und scharf funkelnd wie eine Messerklinge. Wachsam und abweisend.

Mit Stativ und Kamera haste ich den nächsten Abhang hinauf. Breach Wall liegt zur Linken, gerötet von der aufsteigenden Sonne. Geradezu schimmert, noch nachtblau, der Heimgletscher. Im Barrancotal schweben Wolken herauf: wirbelnde Brandung vor schwarzem Fels, auf dessen Graten sich die Silhouetten einsamer Riesensenecien abzeichnen. Allmählich nur leuchten auch dort Rottöne auf. Die Schatten schrumpfen, enthüllen Schutthalden und Moränen unter dem Gipfelkegel, den Abraum von Jahrtausenden. Ich stehe gebannt und starre auf das Farbspiel der Gletscher im wechselnden Licht.

«Du kennst wohl jemanden dort oben?»

Das ist Nelson. Natürlich. Und ich denke unvermittelt, dass wir wohl noch besser zusammenpassen würden, wenn ich etwas größer und hagerer und er ein wenig rundlicher wäre. Wir glichen dann auch äußerlich dem Ritter von der traurigen Gestalt und seinem Knappen. Es ist ja nicht wahr, was die Literaturwissenschaftler behaupten. Jener Roman ist keine Satire, sondern ein heiterer, großherziger Abgesang auf die Absurdität unseres Lebens, auf heroische Narrheit und liebenswerte Unvernunft, geschrieben von einem, der das Leben nun wahrhaftig sattsam kennen gelernt hatte: Ein alter Mann, der viel Zeit mit dem Lesen vertan hat, geht endlich, endlich auf die Suche nach Abenteuern, nach der entschwundenen Zeit, nach dem Sinn seines Daseins, und das kostet ihn ein Ohr – dem armen Vincent ist es ebenso ergangen – und mehrere Zähne und manches sonst, doch nichts von seiner Würde, wenn auch viele meinen, er mache sich lächerlich. Weshalb eigentlich? Der Alte handelt nur so, wie man es von einem Mann wohl erwarten darf: mutig, eigensinnig und ritterlich. Zum Schluss ist er derart gebeutelt worden, dass ihm nur die Flucht in die Vernunft bleibt. Da holt ihn der Tod. Nach all der wunderbaren Narretei gab es ja auch nichts mehr, für das es sich zu leben gelohnt hätte.

«Ich komme, Sancho!»

Während ich esse, gehen ein Träger und einer der Amerikaner an mir vorbei. Er sagt etwas über das Wetter, das nun wohl besser werde, und wendet sich dann mit seinem Begleiter talwärts. Es ist der junge Mann, der nach Umbwe hinuntergeht. Offenbar fühlt er sich beschämt, aber das sollte er nicht tun. Man darf nicht mit schmerzendem Schädel an der düsteren Wand dort drüben herumklettern.

Die Träger nennen die Wand «Breakfast». Das wird ein hübsches Frühstückchen werden: die nackte Felsmauer der letzten vierzig Meter. Als ich sie vorhin betrachtete und mich plötzlich umwandte, habe ich Williams abschätzigen Blick gesehen: Ein Habicht, der weiß, wie ein Huhn von innen aussieht. Ertappt, rückte er verlegen sein Piratenkopftuch zurecht.

Bevor wir aufbrechen, müssen die Amerikaner aus der Wand sein. Weil sie noch immer zerstritten sind und in zwei Gruppen hinaufklettern, haben wir viel Zeit, breiten Lasten, Zelte und feuchte Kleidung zum Trocknen aus. Eine Erinnerung an die Bleichwiesen der Kindheit.

Riesensenecien am Barranco Camp, 3980 m.

Dort allerdings lag kein lehmbeschmiertes Zelt, kein bereifter Schlafsack. Und schon gar kein Flickenteppich aus feuchten Fotokopien, die
ich, mit Steinchen beschwert, am Hang ausgelegt habe.

In dem nahen Hain aus Riesensenecien wachsen die absonderlichen
Pflanzen unverzweigt. Darunter ducken sich gelb und weiß blühende
Stauden und silbergraue Immortellenbüsche: klein und kugelrund. Sie
gleichen Riffkorallen oder den gestutzten Gewächsen in japanischen
Ziergärten – den Schnitt besorgt sicherlich der Wind. Auf dem Gestein,
über das hin und wieder eine Streifenmaus huscht, liegt ein Aderwerk
aus Flechten. An schattigen Stellen sind schillernde, fingerlange Eisnadeln zu sehen, die der Frost während der Nacht wie Gras aus der Erde
trieb. Diese Flora hat etwas Verlorenes, Verirrtes, Fiebriges wie auf einer
Dschungellandschaft des Zöllners. Es mangelt ihr nicht an Wasser, das
sie mit der Feuchtigkeit heraufziehender Wolkennebel erreicht. Aber
ihre Farbigkeit täuscht – wie alles in der Höhe. Es sind hier kaum ein
Dutzend Pflanzenarten vereint.

Anregend, ja aufregend erscheint die Frage, was diese Pflanzen eigentlich sind: Relikte aus Kaltzeiten, die in der eisigen Höhe erhalten blieben? Oder hinaufgewanderte Steppengewächse, die sich in einem langen Evolutionsprozess an die Gegebenheiten anpassten und vielleicht in der starken ultravioletten Strahlung mutierten? Vermutlich trifft beides zu. Senecien, also Greis- oder Kreuzkräuter zum Beispiel, erscheinen am Kibo auch als Zwergformen. Hingegen lässt der Umstand, dass man sowohl auf dem Mount Kenya als auch im Kilimandscharo- und im Ruwenzorigebirge ganz ähnliche Bildungen der Flora findet, eher an Inseln über den Wolken denken, an Zufluchtsstätten für Überlebende aus kalter Zeit.

Als wir später über den mit Gras bewachsenen Hang zur Wand hinaufsteigen, wollen Jackson und der kleine Peter, selbst bepackt mit Lasten, mir den Rucksack und die Kameratasche abnehmen. Hoho, es ist wohl aufmerksam genug, wenn sie alle hinter mir klettern und es damit auf sich nehmen, von losgetretenen Steinen getroffen zu werden. Überdies sah alles von unten gefährlicher aus, als es wirklich ist. Ein paar ausgesetzte Stellen, an denen die Angst an den Eingeweiden zupft, sind freilich dabei.

Und dann, ja dann sind wir oben und endlich hinter den sieben Bergen. Die Freude darüber weckt einen meiner selten gewordenen Temperamentsausbrüche, und ich lege ein Tänzchen hin. Es ist eine eigene Schöpfung, in der tänzerische Darbietungen von Stan und Olly in «Dick und Doof in der Fremdenlegion» mit Tangoelementen vermischt werden. Das passt nicht ganz in die Umgebung, aber es gibt Geister, Aufhucker, die man nur tanzend abschütteln kann.

Kein abschätziger Habichtsblick mehr, nur noch befreites Gelächter. Über uns das sanfte Halbrund des Kibos. Nirgendwo, in keiner anderen Ansicht, ist der Gipfelberg so ebenmäßig geformt wie hier: ein glitzernder, schneebedeckter Halbmond vor tiefblauem Emailhimmel. Nicht mehr wachsam lauernd, kalt wie eine Messerklinge, sondern in freundlicher Größe wie der brausende Chorgesang antiker Säulen.

Ebenmäßige, erhabene Größe: Kibos Gipfelzone, gesehen vom Southern Circuit, einem Rundgang, der alle südlichen Routen miteinander verbindet. 4200 m.

Wir stehen auf einer wüstenhaften Hochfläche. Es wird wohl Glazialschotter sein, der hier herumliegt, jedenfalls ein Untergrund, in dem Wasser schnell versickert und auf dem bestenfalls Gräser gedeihen. Im Süden schwebt wieder der Mount Meru über der geschlossenen Wolkendecke, die nun mehrere hundert Meter unter uns liegt. Zur Linken weisen dunkle Steinmänner die Aufstiegsroute zum Heimgletscher. Dort müssen vor zwei Wochen die beiden vermissten Neuseeländer entlanggegangen sein, bevor geschah, was die Rettungsmannschaft nicht mehr herausfinden konnte. Wahrscheinlich bleibt die zerrissene Wetterjacke der einzige greifbare Hinweis auf eine Tragödie, der nur der Gipfel zusah, der jetzt besonnt und gelassen auf uns herabblickt.

Ostwärts liegen die Eisfelder des Kersten- und des Deckengletschers wie Schürzen um den Gipfelberg. Kersten ... Decken ...? Kaum jemand weiß noch, weshalb die Gletscher diese Namen tragen. Während wir im Schotter über flache Rücken und durch trockene Bachbetten trotten, erinnere ich mich an ein kleines brandenburgisches Dorf, das den schönen Namen Kotzen trägt. Ich wollte dort das ehemalige Gutshaus ansehen, fand aber erst nach langer Suche jemanden, der es kannte: Eine uralte Frau in fleckigem Kittel, auf der Treppe sitzend und von schmutzigen Katzen umlagert, die aus verrosteten Konservendosen fraßen. «Das Gutshaus», sagte die Frau, und ich sah ihre roten, zahnlosen Kiefer, «haben die Idioten nach dem Krieg abgerissen. Wahrscheinlich deshalb, weil es damals zu viel Wohnraum gab. Verrückte Bande! Dabei konnte man hier kaum treten. Alles war voller Flüchtlinge aus Schlesien.»

Klio, dachte ich, so wird sie aussehen, die Muse der Geschichtsschreibung: von der Zeit gezeichnet, verbittert über das schlechte Gedächtnis der Menschen und in der Gesellschaft herrenloser Katzen. Die Alte wies mir dann den Weg zum Gutshaus, von dem nur noch die Freitreppe und die Grundmauern standen. Dort ist 1833 Baron Carl Claus von der Decken geboren worden. «Baruni», wie man ihn in Ostafrika nannte.

Es gehört zu den vielen Verdiensten Heinrich Barths, des hervorragendsten deutschen Afrikaforschers, dass er Deckens Interesse auf Ostafrika richtete. Beteiligt war daran auch ein Doppelgestirn damaliger geografischer Forschung in jenem Weltteil: Ludwig Krapf und Johannes Rebmann, mit denen der Baron 1861 in Mombasa zusammentraf. Von dort wandte er sich gemeinsam mit dem britischen Geologen Richard Thornton zum Kibo und konnte im Juli in sein Tagebuch schreiben: «So hoch wie vier Vollmonde übereinander ragt der Riesenberg empor, einem mächtigen Dome gleich, bedeckt von blendend weißem Schnee, welcher den hellen Sonnenschein noch heller zurückstrahlt.» Seine Schilderung eines Aufstieges auf einem Weg, der annähernd der heutigen Maranguroute gleicht, wurde dann eine der leidvollsten aus dieser Gegend: unternommen im August, also im Südwinter, frostkalte Nächte, tagsüber brausende Regenfälle, davonlaufende Führer und Träger, weil zu wenig Verpflegung mitgeführt wird, weil die Männer unzulänglich ausgerüstet sind, sich mit der Sackleinwand der Lasten vor der Kälte schützen müssen, weil sie den Bergregenwald fürchten, der eine Heimstatt verschlagener Zwerge, Dämonen und Oger ist, weil Geister in den Bäumen warnend wispern – jeder versteht schließlich ihre Sprache, denn es ist auch die Sprache der Trommeln, die aus den Bäumen angefertigt werden.

Decken und Thornton gaben schon in einer Höhe von rund 2550 Metern auf. Sie richteten ihre Hoffnungen nunmehr auf die Landschaft Machame, begegneten dort jedoch entschlossenem Widerstand. Für die an den Gebirgshängen lebenden Menschen war der Kibo ja ein Olymp, ein Göttersitz, den man nicht straflos entweihte. «Baruni», der zuvor gern einen Rohrstock gebrauchte, um sich seinen Weg zu bahnen, musste das jetzt mit der Hilfe von Feuerwerksraketen tun und zur Küste zurückkehren. Immerhin hatte er drei Wochen am Kibo verbracht und bewiesen, dass Johannes Rebmanns Berichte keine Hirngespinste waren.

Daran denkend und auf den blauen Zeltsack und die wippende Petroleumlampe vor mir starrend, habe ich nicht bemerkt, wie sich die Landschaft verändert hat. Es ist feuchter geworden, Wasser rinnt aus den Felsen neben uns. Stauden, silbrig wie die Unterseite von Olivenblättern, pastellfarbene Strohblumen und die krausen Gestalten von Riesensenecien säumen den Pfad.

Gehen, gehen. Das Wunderbare daran: alles hinter sich lassen und dennoch nicht beziehungslos werden, irgendwann ankommen. Beständig aufgeben und doch fortwährend gewinnen. Den Wandel deutend genießen, nichts festhalten, nichts besitzen wollen. Johann Gottlieb Seume kommt mir in den Sinn, der herbe, schulmeisterliche Dichter – Goethe nannte seine Gedichte «griesgrämig, misswollend, negativ und sansculottisch» – und Schriftsteller, der mit einer Bibliothek im Tornister von Leipzig nach Sizilien und von Petersburg nach Schweden wanderte: «Ich halte den Gang für das Ehrenvollste und Selbständigste in dem Manne und bin der Meinung, dass alles besser gehen würde, wenn man mehr ginge.» Wir fahren und fahren und gewinnen daraus nicht einmal die Erfahrung, dass Geschwindsein bewusstlos macht und das Leben verkürzt.

Der Gang nach dem sizilianischen Syrakus, meinte Seume, sei das Einzige in seinem Leben gewesen, dem man irgendeine Bedeutung beimessen könne. Dichter wanderten damals ja noch viel, oft von Land zu Land und meist aus purer Not: Lenz, Hölderlin, was weiß ich. Und seltsam, fast zwei Jahrhunderte nach Seumes Marsch hat wiederum einer seiner Leser begriffen, was es auf sich hat mit der Bedeutung, die der Dichter meinte. Der Rostocker Klaus Müller ertrotzte sich damals seinen «Spaziergang nach Syrakus», seine Bildungsreise nach Italien, die ihm zuvor jahrelang verweigert worden war, indem er nachts mit einer Jolle an den ostdeutschen Grenzwächtern vorbei nach Dänemark segelte. Er ist dann Seumes Spuren gefolgt und trotzig, noch vor dem Fall der Mauer, wieder heimgekehrt. «Ich halte den Gang für das Ehrenvollste und Selbständigste in dem Manne ...»

Und ich bin stolz darauf, dass eines meiner Bücher Müllers Fernweh bestärkt hat. Vor der Abreise zum Kilimandscharo erreichte mich nun eine Postkarte aus Chile: Klaus Müller, weiterhin auf der Suche nach selbständiger Bedeutung, grüßte vom Kap Hoorn.

Auf einmal geht es hinter der nächsten Bergrippe steil hinab über Rinnsale und blanke Eisflecken, Schutt und glattgewaschenen Fels. Im Verlauf von Jahrtausenden haben längst verschwundene Gletscher und der Karangabach eine gewaltige Schlucht mit schroffen Wänden aus dem Gestein herausgesägt. Darüber liegt der Gürtel violetter, durch Grate und Absturzwände getrennter Schuttkegel, der nahezu den gesamten Süden des Kibos umspannt. Als Hans Meyer 1898 durch das Karangatal zog, sah er unmittelbar über diesen Schuttkegeln noch 60–70 Meter hoch aufragende blaue Eiswände. Seither hat das Eis sich weit in die Höhe zurückgezogen, doch noch immer gehört der Blick auf die strahlenden, wie gigantische Pranken auf dem Kraterrand ruhenden Hängegletscher zu den ansehnlichsten Naturschauspielen, die das Gebirge bereithält.

Unten, am Bach, liegen ein Senecienhain und ein schöner Zeltplatz: still und verlassen, denn die Amerikaner sind nach Barafu weitergezogen. Nelson bemerkt meinen begehrlichen Blick und weist nach oben. Auf der gegenüberliegenden Talseite, wohl 200 Meter über dem Karanga, schwebt mein Zelt wie ein Adlernest. Das Ergebnis unklarer Weisungen. Ich heuchele also Begeisterung und knurre nebenher, der Weg zum Toilettenhäuschen werde wohl eine halbe Stunde fordern. Dass der Ort dennoch überlegt ausgewählt ist, wird mir klar, als wir ihn erreichen: freier Ausblick auf die Gletscher und auf das Tal, über dessen rechte Schulter sogar noch der Meru herübersieht. Während wir oben im Sonnenschein stehen, kriechen im Tal bereits die ersten Schatten umher.

«Chai, Papa!»

Nein, noch nicht. Hastig, dem Wetter misstrauend, obwohl sich über uns eine Kuppel aus blankgefegtem Blau spannt, fotografiere ich den Gletscherkranz. Dabei ermöglicht mir ein besonderes Objektiv die Wahl ganz ungewöhnlicher Perspektiven. Aber nachdem ich eine Weile meinen Spaß daran gehabt habe, wird mir klar, dass ich Unfug treibe. Es ist ja, schon im Hinblick auf seine Dimension, völlig unmöglich, einen Berg naturgetreu zu fotografieren, zu malen oder zu beschreiben. Vermittelbar wäre vielleicht ein Eindruck von seinem Wesen – eine Kunst, die eine schöpferische Beziehung voraussetzt. Wem die verschlossen bleibt, der flieht manchmal in eine verfremdete Darstellung: aus Machtsucht und hilflosem Stümpertum. Wie jene gefeierten Leute, die ein Stück von Shakespeare vor kubistischen Kulissen und in Uniformen aufführen lassen und sich einbilden, damit Gewalt über das Vorbild, Abglanz vom Genie des Dichters zu gewinnen. Also wird das teure Fish-Eye-Objektiv wieder eingepackt.

Nach dem Teetrinken klettere ich, beladen mit schmutzigen Socken, übel riechender Unterwäsche und schlammbeschmierten Gamaschen hinunter zum Bach. Das Wasser ist so schneidend kalt, dass mir beim Waschen sofort die Hände absterben. Aber das Bedürfnis nach einem Bad ist noch größer als die Schrecken der Kälte. Atemlos, wie ein Flusspferd brüllend und prustend, tauche ich unter, höre die Steine im Bachbett klicken, spüre hunderttausend Nadelstiche. So etwa mag sich jemand gefühlt haben, der im stachelbewehrten Innenleben einer Eisernen Jungfrau gefoltert wurde. Einen Augenblick lang bin ich unschlüssig, ob ich mich nicht mit ein wenig Anstand aus dieser Situation befreien könnte. Aber sicherlich werde ich beobachtet. Dann wird das Bad erträglich, wenn auch der Körper wie im Veitstanz bebt und die Seife nicht schäumt.

«Draußen!», ruft der Bergsteiger erleichtert und jubelnd, wenn er die Wand verlässt und den Gipfelgrat erreicht. Draußen, denke ich immer wieder, während ich krebsrot und zitternd auf dem sonnenwarmen Felsen liege. Alles wird jetzt gelingen. Der Regen, der Nebel und die sieben schwarzen Berge liegen hinter mir, und noch die Enkel werden einmal ehrfurchtsvoll tuscheln: «Großvater hat im Karanga gebadet!»

Draußen. Fast achttausend Kilometer entfernt vom Karangatal häufen sich jetzt Briefe, Manuskripte, Faxe, E-mails, die an mich gerichtet sind. Rechnungen, Strafzettel, drängende Forderungen, Termine, Mitteilungen über wichtige Zusammenkünfte. Es finden unendlich bedeutsame Tagungen, Diskussionen, Gespräche statt, an denen ich teilnehmen sollte, es gibt eine Unzahl angenehmer und übler, froher und trauriger Anlässe, die meine Anwesenheit erfordern. Und das alles ist völlig belanglos. Draußen!

Abends, auf meinem Pavianfelsen neben dem Zelt sitzend, sehe ich zu, wie sprunghaftes Dunkel das Tal frisst und ein weiches Licht den Deckengletscher aufscheinen lässt. Samtschwarz stehen Senecien vor dem safrangelben Himmel, der Meru strahlt in hellem Rot. Unten lärmt der Karanga schwer wie fallende Kiesel, über mir höre ich – Schwirrhölzern gleich – Weißnackenraben umherfliegen.

Hinter mir ist jemand, der langsam näher kommt.

«Ist das schön?», fragt Nelson. Er meint wohl den safrangelben Himmel und den roten Meru.

«Ja. Weißt du, es geht uns gut, wenn wir eine Landschaft betrachten können, ohne dabei an Immobilienpreise denken zu müssen.»

«Bist du ein einsamer Mann, Paul?»

«Nein, nein, es gibt eine, die ist immer dabei, auch jetzt. Vielleicht hast du das falsch verstanden. Ich bin hier oft glücklich. Etwa dann, wenn ich nicht schlafen kann und dann stundenlang wachliege und durch die offene Zeltklappe auf die Sterne sehe. Oder ich stehe auf, gieße mir ein Glas eiskalten Wein ein und setze mich an die Glut eures Feuers, höre euch zu, während ihr schnarcht.»

«Ich weiß», sagt er, und wir sehen schweigend auf das Spiel der Farben und Schatten.

Wie es scheint, verbindet man auch hier den Begriff der Einsamkeit mit abwertenden Vorstellungen, mit Ausgeschlossensein, Vereinsamung, Verlorenheit, angstvoller Verlassenheit und Fremdheit. Dass dergleichen bei uns geschieht, in einer Gesellschaft, in der nahezu alles auf Verbrauch und Wachstum beruht, ist kaum verwunderlich. Einsame Menschen sind schlechte Konsumenten: für Waren, für Schaustellungen unseres Selbstgefühls. Ich mag da einer aus der Mode gekommenen Schule anhängen, aber zeitweilige Einsamkeit kann doch vielleicht zu der schönen Erkenntnis führen, dass man auch außerhalb der Gemeinschaft etwas wert ist. Kann doch eine Gelegenheit sein, der Vielfalt auf uns einstürmender Reize und der dabei mit furchtbarer Beharrlichkeit verstreichenden Zeit zu entrinnen. Kühne Erkenntnisse und Entwürfe, Utopien, Kunstwerke entstehen allein in der Einsamkeit. Freilich, man kann sich darin verlieren, sofern man nicht mit Ideen und anderen Menschen verbunden ist.

Auf einer der breiten, von lärmendem Leben und eiligen Menschen gefüllten Straßen Shanghais habe ich einmal einen alten Mann gesehen. Der ließ mitten im Gedränge, oft gestoßen und beiseite geschoben, einen Drachen steigen, der hoch über der Menge schwebte. Den Gesichtsausdruck des Alten konnte man kaum vergnügt nennen, nein, der war schon selig. Das Bild mag zu anspruchsvoll sein, aber es kommt meiner Vorstellung von Einsamkeit nahe.

KAPITEL 11

WENN DER LÖWE KEIN FLEISCH HAT, FRISST ER DANN GRAS?

Irgendetwas ist faul an der Sache. Die Aufregung, mit der Jackson mich nach dem Frühstück zum Felsüberhang herüberruft, unter dem meine Begleiter die Nacht verbrachten, ist gespielt. Die Männer stehen beisammen und blicken, sichtlich angestrengt, auf den Boden. «Wakonyingo», flüstert Nelson, weist nach unten und beißt sich auf die Unterlippe. «Die Zwerge waren hier!»

Das ist gar nicht schlecht gemacht: Winzige Fußabdrücke kommen den Pfad herauf, führen um die Feuerstelle herum und verlieren sich auf dem Weg zu meinem Zelt. Für eine wirkliche Spur sind sie allerdings an den Rändern viel zu scharf gezeichnet und weisen noch andere Mängel auf.

«Eure Zwerge», sage ich, «haben ziemlich üble Plattfüße.»

Da können sie nun endlich lachen: ihr tiefes, überschnappendes Lachen. Jackson schwenkt die Staudenwurzeln, aus denen er die Füßchen geschnitzt hat, führt grunzend vor, wie die Abdrücke entstanden sind. Nelson hält sich den Bauch, wischt sich die Augen, fordert ihn zu weiteren Darbietungen heraus. Die beiden anderen sind weniger ausgelassen: der kleine Peter, weil er nicht weiß, wie weit er gehen darf, und William, der kaltäugige Habicht, dem solche Scherze zu kindisch sind.

«Dort vorn», Nelson ringt nach Luft und weist auf ein aufgewühltes Wegstück, «dort ist einer von deinen großköpfigen Zwergen umgekippt und hat gezappelt. Er hatte aber wohl sein Horn dabei und konnte um Hilfe rufen! Wir haben allerdings nichts gehört.»

Er kennt also die Legende von den Großkopfeten auf dem Kibo.

Gut, wenn der Tag mit einem Spaß beginnt. Auch die Nacht war gut: kein Reif im Zelt, die Wäsche auf der Leine ist nicht gefroren. Gerade hatte ich gezaudert, was ich heute treiben würde, und erwogen, mit William zur Abbruchkante des Deckengletschers hinaufzusteigen. Einem würdigen Bergführer wie Nelson wäre das ermüdende und wenig rühmliche Hinaufklettern durch den Schutt steiler Moränenhalden schließlich kaum zumutbar. Selbst dann nicht, wenn Bergsteigern dort ein ungewöhnlicher Preis ihrer Mühen winkt. Im September 1898 ist

nämlich Hans Meyer gemeinsam mit dem Missionar Pater Rohmer –
Meyers Weggefährte Ernst Platz blieb damals, wiederum vom Fieber
niedergeworfen, in Kibosho zurück – etwas ostwärts vom Karangatal
bis zur Stirn des Rebmanngletschers hinaufgestiegen. Die beiden
hinterließen dabei am Fuß der unweit von unserem Lager aufragenden
Halde eine Gabe für ihre Nachfolger: «Zur Labung künftiger Kibobesteiger ließen wir die zwei letzten Patentkonservenbüchsen mit
unsrer eingekratzten Widmung auf einem Block zurück und gingen
dann zum Angriff auf die große Moränen-Schutthalde über.»

Oder gehe ich doch? Am besten allein, denn wenn ich William etwas
von der Suche nach alten Konservendosen erzähle, versteht er das wahrscheinlich als Flucht vor seinen Kochkünsten. Also den Hang hinauf,
über Berge von Schutt in wüst zusammengeworfene Blöcke hinein, zwischen denen wiederum Schutt liegt.

Plötzlich rutsche ich, strauchele, falle, rutsche weiter. Steine prasseln.
Es geht alles furchtbar schnell. Dann Stille und ein stechender Schmerz.
Die Kehle ist zugeschnürt, ich bekomme keine Luft, die Faust eines Rie-
sen presst mir den Magen zusammen. Blut am Bein, an den Händen.
Der Hexenstock, ich habe ihn nicht losgelassen, hat sich zwischen zwei
Blöcken verkeilt und mich gerettet.

Zeit und Luft kehren zurück. Unter mir sehe ich einen schmalen
Sims und eine steil hinabführende Schutthalde. Eine riesige Falltür. Ich
krieche zum Rand und sehe auf die Stelle hinunter, an der ich zerschmettert aufgeschlagen wäre. Der Wert mehr als hundertjähriger Pa-
tentkonserven erscheint nun gering, auch wenn sie der Hinterlassenschaft eines geschätzten Mannes entstammen. Besonders schmackhaft
können sie ohnehin nicht gewesen sein: Meyer und Rohmer zogen
ihnen das mitgebrachte kalte Ziegenfleisch mit Dörrpflaumen vor.

Niemand hat etwas bemerkt, niemand sieht mich, als ich die Pflas-
terrolle und ein paar kopierte Seiten aus dem Zelt hole und zu meinem
Pavianfelsen hinüberhinke. Hoho, das war knapp. Carl Claus von der
Decken, an den ich hier noch häufiger als an Meyer denke, ist dort oben

ohnehin nie gewesen. Ich werde ihm näher sein, wenn ich mich sonne, meine Wunden lecke und ein wenig lese.

Decken kehrte im November 1862 zum Kibo zurück. Ich habe einmal über ihn geschrieben, er hätte ein neurotisch anmutendes Verhältnis zu Abenteuern gehabt, aber diese Reise entsprang wohl einfach dem Verlangen, eine missratene Sache unter günstigeren Umständen zu wiederholen, Genuss aus der eigenen Lernfähigkeit zu ziehen. Richard Thornton war diesmal nicht dabei – der starb, erst vierundzwanzigjährig, am Sambesi an irgendeinem der Fieber Afrikas. Gefährte des Barons war nunmehr der ebenfalls noch sehr junge Altenburger Wissenschaftler Otto Kersten, dessen künftiges Leben dann vom Erlebnis dieser Reise bestimmt wurde.

Erstes Ergebnis der erwähnten Lernfähigkeit war ein Bündnis mit dem im alten Moshi residierenden Chaggahäuptling Mandara. Es mag nicht sehr angenehm für den Baron gewesen sein, einen Mund voll Ziegenmilch beim Bruderkuss mit einem Afrikaner zu tauschen, aber das forderte die Zeremonie der Blutsbrüderschaft, die Decken und den Häuptling verband. Ein lohnender Einsatz, schon am ersten Tag des Aufstieges mit den von Mandara gesandten Männern erreichte man eine Höhe von 1800 Metern und lagerte trotz zögerlicher Führer und klagender Träger am zweiten bereits oberhalb vom Waldgürtel. Dennoch, wiederum war die Ausrüstung ungenügend, der nur für fünf Tage berechnete Proviantvorrat nicht ausreichend. Otto Kersten hob hervor, man habe die Expedition vor allem deshalb abgebrochen, weil die teilnehmenden Afrikaner «ernstlich litten und bei längerem Verweilen, ohne Mittel sich zu erwärmen, voraussichtlich den ungewohnten Verhältnissen erlegen wären». Etwa 700–900 Meter bis zur Schneegrenze seien es noch gewesen, ungefähr 4280 Meter hoch habe man gestanden, als der Entschluss zur Umkehr gefasst wurde. Das ist eine Höhe, die schon rund einen halben Kilometer über die der heutigen Horombohütten hinausgeht, ein Ort irgendwo in der mondgleichen Sattellandschaft, und dort überkommt auch in unseren Tagen manchen Berg-

Der Deckengletscher am Weg zum Kibogipfel.

wanderer Reue über sein Vorhaben. Üppiger wissenschaftlicher Lorbeer winkte nicht mehr, das kahle Plateau verhieß keine Abenteuer, sodass es im Reisebericht hieß: «Auch verhehlten wir uns nicht, dass eine bloße Wanderung durch die öden Steinflächen bis an die Schneegrenze nur geringen Nutzen bringen könnte, nachdem wir durch so viele Messungen von den verschiedensten Standpunkten aus unumstößlich dargetan hatten, dass der Kilimandscharo sein Haupt bis weit über die Linie des ewigen Schnees hinauf erstreckt.» Der das schrieb, war ein emsiger Wissenschaftler. Besessen davon, auf dem Gipfel des Schneeberges am Äquator zu stehen, war er sicherlich nicht.

Obwohl ein großer Teil der gesammelten Pflanzen verdarb, erbrachte «Barunis» Expedition nicht nur endgültige Gewissheit darüber, wie der Kibo beschaffen war, sondern auch Material für viele wissenschaftliche Fachrichtungen, das von Kersten und anderen in vier Büchern mit sechs Bänden vorgestellt wurde. Als das erste Buch davon erschien, war Carl Claus von der Decken schon vier Jahre tot. 1865, gerade zweiunddreißigjährig, ist er von Somalikriegern bei Bardera am Juba ermordet

239

worden. Er plante damals unter anderem, mit den zwei zerlegbaren Dampfschiffen, die er nach Ostafrika bringen ließ, über den Tana den Mount Kenya zu erreichen, Afrikas zweithöchsten «Schneeberg am Äquator».

«Chakula!»

Ja, ich komme. Es gibt Hühnerfleischsuppe und nach Vanille duftende Omeletts mit zartem Schinken, serviert vom wie immer gut gelaunten Jackson. Das, da bin ich sicher, wird mir vor allem bleiben, wenn ich mich an die Tage am Kilimandscharo erinnere: der gelassene, schlagfertige und dennoch unaufdringliche Humor meiner Weggefährten, ihre Ausgeglichenheit und Ausdauer, ihr Taktgefühl und die hingebungsvolle Reinlichkeit, mit der sie alles behandeln, was mit unseren Mahlzeiten zu tun hat. Mehrfach hat man mir zuvor prophezeit, ich würde zumindest choleraverseucht heimkehren. Dabei möchte ich wetten, dass Jacksons, Williams oder Peters Hände sauberer als meine sind. Ich beneide sie sehr darum: Sie dürfen abwaschen.

Inzwischen ist es freilich modisch geworden, wie zur Zeit der Aufklärung – als den so genannten edlen Wilden eine wichtige gesellschaftskritische und literarische Rolle zufiel – idealisierende, schwärmerische Darstellungen von Afrikanern in die Welt zu setzen. Da wird zum Beispiel sogar behauptet, man könne hier niemals ein Kind weinen hören, da werden begeistert matriarchalische Gemeinschaftsformen geschildert und den Verhältnissen in Europa entgegengestellt. Das sind sehr oberflächliche Betrachtungen – nicht ohne Sinn, aber ohne Tiefe. Angestellt häufig von Leuten, die einen Multikultur genannten Erlebnisbrei preisen, in dem alle Vielfalt versinken wird – von den Annäherungen bleiben dann im Allgemeinen auch nur Pizza, Döner und Sushi übrig. Die Vorstellung, Afrikaner seien bessere Menschen als wir, entspringt schlichtem Rassismus. Auch hier werden Kinder misshandelt und missbraucht, und für jeden ist offensichtlich, wie furchtbar erniedrigt das Dasein afrikanischer Frauen gemeinhin verläuft: oft durch Beschneidung nicht allein körperlich verstümmelt, nahezu rechtlos –

Vergewaltigung und Inzest gehören zu den gewöhnlichsten und nur sehr selten verfolgten Untaten, sexuelle Nötigung von Frauen wird in Tansania nicht bestraft – und ganz selbstverständlich mit der größeren Arbeitslast beschwert. Dennoch, es geht tatsächlich, jedenfalls außerhalb der Städte, in Afrika oft noch menschlicher zu als bei uns. Mittel sind noch Mittel und nicht Selbstzweck, der Hang zu Aufgeregtheit und Täuschung, zu Selbstmitleid und Melancholie, erscheint geringer. Kaum jemand bemüht sich um eine hohle Originalität, die, genau wie im Tierreich, nur eine besondere Form der Anpassung ist. Die Furcht vor dem Nächsten und die Angst, einander helfen zu müssen, sind weniger ausgeprägt. Dergleichen wird sich rasch verändern und ist kein Hinweis darauf, dass die Zukunft der Afrikaner trostreicher sein könnte als unsere, denn wie alle menschlichen Gesellschaften sind auch die ihren Knäuel von Widersprüchen. Und überdies: Eine der gefährlichsten europäischen Anmaßungen, die viel Leid über diese Welt gebracht hat, bestand immer darin, über das Seelenheil von Leuten in fernen Landstrichen nachzusinnen.

Heutigentags erliegen wir leicht dem Wunschbild, anderenorts könne es sinnvoller, beziehungsreicher, verantwortungsbewusster zugehen, lebe man tatsächlich im viel gerühmten Einklang mit der Natur: eine besonders verblendete, verlogene Vorstellung. Es kann recht komisch werden, wenn man dann das Ideal menschlicher Nähe erlebt. Ich erinnere mich zum Beispiel daran, dass ich einmal gemeinsam mit meiner Frau längere Zeit in einem griechischen Dorf leben wollte: in Stavros auf Ithaka. Die Wahl war auf Ithaka gefallen, weil es mich in die Landschaft des Odysseus zog. Nicht weniger hirnrissig veranlagt als andere Leute auch, verband ich mit dem Aufenthalt Hoffnungen, die zu einem großen Teil zunächst auch erfüllt wurden. Der Gelehrtenstreit um den Ort, an dem Penelope webte und Odysseus jagte, erscheint einem dort ganz unverständlich, denn einer der archäologischen Funde von Stavros bekundet eindeutig, dass es dort eine hochstehende und kultisch verehrte Person namens Odysseus gab. Ein längst verlandeter, aber noch deutlich kenntlicher Hafen fügt sich in andere Details von Homers Beschreibung ein – für uns gab es gar keine Zweifel. An unserer Badestelle wuchsen ganze Hügel uralter Keramikscherben aus der Erde, wie man sie auch auf dem Meeresgrund sah, wenn man zur versunkenen Nymphenhöhle hinüberschwamm.

Und erst die Herzlichkeit der Menschen! Es begann sogleich mit Georgios, dem Krämer, bei dem wir Brot, Öl, Früchte und Wein kauften. Als er erfuhr, woher wir kamen, holte er mit verschwörerischem Blick eine Schallplatte unter dem Ladentisch hervor. Eine Sonderprägung der Firma AMIGA: «Nationalhymne der Deutschen Demokratischen Republik». Irgendjemand hatte sie ihm während des internationalen Musikfestivals in Vathi geschenkt, und es war künftig kaum noch möglich, Weinlaub oder Schafskäse zu kaufen, ohne dass die Hymne des dahingegangenen Staates erklang. Unsere Freude darüber war beschränkt, wie denn auch die allgemeine Zuwendung, ein Rausch von Großzügigkeit im Geben und Nehmen, sehr bald Formen annahm, die uns etwas besitzergreifend erschienen. Dazu muss erwähnt werden, dass die Bewohner griechischer Dörfer offenbar wechselweise schlafen, damit sich stets einige der Geselligkeit mit den dort logierenden Fremden widmen können. Und wer wach war, der kam nicht, um über Penelope und Odysseus zu reden, sondern um jene anzuschwärzen, die gerade schliefen. Kurzum, nach einigen Wochen versanken wir beinahe in diesem mächtigen Strom aus Zuneigung, Wein und folkloristischen Darbietungen von sehr verschiedener, jedoch immer lärmender Art und flohen ernüchtert in die wohltuende Anonymität in einer Großstadt. Genommen war uns auch der Traum von Weinbergen und Olivenhainen, die noch ohne Pestizide oder Kunstdünger bestellt werden, die Vorstellung vom Landmann und vom Hirten, die bedachtsam mit der Natur umgehen, und manches sonst. Immer sind es dieselben Ursachen, die das Reisen oder das Kennenlernen verderben: Mangel an Wissen, Urteilsvermögen, Mut und Glück, doch eine Fülle von Erwartungen.

Derart an andere Leute denkend, frage ich mich, was die Amerikaner jetzt wohl treiben. Sie werden gestern die Barafuhütte erreicht haben und nach Mitternacht zum Stella Point am Kraterrand hinaufgestiegen sein. Endlich wieder vereint vermutlich, da nur ein Führer, sicherlich noch ein Assistent Guide, mit ihnen ging. Geeint auch durch das wunderbare Erlebnis. Inzwischen haben die Eispickelmänner einander auf dem Rebmanngletscher fotografiert, sie alle sind noch bis zum Uhuru Peak gegangen, steigen nun die Mwekaroute zum Millenium Camp hinab, und ich beneide sie ein wenig.

Nelson kommt herbeigeschlendert. So geht er, wenn er unsicher ist. «Sag mal, Paul, was hältst du davon, wenn wir von Barafu Hut über den Kraterrand zum Sattel hinuntergehen?»

Da ist sie wieder, diese Aussprache, mit der ich nicht klarkomme: barafu, das Swahiliwort für Frost oder Reif, spricht er «barrafuh» aus. Und außerdem: «hinuntergehen». Das hört sich harmlos an. Wir müssen aber zunächst einmal hoch hinauf. Der Höhenunterschied zwischen der Barafuhütte und Stella Point beträgt immerhin elfhundert Meter.

«Die Japaner sagen: Es gibt zwei Sorten von Narren. Nämlich solche, die nie auf dem Fuji waren, und solche, die zweimal hinaufsteigen. Das habe ich aber nun schon getan. Bekommt ihr eine Prämie für jeden, den ihr da hinaufschleppt?»

«Ach was! Ich dachte nur ...»

«Kein vernünftiger Mensch steigt zum dritten Mal auf denselben Gipfel. Außerdem will ich South East Valley sehen, den Dreimännerstein, Meyers Lager.»

«Gut, gut, du bist der Boss! Aber auf den Mawenzi gehst du allein, das ist so mit dem Office vereinbart, dafür riskiere ich nicht meine Lizenz. Außerdem hast du dir ja heute schon den Hintern aufgerissen!»

Er hat also doch etwas gemerkt und geht verstimmt zur Feuerstelle zurück. Ich bin es auch, krame die «Flora of East Africa» hervor und steige brummelnd zum Karanga hinunter. Karanga heißt im Swahili die Erdnuss – der Name wird also in geringerer Höhe gewählt worden sein, denn hier würden Erdnüsse niemals gedeihen. Aber die Flora ringsum ist dennoch vielfältig, wohl deshalb, weil Wolken, die an anderen Stellen vor den Steilrändern verharren, in solchen Tälern Feuchtigkeit herantragen können. Es blüht überall, darunter gibt es Formen, die eigentlich in die tiefer gelegene Heide- und Moorlandzone gehören: Helichrysum argyranthum mit zusammengedrängten, strahlendweißen Blütenkörben, rötlich schimmernd an den Rändern, das rosafarbene Helichrysum meyeri-johannis oder das gelbe Helichrysum kilimanjari – allesamt so genannte Strohblumen –, von der Kälte ausgekahlte Stoebesträucher, gebeugt von sattgelben Blütenständen an den Zweigenden, gelbbrauner Euryops, vielartige Gräser und dazwischen sogar eine weiße Anemone thomsonii, die an den flinken Joseph Thomson erinnert und in solcher Höhe ganz sicher ein überaus seltener Gast ist. Alle Blüten sind ohne Duft, verströmen nur einen dumpfen Heugeruch. Vielleicht ist mein Geruchssinn verkümmert, vielleicht aber sind duftende Verlockungen hier oben, wo es kaum Insekten gibt, auch völlig unnütz.

Im Tal wird das grüne oder graublaue Strauchwerk dichter, verliert sich tief unter mir in einer Wolkenbank. Dort sind durch das Fernglas mehrere stattliche Riesenlobelien, Lobelia deckenii, zu erkennen, benannt nach dem Baron, dem die Schneeberge Ostafrikas zum Verhängnis wurden. Das ist freilich eine andere Höhenzone, in der prächtige Malachit-Sonnenvögel oder die wunderbaren, metallisch blaugrün schillernden Doppelkragen-Sonnenvögel zwischen den Lobelien herumschwirren, um an ihren Nektar zu gelangen. Im Deutschen heißen die durch Farben und Verhalten an Kolibris erinnernden Vögel deshalb Nektarvögel, hier aber werden sie Sunbirds genannt – ein Name, den wir für eine Gattung verwenden, die in Ost- und Südostasien vorkommt.

Durch solche unterschiedlichen Benennungen angerichtete Verwirrung gehört zu den beständigsten Plagen, die den Reisenden erwarten. Dieses Gebirge und insbesondere sein höchster Berg sind ja ein kennzeichnendes Beispiel dafür. Die Chagga kannten keinen übergreifenden Namen für das Kilimandscharogebirge, sondern benannten nur

Die Bezeichnung «Edelweiß des Kilimandscharos» ist bereits an eine andere Pflanze vergeben worden, sonst würde sie fraglos den Strohblumen gebühren.

seine höchsten Gipfel: Kipoo und Kimawenzi. Unter den nordwärts in der Steppe umherziehenden Maasai sollen dagegen die Namen Ngaj E'Ngai oder Oldoinyo Oibor – in korrekterer Form Oldoinyo Eibor – für den Kibo sowie Mauui für den Mawenzi gebräuchlich gewesen sein. Abgesehen davon, dass solche Schreibweisen von verschiedenen Autoren auch verschieden überliefert werden, mögen sie etwa «Haus des Ngai» – des höchsten Wesens der Maasai, die diesen Namen auch auf ihren heiligen Berg Oldoinyo Lengai und auf den Mount Kenya anwenden – beziehungsweise «weißer Berg» oder «glänzender Berg» bedeuten. Ngai oder Nkai heißt im Maa, in der Sprache der Maasai, allerdings auch der Regen. Die von Hans Meyer überlieferte Form «Mauui» für den Mawenzi ist umstritten, aber überzeugender als andere. Nun hat man sich um den Mawenzi freilich nie sonderlich bemüht. Weitaus phantasiereicher ging es dagegen zu, wenn es galt, die Bedeutung von «Kilimandscharo» zu erklären.

Meyer, von dem immer ein bündiges Urteil zu erwarten war, schrieb dazu in seinen «Ostafrikanischen Gletscherfahrten»: «Kilimandscharo ist eine Suaheli-Bezeichnung und bedeutet ‹Berg des Geistes Ndscharo›. Der Geist Ndscharo ist eine männliche Oreade, eine Art afrikanischer Rübezahl, der auch einen Berg in Bondei bewohnt und diesem gleichfalls den Namen ‹Kilimandscharo› gibt. Die Bewohner des Kilimandscharo, die Wadschagga, haben keinen zusammenfassenden Namen für den Gebirgsstock, sondern nennen den eisbedeckten Westgipfel ‹Kibo›, d.h. ‹der Helle›, den felsigen, eislosen Ostgipfel ‹Mawensi›, d.h. ‹der Dunkle›.»

Bondei heißt eine bergige, etwa vierzig Kilometer von der Hafenstadt Tanga entfernte Landschaft am nördlichen Panganiufer. Alles Übrige ist dagegen schwieriger deutbar. Dass die Chagganamen eher Kipoo und Kimawenzi lauten und dann wohl als «der Scheckige» und «der Gezackte» übersetzt werden sollen, darüber hat mich bereits Tomasi Mtui belehrt, und so kann man es auch bei dem lange unter den Chagga tätigen Missionar Bruno Gutmann nachlesen. Widerspenstig wird die Sache dann bei der Auslegung der beiden Wortstämme «kilima» und «ndscharo». «Kilima» stammt zweifellos aus dem Swahili und bedeutet Berg. Heutige Wörterbücher geben dafür zwar «mlima» oder «milima» an, aber die alte Reiseliteratur zeigt einhellig, dass man – jedenfalls im Umkreis des Kilimandscharogebirges – «kilima» sagte: Zum Beispiel war ein «kilima ya moto», ein heißer Berg, ein Vulkan. Mit «Kilima» wird im Swahili freilich auch eine Art der pepo – guter (pepo mzuri) oder Verderben bringender (pepo mbaya) Geister – bezeichnet. «Njaro» hingegen soll im Swahili «scheinen» oder «leuchten» bedeuten oder ist als Ableitung aus dem Chaggawort «jyaro» für Karawanen gedeutet worden. Das würde also zum «Berg der Karawanen» führen, einem Fingerzeig darauf, dass der höchste Gipfel als Landmarke diente, oder wurde dem unter den Swahili bekannten Dämon Njaro zugeschrieben. Weil Njaro seine Opfer durch Kälte lähmt, erschiene das auch ziemlich überzeugend, und wir wären damit wiederum bei Hans Meyers Erklärung angelangt. Für die Auslegung wurden schließlich auch noch zwei Wörter aus dem Maa bemüht: «njoro» und «ngare» – beide sollen Wasser oder einen Ort bezeichnen, an dem es Wasser gibt. Vermutlich ist das Wort älter, als man vermutet, und wurde wie ein Kiesel im Karanga von vielen Mundarten und Missverständnissen abgeschliffen.

Während ich den Hang langsam wieder hinaufsteige, begleitet mich Williams Habichtsblick. Verwundert sieht er mir zu, so verwundert wie ich es sein würde, wenn daheim jemand interessiert in einem Kartoffelfeld umhergehen und die Pflanzen fotografieren würde. Für ihn ist das schließlich keine exotische Landschaft.

«Willst du heute nicht baden?», fragt er, als ich seinen Sitzplatz erreiche.

«Nein, William, ich bade nur, wenn mir mindestens vier Leute dabei zusehen. Was gibt es zum Dinner?»

«Supper», korrigiert er mich. «Wir haben nur Reste. Ein bisschen Fleisch, Nudeln und Gemüse. Das kommt alles in einen Topf. Wenn morgen kein Proviant für uns in Barafu liegt, gibt es nur noch uji!»

Es ist ihm anzusehen, wie vergnügt ihn die Aussicht auf eine von Maismehlsuppenkost begleitete Hungerkatastrophe stimmt. Erst jetzt sehe ich, dass neben ihm eine schmutzige Broschüre auf der Erde liegt, in der er gelesen hat: «Swahili Poems».

«Das ist doch gut für dich und Peter, da habt ihr weniger zu schleppen. Morgen müsst ihr ja zum ersten Mal Wasser tragen. In Barafu gibt es keines.»

«Keinen Tropfen. Aber ich trage kein Wasser. Ich bin der Koch. Ich war lange genug Träger und koche nur noch, bis man mich als Assistent Guide mitnimmt. Dann mache ich meine Prüfung.»

«Das habe ich schon vermutet. Du liest?»

«Warum nicht?», fragt er beinahe feindselig.

«Weil Bücher sehr teuer sind. Das Heftchen da kostet doch bestimmt drei oder vier Tageslöhne.»

«Ja, neu. Auf dem Markt bekommst du ganz billig gebrauchte.»

«Gut, dann will ich dich nicht weiter stören. Wo sind die anderen?»
«Du störst mich nicht. Jackson und Peter holen Wasser, Nelson schläft.»

Irgendetwas, sicherlich mein furchtbarer Hang zur Belehrung, lässt mich, es ist wirklich schrecklich, noch im Fortgehen auf die glattgehobelte Felswand hinter der Feuerstelle deuten: das Gesellenstück eines Gletschers, der dort vor langer Zeit auf seinem Weg ins Tal entlangschrammte.

«Weißt du, wer das getan hat?»

«Ja, natürlich. Es war Gott!»

Wir starren einander prüfend an. Und denken vermutlich dasselbe: Komischer Kauz!

Die Ortschaften am Gebirge mit ihrem kühlen, gesunden Klima waren und sind Hochburgen der Missionen. Auch gibt es zahlreiche christliche Sekten, Erweckungsbewegungen, die im Gefolge sozialer Not zusehends Einfluss gewinnen. Mir fällt das klagende Geheul von Kindern und Erwachsenen ein, das aus der Baracke neben der SUMMIT LODGE drang: Eine Sekte, hatte die mütterliche Kellnerin gesagt, sie bezichtigen sich irgendwelcher Sünden. Afrikaner sind zur Anbetung geneigter als wir und vor allem kreativer. Die vielen Gemeinden, die sich überall bilden, nachdem jemandem Christus oder ein Engel erschien, sind nur ein Hinweis darauf. Aber dann erinnere ich mich, dass William ein Muslim ist und sage unsicher:

«Wahrscheinlich hast du recht. Mungu mkubwa, Gott ist groß.»

Ich beneide gläubige Menschen. Man stelle sich vor, man müsste tatsächlich eines Tages vor seinen Schöpfer treten und der würde sagen: Ich habe dir fünfundsiebzig Jahre gegeben. Nun erzähle mit ganz wenigen Worten, denn es warten noch viele andere, wie du sie genutzt hast!

Das wäre einmal eine wirkliche Grenzerfahrung.

Später bitte ich William um die Broschüre. Es sind zumeist Wiegenlieder, wunderschöne Texte, einige mit erotischem Hintersinn, und eine englische Übersetzung steht dabei. Eines schreibe ich mir ab:

Kile Nini Ng'ambu ya Mto?

Kile nini kilicho ng'ambu ya mto?
Hakiita hakiitiki kazi kunipa majuto
Majuto ua kungumanga na ndiko roho iliko
Nangojea maji yatoke nende huko.

Was ist das, dort überm Fluss?

Was ist das, dort am anderen Ufer?
Ich hab' es herbeigesehnt, aber es hat mir nur Leid gebracht,
Kümmernis für die Muskatnussblüte, in der mein Herz wohnt.
Und dennoch: Wenn sich das Wasser beruhigt hat, dann gehe ich
hinüber.

Am Morgen trägt der Tee in der Tasse, die ich auf meinem Pavianfelsen vergessen habe, eine Eishaut. Ich sitze noch einige Zeit in der Morgensonne auf dem Felsblock, dem rechten Platz sowohl für Paviane als auch für Schreiber: Beide haben eine Vorliebe für erhöhte Orte in Landschaft und Gesellschaft, beiden ist die wohlerwogene Gründlichkeit eigen, mit der sie Steine umwenden, an denen andere achtlos vorübergehen. Eine Gewohnheit, die oft mit einem fetten Wurm belohnt wird. Beide verfallen leicht dem Hang zu Rechthaberei, tyrannischer Herrschaft und Haremsbildung. Im alten Ägypten verehrten die Schreiber eine eigene Gottheit: Djehuti, griechisch Thot, ein hundegesichtiger Pavian, dessen Darstellungen eine Körperpartie betonten, die man in anderen Kulturen hinter Feigenblättern verbarg. Djehuti, häufig auch als Ibis oder als Mensch mit Ibiskopf abgebildet, war Teilnehmer des Gerichtes über die Toten und verzeichnete dabei das Ergebnis der Wägung ihrer Herzen. Den Anhängern der Götterlehre von Memphis galt er als Zunge des Ptah, die das schöpferische Wort ausspricht.

Erst spät und nach ausgiebigem Frühstücksgespräch brechen wir auf. Gleich hinter der Talschulter, auf der wir gelagert haben, wechselt das Vegetationsbild: Zunächst verschwinden die Riesensenecien, später sogar die Strohblumen, und nur hin und wieder wächst Gras im Schutt. Ein südwärts abfallender Rücken folgt nun dem nächsten, der Weg ist nicht schwierig, aber eintönig und ermüdend.

Manchmal bleibe ich, verwundert über diese Begegnung, vor roten Heidekrautbüscheln stehen oder vor einem auf merkwürdige Weise aufgesprengten und verwitterten Felsen: Schalenförmige Brocken sind da aufgetürmt, dann wiederum gleicht der Schutt einem Haufen weggeworfener Schiefertafeln.

Wie immer während der Märsche reden wir viel miteinander. Zumeist auf solche Weise:

«Warum bekommt man von euch niemals ein verdammtes Stückchen Käse zum Essen? Der scheint hier so selten zu sein wie in China. Richtige Gier nach Käse habe ich, schlimmer als Ben Gunn!»

«Meinst du den irren Ben Gunn von der Schatzinsel? Der träumte von Ziegenfleisch.»

«Also, sehen wir einmal davon ab, dass du bestenfalls Comics gelesen hast, und das auch nur, weil sie dir in der Missionsschule mit dem Fegefeuer drohten: Auf der Schatzinsel gab es ganze Ziegenherden, deshalb wäre es idiotisch gewesen, wenn Ben Gunn sich nach ihrem Fleisch gesehnt hätte. Es hing ihm zum Halse heraus! Bedenke doch bitte, du sprichst mit einem Kenner der Weltliteratur.»

«Aber Paul, das wäre mir inzwischen aufgefallen. Wir Bergführer begrüßen es sehr, wenn Kunden Anzeichen von Wissbegierde und Belesenheit zeigen. Das macht den Job weniger langweilig. Glaube mir, es war Ziegenfleisch.»

«Solche Wertschätzung, mein lieber Nelson, wäre wiederum mir nicht entgangen. Stattdessen sehe ich mich in der Gesellschaft eines geschwätzigen Menschen, der Weg und Steg nicht kennt und dessen Gedächtnis so schlecht ist, dass er Käse mit Ziegenfleisch verwechselt.»

Merkwürdige schalen- und tafelartige Verwitterungsformen am Pfad vom Karangatal zur Barafuhütte, um 4200 m.

«Wenn das eine Anspielung auf Weg und Steg am Mawenzi sein soll, dann nehme ich das hin. Ich bin doch kein Wegbegleiter für Selbstmörder. Ziegenfleisch!»

So gehen wir und die Stunden dahin. Wir gehen langsam, um tief atmen und dabei miteinander sprechen zu können. Dennoch wird der Weg dabei kürzer. Nein, das ist nicht wahr. Ein Weg, auf den man sich wirklich einlässt, bleibt ohne Ende. Selbst dann, wenn man recht genau weiß, wohin man will.

Von erhöhten Stellen her sehen wir den Kibogipfel, den Mount Meru, die Quellwolken über der Ebene und später auch den Mawenzi. Da wird die Landschaft steiler, zerrissener und steiniger. Der Aufstieg zur Barafuhütte führt über blanken grauen Fels zu einem eingeebneten Platz, auf dem zwei Biwakhütten stehen. Es ist ein wüster Ort, umgeben von Trümmern. Beiderseits führen Felsen und Schutthalden tief hinab. Braun und blauschwarz, verbrannt von vulkanischem Feuer ist die Landschaft und zeigt ihre ausgeglühten Eingeweide her. Nelson bleibt stehen, blickt lange auf das bresthafte, schwarzbraune Chaos unter uns und sagt dann leise:

«Gott hätte es nicht besser machen können.»

Hm. Ein großes Wort, das man nur schweigend hinnehmen kann. Unseren Aufstieg wird er damit gewiss nicht meinen, denn wie ich weiß, ist Nelson dieselbe überwältigende Bescheidenheit eigen, die auch mich auszeichnet. Er denkt dabei wahrscheinlich überhaupt nicht an unsere Spezies, die munter dabei ist, die gesamte Erde in einen ähnlichen Zustand zu versetzen. Vielmehr fühlt er wohl, dass diese Landschaft alles gegeben hat, was sie an Farben und Formen, an Leben hervorbringen konnte und darüber verglühte.

Wir stapfen hinüber zum Zeltplatz, auf dem bereits eine Gruppe aus Österreich lagert. Sie ist kurz vor unserem Aufbruch durch das Karangatal gezogen und kam zuvor auf der Umweroute herauf: eine athletische Unternehmung, vor der ich meinen Hut ziehe. Neben der Fläche für die Zelte ist eine Abfallgrube in den morschen Fels gehackt und Raum für zwei Toilettenhäuschen geschaffen worden. Eines davon schwebt auf Balken über dem Abgrund. Vor wenigen Jahren stürzte dort eine Touristin nachts in den Tod, aber eine Absperrung hat man dennoch nicht angebracht.

Jackson kommt aus einer der Hütten und ruft uns zu, es sei alles da: Hühnerfleisch, Früchte, Getränke, Helm, Kletterschuhe. Er zählt die Dinge langsam auf, mit langen Pausen dazwischen und mit weit ausholenden Gesten, denen zufolge es sich um unglaubliche Mengen handeln muss. Auch ein Brief ist dabei. Was für eine Überraschung: Zwei Menschen wünschen mir Glück, schreiben ein paar Zeilen aus ihrem Alltag in Moshi.

Ich setze mich lesend auf einen Stein in der Geröllwüste. Unter mir schwebt eine dichte Schicht weißer Quellwolken: von Horizont zu Horizont gekrümmt, der Kugelgestalt der Erde folgend.

Ein hagerer älterer Mann aus dem Lager der Österreicher nähert sich, und ich habe gerade noch Zeit, ein abweisendes Nussknackergesicht aufzusetzen. Aber er sieht mich nicht an.

Der Wolkenbogen unter Barafu Hut, 4680 m.

«Segantini», sagt er, «kennen Sie Segantini? Ein Maler. Ich hatte erwartet, hier seinen Himmel zu finden. Aber dieser Himmel ist ganz anders, irgendwie ...»

«Hart», sage ich, «es ist ein metallhartes Blau. In der Provence sieht
man das, wenn der Mistral zu wehen beginnt. Man wird ein wenig verrückt unter solchem Himmel. Morgen, dort oben, werden Sie es deutlich spüren. Segantini finden Sie nur in den Alpen, sein Leuchten und
den Hauch von schmelzender Kühle. Möchten Sie Wein aus der Flasche? Ich bin nicht auf Besuch eingestellt.»

Allmächtiger, was wäre mir da beinahe entgangen: ein Verehrer Gio-
vanni Segantinis an der Barafu Hut, 4680 Meter hoch! Wir sprechen
begeistert über Arco und Maloja, es stellt sich heraus, dass wir während einer Ausstellung in Sankt Gallen nebeneinander gestanden haben müssen.

«Ich suche nach einem Himmel, an den ich mich erinnern möchte,
wenn das alles einmal zu Ende geht», sagt der Mann und sieht auf den
Wolkenbogen.

253

Das gefällt mir auf hohen Bergen: In der dünnen Luft wird der Atem kostbar, zu kostbar für müßiges Geschwätz, und man kommt bald zur Sache. Doch jetzt bemerke ich, wie erschöpft der Mann ist.

«Sie sind sehr schnell gewesen, viel zu schnell!»

«Ich muss mich der Gruppe anpassen. Das sind alles junge Leute, die ich ohnehin schon aufhalte, weil ich mir dies oder das länger ansehen will. Ich verstehe sie nicht, ihre Eile und Blindheit, ich weiß nicht, was sie hier eigentlich wollen. Vor ein paar Tagen kam eine Gruppe herunter, die war auf dem Uhuru. Im Hotel haben sie sich kreischend volllaufen lassen und dann ‹Fuck Kilimanjaro›, ‹It nearly killed me› und solches Zeug an die Wände geschmiert. Sie sprachen verächtlich, ja mit Hass, über den Berg.»

Da solltest du, denke ich, erst einmal die Einritzungen und Schmierereien in der Kibohütte sehen. Man kann offenbar auch einen Berg hassen, wenn er uns unerfüllt zurücklässt, auf seine unverstandene Mahnung mit Aggressivität antworten, ihn mundtot machen durch geheuchelte Verachtung.

«Und Sie, weshalb sind Sie hier?», fragt der Mann und reicht mir die Flasche zurück. Er sieht jetzt entspannt aus und beginnt, mit gespreizten Fingern die wirren Haare glatt zu streichen. Als er sich eine Zigarette anzündet, zittern ihm die Hände wie im Veitstanz. Ein schreckliches Laster sei das, murmelt er dabei, doch er wolle auch gar nicht mehr viel älter werden, nur um sich dann ständig zum Urologen schleppen zu lassen, weil er sein Bettzeug nass macht. Sein braun gebranntes, faltiges Gesicht erinnert mich an einen Alten, den ich sehr mag.

«Dort drüben», sage ich zögernd, «das ist der Mawenzi. Für mich ist der so eine Art Windmühle, mit der ich kämpfen will.»

«Sieh da, ein Anhänger des Ritters aus der Mancha! Da haben wir noch etwas gemeinsam. Ich bin einmal durch sein Reich gereist. Ach, der Kräuterduft, der blühende Ginster, die Eichen in den steinigen Feldern, die flirrende Luft. Und am Horizont sah man den Don auf seiner klapperdürren Mähre durch die Disteln galoppieren! Es war eigentlich viel schöner als hier. Haben Sie gelesen, was Nabokov über ihn schrieb? Dem stand er für alles, was edel ist und hilflos, rein und ritterlich. Keine heitere Geschichte.»

«Eine Tragödie ist immer tragfähiger als eine Komödie. Der Roman wäre sonst wohl längst vergessen. Vielleicht auch nicht. Thomas Mann entdeckte darin, wie immer mit gerunzelter Stirn und gespitztem Mund, noch andere dauerhafte Dinge. Nabokov hat Quijote sehr liebenswert geschildert, ging aber kaum auf das eigentlich Bewegende ein: auf den Menschen, der uns nahe ist, weil er unbeirrt und vergeblich immer wieder auszog, obwohl das Schicksal ihm – wie uns allen – eine Maulschelle nach der anderen gab.»

«Das kann sein. Der ältere, der nur noch Käfer sammelnde Nabokov hätte darüber sicherlich mehr sagen können als der erfolgreiche Schriftsteller Nabokov. Wünschen wir uns, dass wir hier keine Maulschelle bekommen.»

Am Abend essen wir früh. Der Rebmanngletscher strahlt noch im Sonnenlicht, hier unten ist es schon dunkel und kalt.

William hat gemeinsam mit dem Koch der Österreicher ein ugali nyama choma zubereitet: dicker Maisbrei, aus dem man mit der Rechten – Linkshänder haben es hier schwer, denn die Linke gilt als unrein – kleine Klößchen formt und in die Soße mit scharf gewürzten Fleischstücken tunkt. Es schmeckt hervorragend. Wir schmatzen und stöhnen und lecken dann sorgfältig jeden Finger ab. Dabei reden wir zum ersten Mal über Geld – es interessiert mich, was meine Begleiter während der Tour verdienen. Nelson wird 150 Dollar bekommen: ein fürstlicher Lohn, es gibt hier sehr viele berufstätige Menschen, die mit 50 Dollar im Monat auskommen müssen. Gar so schnell wird er freilich auch keinen neuen Kunden haben. Die Übrigen erhalten etwa die knappe Hälfte dieses Betrages. Ich rechne. Wie bei Hans Meyer nachzulesen ist, zahlte er seinen Trägern, von denen jeder 30 Kilogramm tragen musste, jeweils sechs Mariatheresientaler monatlich. Fünf weitere Taler pro Träger und Monat strich der Vermittler auf Sansibar ein und verpflichtete sich dafür, fortgelaufene Männer und die mit ihnen verschwundenen Lasten zu ersetzen. Für einen der silbernen Mariatheresientaler bekam man damals drei deutsche Mark. Nun kann man trefflich über den Umfang der seither eingetretenen Verringerung der Kaufkraft, der veränderten Lebensbedürfnisse, Besteuerung und so weiter streiten. Es kommt dennoch dabei heraus, dass ein Träger heute nicht übermäßig mehr als zu Meyers Zeit verdient. Der einzige Fortschritt: Die Parkverwaltung schreibt vor, das Gewicht einer Last solle 15 Kilogramm nicht überschreiten. Aber da sich KPAP (Kilimanjaro Porters Assistance Project) darum bemüht, dass nicht mehr als 25 Kilogramm getragen werden, scheint das unrealistisch zu sein. Nicht selten, vermeldet die Trägergewerkschaft Kilimanjaro Porters Association, wiegen die Lasten bis zu 50 Kilogramm.

Und nebenher beschleicht mich die Erkenntnis, dass sich im Grunde gar nichts geändert hat. Ich bewege mich hier in einem Reservat, das vornehmlich für vermögende Touristen aus Europa, Nordamerika und Ostasien geschaffen wurde. Ein Chagga müsste, wenn er hineinwill, trotz der weitaus geringeren Eintrittsgebühren für Bürger Tansanias, immerhin den Tageslohn eines Trägers entrichten – allein für den Zutritt an einem Tag. Er darf hier nicht Gras mähen oder Holz schlagen, jagen oder Honig sammeln und schon gar nicht auf den Kifinikahügel gehen, um dort, wie seine Vorfahren es taten, die Ahnen um Fruchtbarkeit zu bitten. Was ich hier mache, unterscheidet sich nicht wesentlich von den Streifzügen, die einer meiner Urgroßväter zur Kolonialzeit unternahm. Der schwarze Mann muss meine Vorstellungen vom Schutz der Umwelt respektieren, mein Gepäck tragen, mich beköstigen und unterhalten. Dann darf er auf eine Belohnung und auf meine abgelegten Bergstiefel hoffen. Sollte er es wagen, sich mir mit anderen Angeboten als jenen der Tourismusindustrie zu nähern, so wird er verprügelt wie die Händler am Parktor von Machame. Neuerdings müssen die Bergführer – es droht sonst Verlust der Lizenz – sich sogar regelmäßigen HIV-Tests unterziehen, damit furchtsame Touristen nicht verprellt werden. Ein umgekehrtes Miteinander ist undenkbar.

Als im Tal die Lichter von Moshi aufleuchten, zieht ein Schwarm Sternschnuppen zum Mawenzi hinüber. Es dauert viel länger als gewöhnlich, bis die Glutstreifen verlöschen.

KAPITEL 12

ES GIBT TAGE,
DIE SIND BESSER ALS ANDERE

M anchmal ist das Erwachen eine Zeit der Schwäche, in der man angefallen wird von der Erinnerung an Versäumnisse und Irrtümer des Vortages. Ich wälze mich im Zelt herum. War es wirklich Käse, nach dem sich Ben Gunn sehnte? Dann fällt es mir ein: Ich habe recht gehabt – der Doktor hatte ein Stück Parmesan in der Schnupftabakdose, das er dem Einsiedler gab. Sonst noch etwas? Nein, nur Müdigkeit. Bis lange Zeit nach Mitternacht war die Ruhe vom Geräusch der Reißverschlüsse an den benachbarten Zelten gestört worden. Einmal erwacht, beginnt man unweigerlich darauf zu warten, dass der nächste Reißverschluss gezogen wird. Der Harndrang, der zu solchen nächtlichen Störungen führt, gehört zu den Wirkungen von Diamox: eigentlich ein Medikament zur Glaukombehandlung. Es soll angeblich die Höhenkrankheit besänftigen. Bisher ist das völlig unbewiesen, und hier sind nur seine Nebenwirkungen offenbar.

Nein, sagt ein Träger der Österreicher, als ich ihn frage. Es hat niemand den Aufstieg abgebrochen, keiner ist zurückgebracht worden, alle sind noch unterwegs. Das ist gut. Der Verehrer Segantinis sieht jetzt ein großartiges Blau.

Zum Frühstück erscheint Nelson erstmals mit einer anderen Kopfbedeckung. Anstelle der verwaschenen Baseballkappe trägt er ein schwarzes Barett, daran das Emblem der tansanischen Nationalparks: eine springende Gazelle über einer Schirmakazie. Wir kreuzen heute die Maranguroute, kommen durch vielbesuchtes Gebiet, da müsse er etwas für sein Ansehen tun, erklärt er. Das Barett gehört zur Uniform der Bergwachtleute.

Wir ziehen los, und bereits beim Abstieg in das South East Valley zeigt sich, was ich mir und meinen Begleitern mit der Wahl dieser Route angetan habe. Dort unten erhebt sich eine zerrissene Felsrippe hinter der anderen, es sind nicht nur zwei oder drei, wie man beim Betrachten der Karte annehmen sollte, und wir müssen sie fast alle queren. Nelson klettert voraus, sucht nach geeigneten Passagen, hinter mir schinden Jackson, William und Peter sich im Geprassel losgetretener Steine. Als

Meyers und Purtschellers Aufstiegsroute lag in der Blickrichtung annähernd in der Mitte zwischen der heutigen Mweka- und der Maranguroute.

Hans Meyer in dieser Gegend unterwegs war, beschrieb er ein «Chaos von Blöcken» sowie eine «verzweifelte Kletterei» – mir kommen noch kräftigere Worte in den Sinn.

«Vorhin», knurrt Nelson später, «hätten wir leicht einsteigen können und wären längst im Sattel. Aber wir müssen ja unbedingt zum Meyerstein.»

Er zieht eine zerknüllte rote Zigarettenpackung aus der Brusttasche. «Sportsman» heißt die Sorte, und gleich wird er furchtbar husten.

«Nimm meine!»

«Nein. Das Zeug ist parfümiert.»

Er hat ja recht. Es ist meine Schuld, dass wir den Morgen verschwatzt haben und zu spät aufgebrochen sind. Jetzt geht es in heilloser Kletterei quer über die zerborstenen Felsen. Die Sonne steht hoch, das Gestein hat sich aufgeheizt, man verbrennt sich fast die Finger daran. Kein griffiger Fels, überall glatte, schwarzbraune Blöcke, vom Frost längs und quer aufgesprengt. Zwischen den Rippen liegt in farbigen Bändern herabgespülte Asche und Lavagrus, in dem man bei jedem Schritt bis zu den Knöcheln versinkt. Wir sind staubig und verschwitzt, unser Geruch könnte ein Pferd umbringen – wenn denn eines kommen sollte.

«Wo war denn nun dein bergsteigender Schuhmacher?», fragt er jetzt. «Du bringst da etwas durcheinander. Es geht nicht um Charles New, es geht um Meyer und Purtscheller. Sie gingen da oben an der Talschulter entlang.»

Dabei stehe ich auf und sehe zu der Wand hinüber, über die wir das Tal verlassen werden:

«Das sieht verdammt übel aus!»

«Jetzt untertreibst du aber gewaltig», sagt Nelson, und wir beginnen beide zu lachen und zu husten.

Irgendwie erreichen wir dann doch unser erstes Tagesziel: vier auffällige große Felsblöcke am Roten Kessel – der Viermännerstein, Meyers und Purtschellers Biwakplatz. In schwankendem Sturmschritt, tief in den grobkörnigen Lavagrus einsinkend, laufe ich hinüber. Viel zu sehen gibt es nicht: die Felsblöcke, einen Wall aus kleineren Steinen, hinter denen die beiden lagerten, eine vom Sand stumpf geschliffene Flasche, rostige Überreste von Konservendosen. Das alles stammt vielleicht aus einer späteren Zeit, aber ich denke mir einfach, es wären Hinterlassenschaften der ersten Menschen, die auf dem Kibogipfel standen. Hier haben sie die Nacht zum 3. Oktober 1889 verbracht, frierend und aufgeregt, immer wieder im Streichholzschein nach der Uhr sehend. Ihr Begleiter Muini Amani schlief draußen, in Decken gehüllt, in einer Felsspalte. Im Zelt war kein Platz mehr. Ein Fressen für die Ehrabschneider: Der Afrikaner musste im Freien schlafen! Dass das zweite und für afrikanische Begleiter bestimmte Bergzelt – wie auch Meyers Steigeisen und andere Dinge – bereits auf Sansibar abhanden gekommen waren, haben sie geflissentlich überlesen.

Um halb drei brachen die beiden auf, eine «verzweifelte Kletterei» begann, und es gab einen Streit darüber, welcher Weg zu nehmen sei, nachdem ein Tal ihnen den Aufstieg versperrte. Weiter ging es über Fels und das glasharte Eis des heute fast verschwundenen Ratzelgletschers – beide wurden vom Eis so geblendet, dass der Gletscherbrand ihre Gesichter entstellte und Meyer noch tagelang eine blaue Brille tragen musste. Stufen hackend, über Gletscherspalten und durch bizarre Büßerschneeformen erreichten sie um 14 Uhr den Kraterrand und erkannten, dass dessen höchster Punkt zu fern lag, um ihn noch erreichen zu können. Der «Berg des bösen Geistes» hatte sie genarrt. Das Biwak wurde deshalb in eine Höhle verlegt, die etwa 300 Meter höher als der Viermännerstein liegt. Wahrscheinlich war es Lava Cave.

Meine Weggefährten sitzen abseits, trinken oder rauchen und starren in die Luft. Ich habe ihnen erzählt, was mich hierher treibt, aber das interessiert sie wohl wenig. Bis auf den kleinen Peter sind sie alle schon oft hier oben gewesen. Nicht an dieser Stelle, doch gibt es für sie keinen Grund, begeistert ein paar Felsen zu besehen, an denen vor mehr als hundert Jahren drei unbekannte Männer biwakierten. Vermutlich regt sie auch das dumpfe Rot der Felsen nicht auf, das matte Blau in den Rinnen dazwischen, das glitzernde Gletscherweiß dort oben oder das silbrige Grau einer nahen Bimssteinhalde.

«Paul, vor uns liegt ein harter Tag!», ruft Nelson mahnend herüber.

Unsinn, denke ich. Sechs Kilometer über das Sattelplateau und hinunter zum See. Was soll da hart werden? Und bleibe lieber noch an dem Ort, den ich niemals wiedersehen werde.

Hat das Erlebnis des Gipfels die beiden verändert? Meyer ganz bestimmt, aber über Ludwig Purtschellers weiteres Leben weiß ich kaum etwas. Als er damals Afrika verließ, rang er mit einer schweren Malariaerkrankung und reiste nach Italien, um sich zu erholen. Zwei Jahre später unternahm er Hochtouren im Kaukasus, erstieg unter anderem den Elbrus – sein zweiter Gipfel der «Seven Summits», würde man heute sagen. Er verunglückte 1899 in der Nähe von Chamonix. Purtscheller ist an den Folgen seiner Verletzungen, zu denen sich eine Lungenentzündung gesellte, im Jahr darauf in Bern gestorben. Da war er fünfzig

Jahre alt. Mir hat es gefallen, dass er in seinem Reisebericht vom Kilimandscharo abscheuliche Dinge beim Namen nannte, die sein Partner wegen der politischen Interessen im Hintergrund verschwieg: den Sklavenhandel der Chaggahäuptlinge zum Beispiel, durch den sie reich und mächtig geworden waren.

Für Hans Meyer hingegen erfüllten sich fast alle Hoffnungen, die er mit den Reisen nach Ostafrika und mit dem Berg verband. Deutschland gab das Gebiet nicht mehr her, und Meyer durfte sich als einen Mitbegründer Deutsch-Ostafrikas betrachten. Als Wissenschaftler stieg er auf zum Experten für die Vulkanologie Ostafrikas und zum Direktor des Kolonialgeographischen Institutes der Universität Leipzig, das zudem seine Schöpfung war. Einundsiebzig Jahre waren ihm vergönnt.

Es wird tatsächlich eine anstrengende Partie, bis der Sattel offen vor uns liegt: in der Mitte Red Hill, eine rotbraune Tatze im Grau der Hochfläche, dahinter, betörend schön trotz seiner Schroffheit, der fliederfarbene Mawenzi mit vereinzelten Schneefeldern darauf. Es ist der erste freie Ausblick seit Tagen – ohne Grate, Rücken und Erosionsrinnen, hinter denen wieder Rücken und Erosionsrinnen liegen.

Plötzlich beginnt einer von uns zu rennen, dann rennen wir alle, es ist einfach herrlich, und brüllen dabei aus Leibeskräften: fünf Gestalten, schwarz und übelriechend wie Köhler, schreiend, eine davon schwenkt einen bunten Stock mit einer Eidechsenhaut daran. Von den Horombohütten heraufkommende Bergwanderer bleiben verwundert oder gar entsetzt stehen, wir rasen vorbei und wälzen uns erst weit hinter dem Pfad lachend auf der Erde.

«Mann, das wurde Zeit!», ruft Jackson krähend. Er schnappt nach Luft, und es laufen ihm Tränen über das verstaubte Gesicht.

«Diese ganze Berglatscherei ist dermaßen blöde, da kriegt man es, hoho, einfach in der Platte!»

Es ist eine Schar vom Spiel erhitzter kleiner Jungen, die sich da hinkauern und Hühnerfleisch und Brot und Früchte essen, ausgelassen darüber schwatzen, wie es im Lager am See sein wird und was sie an-

Marsch über das Sattelplateau zum Mawenzi.

stellen werden, wenn sie endlich, endlich nach Marangu kommen. Manchmal bleibt ein Satz unbeendet. Dann streift mich ein abschätzender Blick. Ja, drei Tage sind es noch bis Marangu, und der Berglatscher hat wohl noch einiges vor. Ich löffele derweil genießerisch eine Papayahälfte aus und spiele eines meiner Lieblingsstücke: der rätselhafte Afrikareisende, entrückt schweigend im Kreis seiner dunklen, treu ergebenen Gefährten. Die schöne Vorstellung endet jäh, weil diese Gefährten nun beginnen, ihre Nasen mit einem unkomplizierten Verfahren – es erfordert nur einen Luftstoß sowie den Daumen oder den Zeigefinger – vom Staub zu befreien.

Als wir die Mawenzihänge umgehen, weicht der Ascheboden einer steinigen, von vereinzelten Grasbüscheln bewachsenen Landschaft. Weitab im Norden erkennt man eine helle Linie: die Rongairoute, auf der ich mit Tomasi Mtui zur School Hut zog und dabei das phonetische, das lautmalende Bergsteigen entdeckte. Ob Tomasi wohl inzwischen schon Post austrägt? Ganz fern, von einer Luftspiegelung verzerrt, laufen Elenantilopen auf Giraffenbeinen neben dem Pfad her. Ihre Fährten sind hier überall zu sehen, drängen sich um einen ausgetrockneten Tümpel zusammen, der uns seinen braunen, schuppigen Grund zeigt. Danach folgt bald ein zweiter, ebenfalls wasserlos, umgeben von vertrocknetem Schilf. Sein weißer Kiesgrund ist von Antilopenhufen aufgewühlt. Wahrscheinlich lecken die Tiere hier Salz. Bruno Gutmann erwähnte, auch die Chagga seien früher zu den so genannten Salzwiesen über dem Waldgürtel hinaufgestiegen, um dort Salz zu holen.

Der Bewuchs zwischen den Steinen bleibt kärglich, verrät aber immer häufiger, dass der Berg zuweilen Regenwolken festhält. Sein Gipfel wird auch jetzt von einer weißen Schleppe verhüllt. Rechts bleibt die rote, morsche Wand der Nordecke zurück. Wir klettern noch über North West Ridge, einen ziemlich üblen Grat, hinter dem in einem tiefen Talkessel das zweite und letzte Ziel des Tages erscheint: Mawenzi Tarn, der einzige dauerhafte Bergsee dieser Gegend. Türkisgrün liegt er im Northern Amphitheatre unter uns. Am Ufer zwei Hütten, die bunten Tupfen kleiner Zelte, zwei große gefleckte Militärzelte und viele, viele rote Jacken.

«Verdammt, da sind große Dinge im Gange», murmelt Nelson.

Es ist ihm anzusehen, dass er lieber in eine Schlangengrube hinabsteigen würde.

«Das gibt Ärger, bei solch einem Aufzug sind immer irgendwelche Bosse von der Parkverwaltung dabei.»

Na und? Unsere Papiere sind in Ordnung, ich habe für zehn Tage bezahlt. Dann kommt mir der Hund in den Sinn, der Hund mit dem schlammverklebten Fell und dem fiebrigen Blick, der in Namanga herumstrich. Tausendmal war er von Kenia nach Tansania und von Tansania nach Kenia gewechselt, unbehelligt. Aber als er mit mir vor dem Grenzwächter stand, waren plötzlich irgendwelche Papiere vonnöten. Nein, Begegnungen mit Bürokraten soll man vermeiden.

«Wir holen nur Wasser und zelten da drüben.»

Ich zeige hinüber zur Wissmannspitze. Dort will ich heute noch hinauf: zu einer Scharte, durch die man in den gewaltigen Kessel hinter der Mawenziwand sehen kann. Na ja, es ist wohl schon etwas spät dafür. «Nein. Wir müssen am See zelten, sonst gibt es gleich Krach!» Hm. Da wimmeln sicherlich die «internationalen Teilnehmer» herum, die mir schon deshalb unsympathisch sind, weil ich in Moshi so viel von ihnen gehört habe. Aber am See könnte man sich ordentlich waschen. Vielleicht sogar, ohne sich eine Bilharziose zu holen. «Wie weit ist es denn bis zur Mawenzi Hut?» Nelson antwortet schnell. Das sei nur eine knappe Wegstunde, es gebe ausreichend Wasser, und ganz bestimmt wäre dort kein Mensch. Natürlich, das weiß ich inzwischen – es ist immer nur noch eine Stunde. «Gut, wenn wir schon gehen müssen, dann gehen wir am besten gleich!»

Ich schwenke meinen Hexenstock, und wir ziehen den Grat hinab. Mein Gott, ist das schön! Peter und William sehen weniger begeistert aus. Auch Jackson folgt stumm und lustlos, doch was bleibt ihnen schon übrig.

Der Marsch dauert natürlich erheblich länger als eine Stunde. Wir trotten nach Südwesten, gehen über Geröllfelder und Schutt. Ich sammle ein paar besonders bunte Steinchen auf und erinnere mich dabei an den Briten Henry Hamilton – später Sir Harry – Johnston, dessen Namen heute unter anderem eine der im Kilimandscharogebirge endemischen Senecienarten trägt. Johnston erreichte im Mai 1884 den Hof des Chaggahäuptlings Mandara im alten Moshi und gab vor, allein wissenschaftliche Forschungen vornehmen und die Berge besteigen zu wollen. Wie alle Reisenden vor und nach ihm kam er jedoch mit den Begierden seiner Zeit und interessierte sich sehr für die Immobilienpreise in diesem Landstrich, von dem er einen Abschnitt um Taveta erwarb und dort Weizen anbauen und Strauße züchten ließ. Nach einem Zerwürfnis mit Mandara – angeblich ging es dabei um fünf Chaggamädchen, die der Brite gefordert hatte – zog Johnston nach Marangu. Dort stellte ihm der Häuptling Mareale vier Begleiter für einen Aufstieg auf dem Pfad, den wir heute die Maranguroute nennen. Unterwegs will sich Johnston, ähnlich wie der Scharlatan Otto Ehlers, durch eine Mawenzibesteigung für den Kibo aufgewärmt haben. Er war immerhin so klug, den Hergang nicht zu schildern. Von den 43 Gesteinsproben aus dem gesamten Gebirge, die er später heimbrachte, stammten nur zwei vom Mawenzi. Man kann dort aber ganz rasch ein Dutzend verschiedener Gesteine einsammeln. Johnston will dann auf dem Kibo die mit dem Siedethermometer ermittelte Höhe von 4973 Metern erreicht haben. Nicht bezweifelt werden kann, dass er ein hübsch mit eigenen Zeichnungen illustriertes, viel gelesenes und in andere Sprachen übersetztes Buch über seine Expedition geschrieben hat. Seine Landkäufe bewirkten einen Knick in der später gezogenen Grenze zwischen Deutsch- und Britisch-Ostafrika, konnten jedoch am Verlauf der Dinge nichts ändern, weil Karl Ludwig Jühlke 1885 das Kilimandscharogebiet auf eine nicht ganz rechtskräftige Weise für die Deutsch-Ostafrikanische Gesellschaft erwarb.

Hinter West Ridge erwartet uns eine mattenartige Landschaft voller blühender Strohblumen. Das tief eingeschnittene Bett eines Schmelzwasserbaches zeigt, woher die unerwartete Fruchtbarkeit kommt. Endlich ist in einer Senke auch eine kleine, mit Weißblech gedeckte Zeltdachhütte zu sehen: Mawenzi Hut. Diesmal belehrt uns kein Schild über die Höhe. Der Karte zufolge sollen es 4600 Meter sein, nach anderen Angaben 4535 Meter. Jedenfalls war das genug für heute. Peter bittet um eine Aspirintablette, bekommt die ganze Packung, und ich stelle gemeinsam mit Nelson mein Zelt auf. Es langt nun wirklich, in den Ohren braust es. Ich will keine Felsen mehr sehen, keinen Schmelzwasserbach, keine Strohblumen.

Drinnen taste ich im Rucksack nach einem Taschenbuch, um vor dem Abendessen nicht einzuschlafen: Robert Byrons «Road to Oxiana», ein Mitbringsel aus der Buchhandlung in Moshi, inzwischen feucht und gewellt. Das Buch wird trotzdem einen Ehrenplatz bekommen, denn das war ein Autor nach meinem Geschmack. Natürlich ist er längst auf und davon. Heute schreibt jeder, der auf einen Baum gekrochen ist, sofort

Mawenzi mit Nordecke und Hans-Meyer-Spitze (5149 m).

ein Buch darüber. Männer wie Meyer, Wiegand, Almasy, ach, wie viele, kamen zunächst schweigend von ihren Gipfeln herab, obgleich sie dem Eis Schmetterlinge, dem Vergessen Jahrhunderte entrissen oder gnadenlose Wüsten durchquert hatten, schwafelten nicht von Selbstverwirklichung und brachten etwas für die Wissenschaft heim. Oder wenigstens eine unterhaltsame Reisebeschreibung. Stattdessen nunmehr eine Flut von entsetzlich langweiliger Abenteuer- und Bewährungsliteratur, geschrieben von alles verdrängenden Helden: Kompasse ohne Nadeln.

«Außerdem», schreibt da Byron gallig, «haben wir ein Buch von Sir Thomas Holdich mit dem Titel ‹The Gates of India› dabei, das die Forschungsreisen nach Afghanistan bis 1910 auflistet und unter anderem die Unternehmung von Moorcroft beschreibt, der 1825 in Andkhoi starb. Darin finde ich auf Seite 440: ‹Moorcrofts Bücher (dreißig Bände) sind erhalten geblieben, und der moderne Reisende in seinem Hang zu leichter und handlicher Ausrüstung mag über diese Bibliothek erstaunt sein.› Mich erstaunt eher, dass es so wenige Bücher gewesen sein sollen, Moorcroft war schließlich fünf Jahre unterwegs.

Eine leichte und handliche Ausrüstung! Man kennt diese modernen Reisenden, diese in die Jahre geratenen Musterschüler und pseudowissenschaftlichen Langweiler, die von Gesellschaften ausgebrannter Amtsträger ausgesandt werden, damit sie herausfinden, ob Sanddünen singen und Schnee kalt ist. Ihnen stehen unbeschränkte Geldmittel und jede Form behördlicher Unterstützung zur Verfügung, sie dringen in den letzten Winkel der Welt vor. Aber bringen sie außer der Einsicht, dass Sanddünen tatsächlich singen und Schnee kalt ist, noch etwas heim, das das Wissen der Menschen bereichern würde?

Nichts.

Ist das erstaunlich? Ihr physisches Wohlergehen wird sorgsam überwacht; sie trainieren gewissenhaft und befolgen jede Regel zur Erhöhung ihrer Widerstandskraft, sie sind beladen mit Medikamenten, die sie wieder aufrichten, wenn sie als Ergebnis ihres Bemühens um Widerstandskraft schließlich zusammenbrechen. Auf ihre psychische Gesundheit jedoch und auf deren möglichen Einfluss auf künftige Beobachtungen verschwendet niemand einen Gedanken. Ihre leichte und handliche Ausrüstung umfasst Nahrungsmittel, die für die Bewohnerschaft eines Wolkenkratzers ausreichend wäre, Instrumente für ein Schlachtschiff und Waffen für eine ganze Heerschar. Aber ein Buch ist selten darunter. Ich wünschte, ich wäre vermögend genug, um einen Preis für den empfindsamen Reisenden zu stiften: 10 000 Pfund für den ersten Mann, der Marco Polos Reiseroute nach Asien folgt und unterwegs Woche für Woche jeweils drei neue Bücher liest, und weitere 10 000 Pfund, wenn er dabei jeden Tag eine Flasche Wein trinkt. Ich denke, der Mann hat wirklich etwas zu erzählen, wenn er heimkommt.»

Was Byron da beklagte, war gar nicht die Verschwendung öffentlicher Mittel, nicht gänzlich das armselige Empfinden gepriesener Reisender und nicht allein der Umstand, dass aller Aufwand heute weniger dem Werk als vielmehr seiner Vermarktung gilt. Und jedes Kind weiß, dass reisende Wissenschaftler an jedem Tag bedeutsame Erkenntnisse heimbringen. Nein, Byron verachtete Nüchternheit, das Unvermögen, empfindsam zu reisen. Er schrieb sich wohl auch das Unbehagen darüber aus dem Bauch, dass kaum ein Maler sich noch am Zwielicht und Grau eines regnerischen Tages misst, kaum ein Schriftsteller ein Gehör besitzt für das Rascheln eines Blattes am Baum der Erkenntnis, dass Farben und Sätze kreischend und nach der neuesten Mode gekleidet daherkommen müssen, wenn sie uns noch erreichen wollen. Millionen von Reisenden überfluten inzwischen diesen Planeten, drängen sich in Bussen, Zügen, auf Fähren, in Flugzeugen, um an irgendeinem Strand so braun wie alte Aktentaschen zu werden. Und wenn sie sich wieder aus dem Staube machen, was nehmen sie dann mit?

In der Hütte packt Jackson Vorräte und Ausrüstung aus und flucht böse vor sich hin. Jemand hat die Dielen herausgerissen und für ein Lagerfeuer benutzt. Wahrscheinlich waren es dieselben Leute, deren Hinterlassenschaft am Hang herumliegt: Antilopenknochen mit rosa Fleischresten daran. Wer hier ein Gewehr heraufschleppt, der kann ungestraft tun, was er will.

Es dunkelt. Schatten füllen die Täler, und die Felsen beginnen zu rauchen. Ihr Rot weicht dunklem Violett. Allein die Gipfelkonturen brennen noch im Sonnenlicht. In der Luft ein lautloses Rauschen – eine Stimmung zwischen Freude und Erschrecken. Es ist nicht möglich, denke ich, dass man dort hinaufgeht und dann unverändert heimkehrt.

Schon lange vor dem Morgengrauen liege ich schlaflos und denke an etwas, was mich immer sehr berührt hat: das frühe Ende vieler Afrikaforscher. Von jenen, die sich dem Kilimandscharogebirge zuwandten, erreichten Johannes Rebmann, Ludwig von Höhnel, Hans Meyer, Harry Johnston und Ernst Platz ein im Vergleich geradezu biblisches Alter. Und erlebten ihr Alter in Würde: Höhnel zum Beispiel wurde Konteradmiral und Flügeladjutant seines Kaisers, von Meyer wird berichtet, er sei während der Revolutionstage im November 1918 täglich allein von seiner Wohnung zum Kolonialgeographischen Institut gegangen, obwohl sein Weg durch Mengen aufgebrachter Revolutionäre führte und ihn schon seine Kleidung als Mitglied des Großbürgertums auswies. Immer sei man achtungsvoll beiseite getreten. Auch wer ihn nicht kannte, besaß offenbar ein Gespür für Männlichkeit und eine Haltung, die das Ergebnis gerader Gesinnung und großer Tatkraft war. Aber das waren Ausnahmen von der Regel. Richard Thornton waren nur vierundzwanzig Jahre vergönnt, Carl Claus von der Decken zweiunddreißig, Otto Kersten immerhin einundsechzig, Charles New fünfunddreißig, Gustav Adolf Fischer, das Phantom, dem Joseph Thomson zeitweilig nachjagte, starb achtunddreißigjährig. Immer waren es Leben, die nahezu gänzlich der Aufgabe gewidmet wurden, hinter ferne Horizonte zu blicken, Leben, in denen oft kein Raum war für Frauen, Freundschaft, Familienbindungen. Joseph Thomson zum Beispiel folgte lesend schon als Kind seinen Vorbildern an den Nil und den Niger, in die Kalahari und die Sahara, unternahm erschöpfende Wanderungen durch das schottische Hochland, schlief viel im Freien, um sich für künftige Strapazen zu stählen, studierte fleißig und gewann dabei die Medaillen der Fachrichtungen Geologie und Naturgeschichte und stellte sich ohne die geringste Bezahlung in den Dienst der Geographischen Gesellschaft seines Landes. Ein Gehalt bekam er nie, nicht einmal ausreichende Mittel zur Ausrüstung seiner Expeditionen. Thomson starb mit siebenunddreißig Jahren. Karl Ludwig Jühlke wurde dreißig und in derselben Gegend ermordet, in der Somalikrieger den «Baruni» von der Decken umgebracht hatten. Das Ende des hervorragenden Wissenschaftlers Oscar Baumann kam mit fünfunddreißig. Da hatte er das Weltwunder Ngorongoro, die Quelle des Weißen Nil und die Fabelländer Ruanda und Burundi für Europa entdeckt. Ludwig Purtscheller starb fünfzigjährig. Und nicht selten stellten diese Männer auch ihr Vermögen, sofern sie eines besaßen, in den Dienst der Forschung: So wendete Hans Meyer für seine zweite, bald gescheiterte Expedition zum Kilimandscharo 30 000 Mark auf. Von der Kaufkraft her übertragen, wäre das heute ein sehr stattlicher sechsstelliger Betrag.

Albtraumlandschaft: Mawenzis Geröll im Nebel.

Nach einem hastigen Frühstück, schon auf dem Western Corrie, wieder einmal Selbstvorwürfe: Viel zu spät bin ich losgegangen. Viel zu spät. Gleich wird die Sonne zwischen den Pinnacles aufleuchten, flammenrot und heiß, und dann erklingt bald darauf die Mawenziouvertüre: ein Prasseln, Knallen und Krachen, umweht von Schwefelgestank. Steinschlag. Es ist schwachsinnig, hier allein herumzusteigen. Selbst der erste Abschnitt, der über die Schutthalde führt und von unten glatt wie eine Rodelbahn aussah, ist unwegsam, wird von scharfem Gestein und von Rinnen im Schutt zerrissen. Kies und Schutt liegen in einem sehr steilen Winkel, geben ständig nach, lassen mich hinabrutschen. Aber ich kenne mich hier ja aus. Hundertmal bin ich diesen Weg auf Fotografien und Skizzen, über Zeilen in Büchern und Zeitschriften gegangen. Vor wenigen Tagen auch im Traum: Da bin ich wie eine von Carl Claus von der Deckens Feuerwerksraketen zwischen Mawenzis Zinnen umhergesaust. Es war ganz einfach: Je mehr ich die Arme dem Körper näherte, desto schneller flog ich. Waren sie angelegt, zischte ich so rasend davon, dass die Flugrichtung mit hastig ruckenden Kopfbewegungen bestimmt werden musste. Rechts, links, aufwärts, abwärts. Mit gespreizten Armen dagegen schwebte ich gelassen über den rotbraunen Felsnadeln und Graten, den vielfarbigen Bändern in den Wänden. Dicht am Fels ist der Schutt verschneit und gefroren. Es geht sich besser auf dem verharschten Grund. Sofern das möglich ist – oft muss ich von Brocken zu Brocken springen. Hoho! Die Sonne zeigt sich nicht, die Mawenziouvertüre fällt heute aus. Schwer mit Eis beladene, glitzernde Wolken und Nebelbänke aus einem Schauerfilm umlagern mich. Hin und wieder, ich spüre es, sieht mir jemand zu. Nein, diesmal sind es keine Zwerge, sondern ein Weißnackenrabe. Wovon ernährt der sich? Von ungeschickten Bergsteigern, wie ich einer bin?

Das Gestein ist brüchig, kalt und feucht. Nach links, nach links, nicht dorthin, wo der Gipfel liegt! Ich klettere ruhig, suche tastend und prüfend nach Haltepunkten, bemühe mich, die Tritte mehr als die Griffe zu belasten, mache es so wie früher, als die Welt noch stampfte und schlingerte: eine Hand für mich, eine Hand für mein Schiff. Hin und wieder zerren die Angst und der Abgrund an den Därmen. Zum Glück gibt es bisweilen einen schmalen Sims, auf dem man stehen bleiben und die Stirn an den Fels legen kann. Ach was, Simse – also Vorsprünge in diesem stachligen Schutthaufen. Ringsum wabert tropfender, klebriger Nebel. Na toll. Ich bin eben ein Jonas: Früher, als die Schiffe noch aus Holz und die Männer darauf aus Eisen waren – zu meiner Zeit, so brüllte mich einmal ein Ausbilder auf dem Schulschiff an, verhielt sich das längst umgekehrt –, früher also, grübelte die Mannschaft so lange, bis sie jenen herausfand, der Stürme, Schlechtwetter und Flauten anzog. Den nannte man Jonas.

Mir ist es sogar auf Kuba gelungen, im Nebel umherzuirren. Das ist übrigens nun wirklich nicht ganz einfach. Als ich endlich die Straße fand, folgten mir Blinde, deren Stöcke auf dem Asphalt klickten. So klang es jedenfalls. Klick, klack, klick, klack. Später sah ich sie mir hinterdrein laufen: rote Krabben, rund und groß wie Kochtöpfe, mit langen Stielaugen und dicken Scheren.

Nach fast sechs Stunden bin ich oben: Latham Peak, dem Kletterführer zufolge 5067 Meter. Auf dem Gipfel steht ein Steinmann: sicherlich jener, den der Arzt Donald Latham und sein Begleiter R. von Dechend im Juli 1926 errichteten. Die beiden hatten es zunächst schwer, vertaten drei Stunden in einem gefährlichen, von Eis überzogenen Kamin und waren erst dann, von ihrem Bergführer Jonathan verlassen, der Schutthalde bis zu ihrer Spitze gefolgt. «Bassi!», hatte Jonathan gesagt, genug.

Genau wie Fritz Lörtschers Führer Syara Kisaka es einst dort drüben, auf dem South Peak, getan hat, als Lörtscher im letzten Moment von einer abstürzenden Felspartie herunterspringen konnte und nun ein drei Meter breiter Spalt zwischen den Bergsteigern lag. Lörtscher stieg allein weiter, gehetzt vom Totschläger Mawenzi, mehrfach in einem Hagel aus Steinen, über steile, verschneite Platten und durch ein System abschüssiger, zum Teil vereister Spalten und Kamine. Einmal brach eine drei Meter hohe Felsnadel, an der er sich festhielt, in der Mitte ab und stürzte krachend talwärts. Es war wahrhaftig ein Tanz auf einem Vulkan. Daran gemessen, bin ich hier in einem Klettergarten.

Latham Peak. So also sieht es aus, wenn man den Göttern nahe ist. Nebel, Nebel und Schöpfungstrümmer. Steinerne Aufschreie, zurückgelassen in der Werkstatt eines verwirrt geflohenen Bildhauers. In den heillos morschen Felsbrocken um mich her schwimmen feine weiße Nadeln: irgendein Mineral, das den Pol wies, als das Gestein kochend hervorbrach und dann mit ihm erstarrte. Der Rabe, mein letzter Begleiter, ist längst im Nebel verschwunden. Ich muss zusehen, wie ich hier wieder hinunterkomme. Davon spricht und schreibt niemand gern: von Verwitterung, von den Mühen des Abstiegs, von verwehter Polrichtung und von erloschenem Feuer.

Endlich, im Loch zwischen gewaltigen Wolken, ein Ausblick zum Kibo hinüber. Funkelnd und voller huschender Schatten liegt seine Eiskrone. Die Sattellandschaft und die schwarzroten Hügel darin werden von Wolken verdeckt.

Wenn ich nach Norden oder Süden blicke, tauchen bisweilen schmale Reihen von Felszähnen aus den Nebelsträhnen hervor. Die verblüffendste Erkenntnis hier oben: Der gesamte Gipfelgrat gleicht, bis hin zum Hans Meyer Peak, einer anschwellenden Scheibe, ist nur die Kulisse eines Berges und oft lediglich meterbreit. Unvorstellbar, dass es Menschen gelingen könnte, auf ihm entlangzuklettern, auf diesem Messerrücken zu reiten. Eugen Eisenmann, Robert Hildebrand, Fritz Lörtscher und andere haben es getan. Enttäuschend auch die Aussicht nach Osten, wo tobende Wolkenwirbel die Mawenzibarrancos verhüllen. Dass es dort fast zwei Kilometer hinuntergeht, kann man nur erahnen. Dabei ist der Wind so stark, dass er mich auf die Knie zwingt und es Mühe kostet, den Rucksack abzulegen und den Fotoapparat hervorzuholen.

Ich sitze im Brausen des Sturmes hoch über der Welt, esse Schokolade und fühle – ich weiß nicht recht was, vielleicht das, was mich nach dem Bad im Karanga erfüllte, also Zufriedenheit, schnöde Selbstzufriedenheit. Irgendwo dort unten betreibt die Menschheit jetzt ihre unsäglich wichtigen Geschäfte: listig, verschlagen, mit Leidenschaft, Hingabe oder kühler Überlegung, mit Schamlosigkeit, Dummheit oder getrieben von unseren edelsten Regungen. Und ich bin nicht dabei. Draußen!

Eines noch. Langsam und nach jedem Stein mit einem beschwörenden Wunsch greifend, schichte ich einen kleinen Steinmann auf. Für eine Freundin, die in einem Heim am Ammersee lebt und mit jedem Tag etwas von ihrer Vergangenheit verliert, vom Einzigen, das ihr geblieben ist. Einen Augenblick lang wird sie mir glauben und sich daran erinnern, dass wir zusammen auf dem Mawenzi waren, wenn ich ihr davon erzähle.

Und mit einem Mal begreife ich, was ich auf dem Kibogipfel nur gespürt hatte. Ich begreife, worin die Magie der Gipfel besteht. Die Zeit gerinnt. Wer auf einen Gipfel geklettert ist, der hat etwas getan, das so endgültig ist wie der Tod. Du kannst jetzt hampeln und schreien – es geht nicht mehr höher. Das Leben, da unten liegt es, ist vergangen wie ein Windstoß, und nun gibt es diese eine, diese köstliche, endlos lange Sekunde – es geht nicht mehr weiter. Da glauben wir dann, wir stünden unversehrt vor der Schwelle zur Ewigkeit. Bis auch diese Sekunde vergeht. So wie der Psalm klagt: «Denn es fähret schnell dahin, als flögen wir davon.»

Blick vom Mawenzigrat zum Kibo; rechts neben der vereinzelten Wolke der Stufengletscher, links davon die Südlichen Eisfelder.

Der Abstieg durch die leblose Felslandschaft ist schauderhaft. Selig
bin ich, als ich die Schutthalde erreiche, mich endlich umwenden kann
und als Erstes ein paar graugrüne Flechten sehe, groß wie Wagenräder.
Hier ist seit Adams Zeiten niemand gegangen. Später noch eine Überraschung: Obwohl ich damit gerechnet habe, freut es mich, als ich Nelson am Fuß der Halde warten sehe.

«Gratuliere», sagt er und schüttelt mir die Hand nach ostafrikani-
scher Art: Handschlag, Daumen umfassen, Handschlag. Die Swahili
glauben, dass es einen göttlichen Sendboten, einen Wanderer gibt, der
auf der Erde umherschweift und den man am fehlenden Daumen erkennt. Daher diese Art von Gruß, nicht gar so selten gebraucht, aber immer auch ein Zeichen der Anerkennung. Und dann sagt der lakonische
Bursche die herrlichste Untertreibung, die ich je gehört habe:

«Es gibt Tage, die sind besser als andere!»

Mich packt das große Zittern, die Beine werden schlaff, und ich muss
mich eine Weile setzen, bevor ich zum Zelt laufen kann.

KAPITEL 13

AUCH DER ADLER SCHLÄFT AUF EINEM BAUM

Zitternd und zähneklappernd brechen wir auf, als die Sonne über dem Mawenzi emporsteigt. Eigentlich wollte ich noch einen Tag bleiben, aber nun ist es genug. Ninakataa, bassi! Eine der Verletzungen, die ich mir beim Absturz über dem Karangalager geholt habe, heilt nicht und sollte geschont werden. Außerdem fehlen mir immer noch Fotos aus dem Waldgürtel: vom schmalblättrigen Podo, von der Bandwürmer tötenden Hagenia oder von der wurzelreichen Würgefeige, der Geisterwohnstatt. Wir frühstücken nicht einmal mehr im Schatten des Totschlägers, und meine Weggefährten sind froh darüber: Unten, in Horombo und Mandara, erwarten sie Hütten mit ständig unterhaltenen Feuern, Bekannte, Menschen, mit denen sie Neuigkeiten und Tratsch austauschen können. Und sie müssen übermorgen nicht acht Stunden nach Marangu hinunterlaufen. William ist darüber so freudig erregt, dass er beinahe sein Morgengebet vergessen hätte. Er kniet dann aber, während wir schon gehen, nach Osten gewandt nieder, legt die Stirn auf die Erde und ist bald wieder mit seinem Gott im Reinen.

«Hast du die Diamanten?», fragt Nelson.

«Selbstverständlich», sage ich, «aber es wäre sehr freundlich, wenn du auch ein paar Kilo davon tragen würdest.»

Wir haben uns am Abend zuvor darüber unterhalten: Vor einem halben Jahrhundert ist ein Passagierflugzeug der East African Airways in Mawenzis Südosten abgestürzt. Der Berg steckte, so wie gestern, in einer Tarnkappe aus Wolken, und das Flugzeug hat den Grat nicht gestreift, sondern ist frontal dagegen geprallt. An eine Bergung der Leichen war angesichts der Beschaffenheit der Felsen nicht einmal zu denken. Seither geht die Legende um – vielleicht ist es auch gar keine –, es sei eine Ladung Diamanten an Bord gewesen.

Ungern, ja verdrossen geht der Pilger bergab. Die Inbrunst ist verflogen, hinter ihm versinkt das Heiligtum in der Traumwelt. Was bleibt, ist die Hoffnung, dass ihn die Götter erhört haben. Oder wenigstens ein Gott: Ruva nannten ihn die Chagga, die dasselbe Wort für die Sonne verwendeten. Die Missionare, denke ich, hatten es deshalb im Kili-

Der «Schnee auf dem Kilimandscharo», diesmal in der Abenddämmerung gesehen von Horombo Hut, 3720 m.

mandscharogebiet leichter als anderenorts, ihren Zuhörern – die freilich verstrickt blieben in das Netz aus den Pflichten des Ahnenkultes – die Vorstellung vom einzigen Gott zu vermitteln. Und damit sind meine Gedanken an einer Spitzkehre, schlagen einen Haken zum Missionar Bruno Gutmann, zu Chaggasagen und Zwergenmärchen. Ich bin damit noch längst nicht fertig, zu vieles bleibt rätselhaft. So wird erzählt, Mawenzi habe sich von Kibo Feuer geholt, weil seines erloschen war, und das entspricht genau dem erdgeschichtlichen Ablauf. Ein Zufall? Die Zwerge auf dem Kibo, sagt man, hätten geschwollene Köpfe, sodass sie gezwungen seien, im Sitzen zu schlafen. Bisweilen lässt sie das Gewicht ihres Kopfes auf die Nase fallen, und sie müssen dann von herbeigeeilten Schicksalsgenossen aufgerichtet werden.

Eine der großen Gefahren beim Höhenbergsteigen ist das Höhenhirnödem, das die Folge einer akuten Höhenkrankheit sein kann. Es endet häufig tödlich, insbesondere dann, wenn es gemeinsam mit einem Höhenlungenödem auftritt. Unter einem Hirnödem versteht man eine Ansammlung seröser Flüssigkeit im Gehirn. Diese Flüssigkeit kann sich wegen des sie umgebenden Schädels nicht ausdehnen und bewirkt einen gefährlichen, unter Umständen den Tod bringenden Druckanstieg.

Schon jemand, der in der Höhe in ganz gewöhnlicher Weise von Kopfschmerzen geplagt wird, stellt sich wahrscheinlich ein Wesen, das in einer Höhe von mehr als 3000 Metern lebt, großköpfig vor. Aber es gibt noch eine weitere Übereinstimmung. Neben Symptomen wie schweren Kopfschmerzen, Erbrechen, Halluzinationen und anderen kennzeichnet ein Verlust der Koordination ziemlich unfehlbar den Übergang von der akuten Höhenkrankheit zum Höhenhirnödem. Die Betroffenen torkeln wie Betrunkene, manchmal fallen sie buchstäblich auf die Nase, sodass ihre Kameraden sie aufrichten und schleunigst in geringere Höhen bringen müssen. Da kann es schon zu spät sein, und deshalb sollte Bewegungsstörungen am Berg immer Beachtung geschenkt werden. Sie sind sozusagen das Hornsignal, mit dem ein gefallener Zwerg Hilfe herbeiruft: «Über dem Kibo wohnen Leute, die heißt man Wakonyingo. Männer und Frauen werden dort so groß wie anderwärts die Kinder. Ihr Kopf aber ist viel größer als bei anderen Menschen. Darum strecken sie sich nicht zum Schlafen aus wie wir, sondern setzen sich nur an die Hauswand, und so schlafen sie im Sitzen und angelehnt. Fällt aber einmal ein Mkonyingo hin, dann kann er sich nicht allein wieder aufrichten, weil sein Kopf zu schwer ist. Er muss warten, bis ihn seine Genossen aufrichten. Jeder Mkonyingo trägt deshalb ein Horn an der Seite, damit er um Hilfe blasen kann, wenn er hingefallen ist.»

Ist das nicht ein unheimlicher Zufall, ist es überhaupt einer, wenn heutiges Wissen in einer Legende parodiert wird?

«Seit ich nachts den Kopf hochlege», sage ich etwas unvermittelt zu Nelson, denn wir sprachen zuvor über seine Vorfahren, «habe ich in der Höhe niemals mehr Kopfschmerzen gehabt.»

«Keine Ahnung, wie es in deinem Kopf zugeht. Aber man muss zuhören, wenn die Ahnen etwas zu sagen haben. Es gibt da ein Band zwischen ihnen und den Bergen. Wenn wir unsere Toten begraben, richten wir ihre Köpfe seit Ewigkeiten auf den Kibo oder auf den Mawenzi.» Rechts vom Weg, kurz vor dem Upper Trail, der von Horombo zur Kibohütte führt, fallen uns seltsame Felsblöcke auf. Eine besondere Form der Verwitterung und der Flechtenbewuchs haben zu einem Anblick geführt, den Henry Johnston treffend mit dem von Schildkrötenpanzern verglich. Nicht weit davon hat während ihrer Versuche, den Mawenzigipfel zu erreichen, das Zelt Meyers und Purtschellers gestanden. Dreimal suchten die beiden im Oktober 1889 nach einer Route zum Hauptgipfel: mit genagelten Schuhen, Hanfseil und Pickel, ihre Passagen mit roten Papierfetzen markierend. Vergeblich. Auf dem Hauptgrat, 400 Meter von der höchsten Mawenzispitze entfernt, mussten sie aufgeben. Sie konnten mit dem Misserfolg umgehen: Purtscheller quälte sich zwar ein wenig, dass der Mawenzi «nicht zu machen» sei, aber Meyer meinte, man müsse auch etwas für künftige Touristen übrig lassen.

Entschädigt wurden die beiden dort oben zudem durch einen Ausblick, der sonst Göttern vorbehalten ist und den mir gestern die Wolken nahmen: Ostwärts stürzt die Mawenziwand in einem krausen Gewirr aus zerrissenem Gestein nahezu 2000 Meter tief in einen riesigen, von zwei Schluchten durchzogenen Kessel. Dahinter leuchtet auf den Hängen das helle Grün von Bananenpflanzungen, während in der Ferne die Seen Chala und Jipe glitzern und die blauen Umrisse der Pare- und der Usambaragebirge den Horizont säumen. 1912, fast ein Vierteljahrhundert nach Meyer und Purtscheller, fanden dann Eduard Oehler und Fritz Klute über die Oehler-Rinne eine nicht sonderlich schwierige Route zum 5149 Meter hohen Hauptgipfel, den sie Hans-Meyer-Spitze tauften.

Später folgt, rechts vom Upper Trail, Zebra Rock. Da hat sich durch Sinterung ein weißer mineralischer Überzug auf dem schwarzen Basalt abgesetzt und so eine Zebrazeichnung gebildet. «4000 Meter», sagt ein Schild daneben, und bald darauf heißt es wortkarg: «Last water». Wer hier weitergeht, wird auf seinem Weg zum Kibogipfel keine Wasserstelle mehr finden.

Der an mehreren Stellen befestigte und mit Abflussrinnen versehene Pfad zeigt, dass wir wieder im Bereich geregelter Bergwanderungen sind. Wir begegnen den ersten Vermummten, die einen Akklimatisationstag bei den Horombohütten verbringen und ihn nutzen, um Zebra Rock und den Senecienhain in einem nahen Talkessel zu besuchen. Vernünftige Leute.

2001 ist es einem Italiener gelungen, in fünf Stunden und 39 Minuten vom Marangutor zum Uhuru Peak zu rennen. Drei und vier Jahre später sollen ihn ein Österreicher und ein Amerikaner noch um ein paar Minuten unterboten haben. Und Simon Mtuy aus Moshi ist im Februar 2006 die viel steilere Umbweroute in neun Stunden und 19 Minuten hinauf- und hinuntergelaufen: eingeschlossen drei Minuten für Videoaufnahmen auf dem Gipfel und zwei Pausen zum ausgiebigen Erbrechen. Das sind beeindruckende körperliche Leistungen, aber es muss die Frage gestattet sein, was das soll. Alles, was schnell geht, befriedigt nicht.

Während wir abwärts gehen, treffen mich forschende Blicke der Vermummten. Wer um diese Tageszeit von oben kommt, der kann nur auf dem Weg zur Kibohütte aufgegeben haben.

Horombo ist die ausgedehnteste Hüttenanlage am Berg, benannt nach dem Chaggahäuptling Horombo oder Orombo, dem Eroberer, dessen Keule einst Maasaischädel wie Nüsse geknackt haben soll. Sein Vorhaben, mehrere Chaggastämme zu staatlicher Einigung zu führen, scheiterte unter den «brennenden Speeren» der Maasai. Die in den siebziger Jahren mit norwegischer Entwicklungshilfe erbauten Zeltdachhütten sollen sowohl von den Mandarahütten als auch vom Gipfel kommende Bergsteiger für eine Nacht beherbergen, aber der Platz reicht nicht mehr aus, obwohl von Umbwe, Machame und vom Shiraplateau aufsteigende Gruppen die Mwekaroute hinuntergehen. Man sieht deshalb in Horombo viele Zelte und oft Träger, die unter den von Sockeln getragenen Hütten nächtigen. Auch das gern beklagte Bild vom Dreimännerstein – der Afrikaner muss im Freien schlafen – gehört also nicht der Vergangenheit an.

Die kontrastreiche, durch Sinterung hervorgerufene Streifenzeichnung
von Zebra Rock, 3980 m.

«Frühstück in Horombo» – was für ein wunderbarer Titel für eine
Erzählung. Ich nehme es einsam in der Gesellschaft einer zaghaften
Streifenmaus in der Messehütte ein. Alle Bergwanderer sind jetzt auf
dem Weg bergab oder zur Kibohütte. Nelson und der Rest meiner
Begleiter sitzt redend, essend und seufzend beim Hüttenwart. Ihr
Verhalten hat mir zuvor gezeigt, dass sie über mich sprechen: Vorgesetzte sind ja immer ungeschickt, wunderlich, meist auch etwas
blöde und bieten somit reichlich Gesprächsstoff, da möchte ich
nicht stören. Und ich bin ein wenig gekränkt, weil ich mehrfach das
Wort «Mzungu» gehört habe. Wie können die mich Mzungu nennen,
einen Weißen? Nicht Papa, nicht Paul, einfach einen Weißen? Das ist
ernüchternd.

Als ich das letzte Mal hier saß und eine Maismehlsuppe löffelte, ging es gedrängt zu. Am Nebentisch diskutierte eine deutsche Gruppe darüber, welche Farbe der Urin während einer tagelangen Bergtour haben solle. Wasserhell, meinte Sven sehr bestimmt und wies darauf hin, dass er alle Bücher des berühmten Bergsteigers Soundso besitze und sich deshalb ein Urteil erlauben könne. Piet entgegnete, er erinnere sich gut an jene Zeit, in der er noch lustvoll in den Schnee gepinkelt habe. Die dabei entstandenen Muster seien stets kräftig gelb gefärbt gewesen und hätten somit zweifellos den Idealzustand markiert. Und was Soundso betreffe: Der gelte schon längst nicht mehr als wasserheller Experte, ganz im Gegenteil, er habe schon mehrfach gelesen, der Mann sei ein durchtriebener Blender.

Mein Vergnügen angesichts stürzender Denkmäler ist im Verlauf der Jahre geringer geworden. Ich rührte also aufgebracht in meiner kräftig gelben Maismehlsuppe und wollte gerade etwas zu Soundsos Ehrenrettung einwerfen, da zogen die Frauen nach und sprachen von der Schwierigkeit, ihren Urin unter den gegebenen Umständen zu beobachten. Eine führte vor, weshalb das so sei. Nun schob ich endlich die Suppe beiseite, sagte etwas, was den Leuten nicht gefiel, und wurde darauf schweigend mit jener Art von Blicken bedacht, die man hoffnungslos verklemmten Zeitgenossen zuwirft.

Warten, dass sich der Nebel auflöst. Ich mag ihn nicht. Wohl wegen schlechter Erinnerungen an stundenlange Revierfahrten, gebeugt am Radarschirm verbracht, auf ein flackerndes Gewimmel von eiligen Frachtern, Fischereibooten und Fähren starrend, im Hintergrund das brüllende Signalhorn, das ängstliche Gebimmel der Ankerlieger. Natürlich, man war unterwegs, gehetzt vom Verlangen nach vertrauten Vordergründen. Nebel verwischt uns die gewohnten Bilder, drängt uns in uns selbst zurück, zwingt zum Horchen – auch auf inneres Gewisper, höhnendes Gelächter. Das wird der Grund wohl sein. Sonst könnte ich doch ganz vergnügt hier sitzen und Maulaffen feilhalten. Und es dem wunderbaren Erzähler gleichtun, der da sagte:

Heidelandschaft über Mandara Hut, im Hintergrund glitzert das Eis des Kibo.

«Vergesst alles, was ich geschrieben habe. Seht, der Nebel geht über die Wiesen.»

Später gehen wir abwärts durch nässende Schwaden. Unterhalb von Horombo erstreckt sich die Heide- und Moorlandzone mit vielfarbigen Strohblumen, lederblättrigen Zuckerbüschen, den smaragdgrünen, tiefblau blühenden Riesen-Schopflobelien, umschwirrt von Nektarvögeln, und seltsamen Vogelscheuchen gleichenden Riesensenecien. Die überschaubare Landschaft mit ihren gedämpften Farben gilt offenbar auch waldscheuen Afrikanern als die schönste am Berg: bustani ya mungu, der Garten Gottes, wird sie genannt.

Als endlich Sonnenlicht die Hänge hinabfließt, gehen meine Begleiter gelöster als sonst, und einmal, niemals werde ich dieses Bild vergessen, stehen sie jubelnd in einem Schneesturm von Schmetterlingen.

Der rätselhafte Afrikareisende schlurft hinterdrein, die «Flora of East Africa» in der Hand, und freut sich darüber, wie blumig Natur und Forschungsgeschichte miteinander verbunden sind: Kniphofia thomsonii,

287

die rot und gelb leuchtende Fackellilie, im Englischen Red hot poker, also rot glühender Schürhaken genannt, erinnert an Joseph Thomson, die rosa Strohblume Helychrysum meyeri-johannis an Hans Meyer und den Schutztruppenoffizier Curt Johannes. Ich weiß, wenn der Name Johannes fällt, muss man sich auch an schreckliche Ereignisse erinnern, aber hier soll er einmal allein für den Mann stehen, der als Erster die Kuppe an der Johannes-Scharte – heute Gillman's Point – erreichte. Das weiße Helichrysum newii steht für den Schuhmacher und Missionar, dem der Berg zum Verhängnis wurde, die wunderschöne Schopflobelie Lobelia deckenii für den «Baruni», den adligen Feuerwerker und Blutsbruder Mandaras, die krause Riesensenecie Senecio johnstonii und ein froststarres Chamäleon auf dem Weg für den Immobilienfreund und Straußezüchter Henry Johnston. Den Namen des furchtlosen Missionars Johannes Rebmann dagegen bewahrt eine Aloe, die erst am Fuß des Berges zu finden ist, und der schlagfertige, bergsteigende Graf Teleki sowie sein reich begabter Marineleutnant Ludwig von Höhnel sind in einer Riesenlobelie am Mount Kenya und im dort lebenden Helmchamäleon verewigt.

Der Pfad ist gepflegt, befestigt, mit Entwässerungsrinnen und Brücken versehen und dennoch aufgeweicht. Es hat auch hier heftig geregnet, und es gibt genügend Stellen, an denen man sich mit etwas Geschick den Steiß brechen könnte. Aber dazu war während der vergangenen Tage nun wirklich ausreichend Gelegenheit. Ich achte also sehr auf meine Schritte und nutze die zahlreichen Rastplätze. Auf einem davon erregen wir die Heiterkeit einer Gruppe junger Japanerinnen. Sie betrachten uns immer wieder verstohlen, sehen einander an und versuchen prustend, das Lachen zu unterdrücken. Mir kommt der Gedanke, dass unsere Kleidung inzwischen eine Patina trägt, die vom Humus von Machame, vom Lehm des Karangatales sowie von der Asche mehrerer Lagerfeuer gebildet wird. Wir müssen wie unternehmungslustige Obdachlose aussehen. Das könnte es sein. Da helfen auch mein Hexenstock und Nelsons wirklich beeindruckendes Barett nicht.

Ein junger Mann, dünn und großäugig wie ein Hungernder, in jeder Hand einen blauen Plastikbeutel, bleibt lächelnd stehen: Elias. Wirbelnde Bilder: Elias mit meinem Rucksack auf dem Markt von Rongai, Suppe löffelnd und johlend in der School Hut, nass und erschöpft im Schnee am Lava Tower oder mit einer Last auf dem Kopf schwerelos über den Lagerbach tänzelnd. Er erzählt, dass er zwei schwergewichtige Damen aus Simbabwe begleitet, die seit Tagen in Horombo herumsitzen – stolz, dass sie bis dorthin gewatschelt sind, aber unsicher, ob sie weitere Wagnisse eingehen sollen. Ihr Appetit hat jedenfalls nicht gelitten: Elias muss täglich nach Marangu hinuntergehen und für jede von ihnen ein gegrilltes Hühnchen holen. Was er da treibt, wäre für manchen schon extremes Bergwandern. Der Veranstalter zahlt ihm sieben Dollar pro Tag. Aber solche Märsche sind wohl nicht sonderlich erschöpfend, wenn man sich erst einmal an die Höhe gewöhnt hat. Ich entsinne mich, dass Eduard Oehler wochenlang von seinem Mawenzilager zur Bismarckhütte, also zur heutigen Mandarahütte, hinabging, um die dort untergebrachten Instrumente abzulesen, und am selben Tag wieder hinaufstieg. Tomasi Mtui, erzählt mir Elias, trägt inzwischen keine Briefe aus, sondern ist wieder auf der Rongairoute unterwegs, Musa hat Arbeit in Moshi gefunden und pflanzt dort Mpingobäume, von Anderson und Joseph weiß er nichts.

«Lass uns jetzt auch zu den gegrillten Hühnchen gehen», sagt Nelson, als Elias hinter einer Wegbiegung verschwindet.

Es ist nicht mehr weit. Zur Rechten erhebt sich schon der Kifinikahügel, dreieinhalb Kilometer nordwestlich von den Mandarahütten entfernt. Das Gras wird buschig und höher, immer häufiger bilden Baumheidegehölze Gruppen. Noch wachsen sie gedrungen, nur zwei Meter hoch neben Hecken vom an Zypressen erinnernden Anthospermum und Hypericumbüschen mit gelb leuchtenden Blüten. Wenn man einmal dort drüben, am Kifinikahügel, graben sollte, dann werden wahrscheinlich nicht nur die Schädel von Ziegen und Stieren gefunden. In Zeiten großer Bedrängnis, wenn Kriege, Seuchen, Dürren das Land verheerten, erflehten die Chagga dort von Göttern, Geistern und Ahnen Besserung. Öffentlich taten sie das nur bis zum Beginn des vergangenen Jahrhunderts, später drohte den Beteiligten die Verstoßung aus der christlichen Gemeinde. Fumuu la mkuu, das soll Schädel des Vorfahren bedeuten, hieß eine der wichtigsten Zeremonien. Mkuu kennzeichnet ganz allgemein eine hoch stehende Person, die Gewalt über andere besitzt. Es war deshalb ein besonders gnadenloser Ausdruck deutscher Rachsucht, als man den nach Gerüchten über eine Verschwörung gehenkten Sohn Mandaras, Meli Kiusa bin Rindi Makindara, vom Galgen nahm, enthauptete und den Schädel nach Deutschland brachte. Die Mehrheit der Schutztruppenoffiziere bestand nicht aus dummen Totschlägern. Sie wussten, was sie den Chagga antaten, wenn sie ihnen mit Melis Schädel die Möglichkeit nahmen, geheiligte Riten vorzunehmen. Vergebens verlangte nun das alte Pantheon mit seltsamen Wolkenformen, bedrohlichem Morgen- und Abendrot oder damit, dass Tontöpfe plötzlich zu bluten begannen, nach Zuwendung. Doch ein Wanderer, der sich im Dunkel dem Kifinikahügel nähert, wird die feinen, dünnen Stimmen der Geisterchöre noch hören. Letztmals haben die Chagga 2003 von der deutschen Regierung gefordert, Melis Schädel herauszugeben, der sicherlich im Fundus irgendeines Museums liegt. Er soll damals nicht auffindbar gewesen sein.

Die ersten Baumgruppen: Hagenia abyssinica mit blattreichen, gerundeten Kronen, in denen graugrüne Bartflechten wie Wimpel flattern. Die von den Chagga mlanga genannten Bäume sind eine Grundfeste ihrer Hausapotheken. Getrocknete Blüten liefern eine unfehlbare Medizin gegen Würmer, insbesondere Bandwürmer, Aufgüsse aus der Rinde kurieren Magenschmerzen und Durchfall. Ein von Durchfällen geplagter Anhänger der Naturheilkunde, dem so etwas auf dem Markt empfohlen wird, sollte allerdings vorsichtig damit umgehen: Mlanga ist sehr stark und wird deshalb auch zu Abtreibungen benutzt.

Fast übergangslos steht der Wald vor uns. In düsterem Grün, dampfend, doch nicht lautlos: Meerkatzen huschen kreischend durch das

Blattwerk, hocken schnatternd auf den Ästen, knabbern Podocarpusfrüchte. Auf einer Lichtung mitten unter mächtigen, von Flechten behangenen Bäumen – der eindrucksvollsten Kulisse für einen Märchenfilm, die ich je sah – stehen die grünen Zeltdachhütten von Mandara Hut. Zwischen ihnen schmutziges Gras, Pfützen, zum Teil zwei Ellen tief ausgetretene Wege, Rauchschwaden über Wellblechdächern, frierende Männer, die Mahlzeiten zur Messehütte tragen, umhergehende Touristen mit tropfenden Safarihüten über roten Goretexjacken.

Bartflechten der Gattung Usnea wehen Wimpeln gleich im Wald an der Mandarahütte, 2700 m.

Der Hüttenwart will mich wegschicken: zum aufgeweichten Campingplatz an der ehemaligen Bismarckhütte, einem verschlossenen Ausweichquartier. Alle Hütten wären belegt, und ich sei nicht bei ihm angemeldet. Ich bestelle eine Runde Bier und beginne ein Gespräch über seine sorgenreiche, verantwortungsvolle Tätigkeit. Bald darauf wechseln der Schlüssel für die Hütte sieben sowie ein Trinkgeld ihre vormaligen Besitzer. Jackson bringt meinen Rucksack hinüber, und ich überlasse mich einem unglaublichen Luxus: vier leere Kojen, auf denen ich meinen Plunder verteilen kann, Kopfkissen, Schaumgummimatratzen, Kleiderhaken, nahebei die erste leidlich saubere Toilette seit dem Aufbruch, funktionstüchtige Wasserhähne und ein Speiseraum mit Tischen und Bänken. Auf einem Wandbrett liegt die Werbeschrift eines deutschen Reiseunternehmens: «Mandara Hut ist erreicht. Wir bestaunen die riesigen Bäume, die ihrerseits für eine Vielzahl biologischer Mikrokosmen Platz bieten und liegen nach der Erschöpfung faul in der Sonne, lassen uns, noch benommen vom erfolgreichen Aufstieg auf 2700 Meter und den Eindrücken im Regenwald, das Kibo-Bier munden. Mit genießerischem Übermut betrachten wir das bunte Treiben, in dem Auf- und Absteigende aus allen Ländern der Welt hier aufeinander treffen, bevor wir uns nach dem opulenten Abendessen in der Dining Hall einem herrlichen Sonnenuntergang hingeben.»

Hm. Zumindest den versprochenen Sonnenuntergang werden die Veranstalter ihren Kunden schuldig bleiben. Denn die Sonne geht irgendwo hinter dem Shirakamm unter. Da es mir im Gegensatz zum Autor der Werbeschrift an genießerischem Übermut mangelt, dränge ich nun zum Abendessen in der Messehütte, über deren Eingang tatsächlich ein Schild mit der Aufschrift «Dining Hall» hängt. Während wir noch essen, setzt sich der Hüttenwart zu uns und redet – sichtlich vom Kibo-Bier dazu angeregt – über ein Stigma Afrikas: Aids. Der allwissende Mzungu müsse doch eine heilkräftige Medizin kennen, denn von Gummis halte er nichts, das sei wie Duschen im Regenmantel, und er lasse auch, besonders wenn er etwas getrunken habe, ungern eine Mahlzeit anbrennen. Kaum weniger vom Bier beflügelt, empfehle ich ihm, sich bei solchen Gelegenheiten einen Knoten in den Pinsel zu machen, aber dann sehe ich, dass er sich wirklich mit dieser Frage quält. Wenn du ein Mann sein und keine aidskranken Waisen in die Welt setzen willst, mein Freund, dann bleibt dir nur der Gummi: Chaguo la kisasa, die zeitgemäße Wahl, wie es der Werbeslogan von Tansanias führendem Kondomhersteller Salama Condoms sagt. Es gibt kein Wundermittel. Für diese grausame Seuche ist nicht der Papst verantwortlich und nicht allein eure Armut. Vielmehr das von Armut hervorgerufene Unwissen und armselige Umstände, die junge Leute zwingen, etwas hastig im Maisfeld oder auf der Toilette eines Tanzlokals zu tun, was sie dann bereuen müssen. Und gewiss ist es in den meisten Fällen Armut, die Frauen zur Prostitution zwingt und dabei Geschlechtskrankheiten verbreiten lässt. Aber es gibt eine tiefere Ursache: Da mit der Einsicht von Männern, die nicht «im Regenmantel duschen» wollen, kaum zu

Ein Essenträger müht sich durch die Laufgräben an der Mandarahütte.

rechnen ist, können nur Frauen den Kondomgebrauch durchsetzen. Die jedoch werden wenig geachtet, werden herabgewürdigt, geduckt: Kaum ein Mann findet es hier verwerflich, Geschlechtsverkehr von Abhängigen zu erpressen, weibliche Partner lässt man hart arbeiten, benutzt sie und verlässt sie nach Belieben. Hinzu kommt oft noch der Aberglaube, Krankheit werde von missgünstigen Nächsten bewirkt, die Hexen und Hexer dafür bezahlen würden. Viren und ihr Weg in unsere Körper – das sind Mzungugeschichten. Kostenlose Aids-Tests werden von vielen Hilfsorganisationen angeboten, aber nur in sehr geringem Maße wahrgenommen, weil man befürchtet, sich dabei zu infizieren. Wer sollte denn auch eine allgemeine Verpflichtung zum Test erzwingen? Polizisten und Soldaten, von denen so mancher mit Recht befürchtet, dann «sein Gesicht zu verlieren», weil er selbst infiziert ist? Polizisten und Soldaten, von denen nicht wenige zur Verbreitung beitragen?

Ich bin doch genauso ratlos wie das schlichteste Gemüt unter uns. Kein Mensch kann sich das vorstellen: Millionen Waisen, Menschlein, die nicht von einer Mutter gestreichelt, nicht von einem Vater an der

293

Hand genommen werden. Der Kontinent verliert eine ganze Generation. Ich kann ja nicht einmal die Bilder davon aushalten.

Obwohl ich mich erregt verabschiede und ein abendlicher Regen auf dem Dach der Hütte sieben trommelt, liege ich nicht mehr lange wach. Schon im Halbschlaf, sehe ich dem Hüttenwart zu, der im Regenmantel mit einem Schmetterlingsnetz hinter einem Wasserflugzeug herläuft, das wie ein Insekt brummt, und es zu fangen versucht.

Als Jackson den Morgentee bringt, sehe ich meine listigen Begleiter bereits mit geschnürten Bündeln draußen warten. Das würde ich, zwei Wegstunden von Marangu entfernt, an ihrer Stelle wahrscheinlich auch versuchen. Aber so geht das nicht. Ich rufe Nelson zu, dass ich diesen Tag wie alle anderen bezahle und wir meinetwegen so lange auf besseres Wetter warten, bis sie schwarz werden. Hm. Das war wohl ein Missgriff, doch genau in diesem Augenblick reißen die Wolken auf.

Schon eine Stunde später stehe ich im Zwielicht auf dem Rand des Maundikraters, umgeben von Dunst und herbstlichen Farben: vom Rostrot der Erde, vom blassen Blaugrau der Baumheide, der Zuckerbüsche und Farne. Selbst das Gras glimmt nur in mattem Grün. Kein Laut, kein Windhauch, nur ein Baum ächzt leise unter der Last der Bartflechten, die Äste scheinen behaart wie Affenarme. Und wie Grünspan überziehen solche Flechten weithin die Baumheide. Voraus liegen der Podocarpushügel und der Kofferberg, dahinter der schartige Mawenzi und links davon, kaum einen Höhenzug überragend, ein Tupfen Grau und viel strahlendes Weiß: der Kibo. Man könnte meinen, die Bestandteile dieser Landschaft würden verschiedenen Welten angehören, aber das ist nicht so. So weisen die Parasitärkrater zur Rechten und natürlich der Maundikrater selbst auf unterirdische Verbindungen hin. Doch dort unten, in den harten Eingeweiden der Erde, floss nicht allein Feuer, sondern auch Wasser: der strahlend blaue Chalasee im Südosten, ebenfalls ein Krater und angeblich unermesslich tief, besitzt keinen oberirdischen Zufluss, wird gänzlich von Kilimandscharowasser genährt.

Ein sehr schönes, absonderliches, von Legenden umwehtes Gewässer ist das übrigens. Der glücklose bergsteigende Missionar Charles New hat es für Europa entdeckt, und bereits 1891 ist dort die ebenso mutige wie schrullige Amerikanerin May French Sheldon forschend umhergezogen: in einer Sänfte, die sie selbst nach indischen Vorbildern entworfen hatte, angetan mit einer blonden Langhaarperücke. Von Dornsavanne umgeben, fallen die von Euphorbien bestandenen Kraterwände steil in den See ab, der wohl durchschnittlich 200 Meter tief ist. Früher fuhr ich mit Freunden manchmal von Mombasa aus zum Baden und Tauchen dorthin, und einmal – nachdem Fischer mir versicherten, es gäbe darin keine Krokodile – habe ich den fast drei Kilometer breiten See schwimmend überquert. Wir speerten damals Barsche, die abends auf den Grill kamen, wenn über uns der Kibo wie eine Eiswolke aufleuchtete. Das waren gute Tage. Viele Jahre danach hörte ich vom Tod einer britischen Studentin, die beim Schwimmen von einem Tier gepackt und unter Wasser gezogen wurde. Der später aufgefundenen Leiche fehlte ein Arm. Das geschah 2002. Vermutlich hat ein Krokodil die junge Frau getötet. Der See, zuvor in nahezu jedem Reiseführer als «a pleasant spot for a swim» gerühmt, wird seither nur noch selten von Touristen besucht. Einem Hotel am Ufer bescherte das Unglück den Bankrott, ein zweites wurde nicht zu Ende gebaut.

Als ich mich vom Maundikrater und von der Hütte sieben verabschiedet habe und Nelson sieht, dass ich ein Buch mit fleckigem grünem Leineneinband aus dem Tagesrucksack hervorhole, spitzt er den Mund. Richtig, mein Freund, das ist die gefürchtete «Flora of East Africa». Es wird wohl noch eine Weile dauern, bis wir in Marangu sind.

«Bitte hilf mir. Ich habe dort, wo interessante Bäume beschrieben werden, Papierstreifen eingelegt. Hilf mir bei der Suche. Je früher ich die gefunden und fotografiert habe, desto früher sind wir auch in Marangu.»

Er spitzt wiederum den Mund, als ob er in eine saure Frucht beißen würde. Aber es hilft ja alles nichts. Hinkt der Häuptling, sagt man hierzulande, dann hinken auch die Ratgeber.

Wir gehen also den breiten Forstweg durch den Wald hinab, und wenn mir merkwürdige Bäume auffallen, dann nennen meine Gefährten mir den Chagganamen und erzählen, was sie über den Baum wissen. Eine Bekannte aus dem Waldgürtel über Rongai, diesmal mit Wacholder gleichenden Beeren daran, finde ich selbst heraus: die Bleistiftzeder, mtarakwa. Ihre jungen Triebe werden, sagt man mir, zermahlen, das Pulver wird in Wasser aufgelöst und befreit dann von Darmparasiten aller Art. In derselben Höhe, wir sind immer noch mehr als 2500 Meter hoch, gedeiht die gestrüppartige Afrikanische Olive, mlamuru. Bäder in einem Absud aus ihrer Rinde heilen alles, was juckt. Daneben die Würgefeige, mkuu, die ihr Dasein nicht selten als Parasit in den Astgabeln anderer Bäume beginnt und sie dann förmlich aussaugt, erdrosselt und umwächst. Steht sie vereinzelt, wird sie 25 Meter hoch. Wurzeln und Rinde liefern einen Aufguss, der den Milchfluss während der Stillzeit anregt. Würgefeigen sehen bisweilen sehr seltsam aus – so etwa dann, wenn ihre Luftwurzeln zu Bestandteilen des Stammes geworden sind – und gelten als Heimstätte von Ahnengeistern.

Das ist ja alles nicht sonderlich exotisch, auch nicht allein afrikanisch oder der Widerhall fortwährender Suche nach einem metaphysischen Sinn. Wer kennt das in Europa nicht: Bäume, die in mondhellen Nächten tanzen, an deren Äste man Fetzen vom Rocksaum knüpft, damit ein Wunsch erfüllt wird, den Lindenbaum am Brunnen vor dem Tore, in dessen Rinde wir vor langer Zeit ein Herz schnitten und dabei dachten, die Liebe würde nun ewig währen? Die Thingeiche, Gerichtseiche, Donnereiche? Unsere Hinwendung zu absonderlichen Bäumen ist geringer geworden, seit die Wälder verschwanden, die zu Cäsars Zeit noch undurchdringlich waren, aber ein wenig davon ist doch geblieben. Und natürlich hört man die Stimmen der Vorfahren, wenn man das Ohr an die Rinde legt. So wie es der afrikanische Trommelbauer macht und erst recht der Bootsbauer, der aus dem Stamm ein Boot anfertigen will und es nicht tun wird, wenn die Stimmen ihn warnen. Oder wollen wir es nicht mehr hören, ist uns der Vordergrund genug? Schläft für uns kein

Am Rande des Bergregenwaldes gedeiht die Steineibe (Podocarpus spec.). Von den Maasai hat sie den wunderlich lautmalenden Namen Ol-pirripirri erhalten, die Chagga nennen sie mvavi. Ein Aufguss aus der Rinde vertreibt Magenschmerzen.

«Lied in allen Dingen»? Ich habe dir die Sterne gezeigt, sagt ein afrikanisches Sprichwort, aber du hast nur meinen Finger gesehen.

«Manguwe!», ruft der kleine Peter, und es ist lange her, dass ich ihn so fröhlich sah. Er deutet auf einen unscheinbaren, frei stehenden Baum, dessen Blätter sich wie Trauben an den Zweigenden zusammendrängen. Es ist ein Bersamabaum. Meine Begleiter pflücken Blätter, kauen sie und vollführen dabei lachend Bewegungen, die in aller Welt verstanden würden. Bersama beflügelt angeblich die Lenden. Ein Sud aus den Wurzeln dagegen wird Epileptikern verabreicht.

Die pantomimische Darstellung sexueller Freuden, die da von vier verdreckten Gestalten unter dem Bersamabaum dargeboten wird, erregt weithin Interesse. Wir sind ja nicht allein, im Gegenteil, es begegnen uns nach und nach wohl fünf Dutzend Leute, von denen mir die meisten immerfort dieselbe Frage stellen:

«Did you make it?»

Beim ersten Mal habe ich noch umständliche Erklärungen gegeben und mich damit reichlich verdächtig gemacht. Denn wer hier behauptet, er habe gar nicht auf den Kibogipfel gewollt, kann nur ein Lügner sein. Verdrossen überlasse ich das Antworten späterhin Nelson, der den Fragestellern nur noch ein Wort zuknurrt:

«Mawenzi!»

An dem im Unterholz verborgenen Bach, der unseren Weg begleitet, wächst das riesenhafte Rote Stinkholz, mkonde-mkonde, dessen Rinde einen Wirkstoff gegen Prostatabeschwerden enthält. Es liebt Nässe ebenso wie die dichtblättrige Wasserbeere, masdi, ebenfalls ein mächtiger Baum, der ein Abführmittel liefert. Das schmale Blattgefieder des Taubenholzbaumes, mwezi, schließlich zerstößt man und mischt es mit Wasser. Das schmeckt nicht nur gut, sondern wird Kindern bei Bronchitis oder Lungenentzündung gegeben.

Ich kritzele das alles, Namen und Verwendung, in mein Notizbuch und bin glücklich dabei. Weil es hier nicht um Ansehen, Geld oder geldwerte Vorteile geht. Meine Begleiter beschenken mich, sie teilen etwas mit mir.

Nebenher gleicht unser Marsch durch Botanik und Naturheilkunde auch noch einer Zeitachse, denn er hat auf dem ockerfarbenen Mutterboden an der Mandarahütte begonnen und führt auf Asphalt. An seinem Ende, um 1800 Meter hoch, stehen nun Eukalyptusbäume – während der Kolonialzeit eingewanderte Sendboten Australiens, die man am Parktor gepflanzt hat.

Es ist vollbracht.

Meine Truppe löst sich unvermittelt auf. Von Nelson weiß ich, dass er zur Parkverwaltung geht, um von den Wilddieben an der Mawenzi Hut zu berichten. Aber Jackson und Peter sind wortlos verschwunden, nachdem alle miteinander tuschelten. Und ich habe ein Problem: den Hexenstock, mit dem ich nicht mehr umherlaufen will. Am liebsten würde ich ihn jemandem schenken, weil er mir Glück gebracht hat. Mein Blut hat den Griff gefärbt, dort oben am Karanga.

Gegenüber ruft ein Mann seiner Frau zu, sie solle endlich filmen. Er schwenkt ein Paar Bergstiefel vor der Videokamera und gibt sie dann Juma, einem jungen Träger. Juma trägt zerrissene Volleyballschuhe und lächelt gequält. Die Szene muss schon zum dritten Mal wiederholt werden, weil die Frau nicht mit der Zoomeinstellung umgehen kann. Ihr Mann wird ärgerlich. Er will die Geschenkübergabe rasch festhalten und sich dann in den Bus retten, bevor die übrigen Träger herüberkommen. Weil er die Hoffnung in ihren Blicken, die er für Verlangen hält, nicht ausstehen kann. Daneben stehen deutsche Bergwanderer in hellen Jogginganzügen. Sie haben in der Duka Regenschirme mit grünschwarz-blauen Feldern gekauft: den Farben der tansanischen Flagge. Einige lachen verstohlen. Nicht über ihre blödsinnigen Schirme, sondern über William und mich, weil wir so schmutzig sind.

Ich sehe niemanden, dem ich den Stock schenken möchte, stelle ihn im Booking Office in eine Ecke und gehe hinüber zu der kupfernen Gedenktafel, die neben jener für Hans Meyer und Ludwig Purtscheller angebracht wurde. Der von vorgeblich um Gerechtigkeit bemühten Autoren behauptete Anspruch wird darauf gar nicht erhoben. Es heißt lediglich, dies seien die Männer, «who assisted the first climbers to reach the summit»:

Yohana Lauwo	Guide
Jonathan Mtui	Assistent Guide
Elias Minja	Porter
Tomasi Mosha	Porter
Makelio Lyimo	Porter
Mamba Kowera	Porter

Und wo ist Muini Amani aus Pangani, der von all diesen Leuten damals dem Kibogipfel am nächsten war?

Nelson ruft uns und weist auf die Terrasse hinter der Duka. Es gibt da Tische und Bänke. Ein paar Touristen sitzen herum und geben sich Goldgräberstimmungen hin: lärmend die Gewinner, niedergeschlagen die mehr oder minder Erfolglosen, die auf ihre Busse warten. Auf unserem Tisch steht eine große Kalebasse, und jetzt gibt Nelson das Geheimnis preis: Darin ist mbege, Chaggabier, gebraut aus Hirse und Bananen. Das Bier schmeckt so, wie es aussieht, aber ich bin gerührt und forme Bündelchen aus Dollarnoten, schiebe Geschenke über den Tisch. Dabei trinken wir: auf die, durch die wir sind, auf uns, auf die, in denen wir weiterleben werden!

William, der rechtgläubige Muslim, erhebt seine Colaflasche. Peter, unversehens mutig geworden, verlangt:

«Jetzt musst du singen. Du hast es uns versprochen, Papa!»

Also gut, das Lied vom Mühlenrad im kühlen Grunde. Eichendorff und Bananenbier – das ist doch einmal etwas.

«Mann, Paul», sagt Nelson und rülpst grausig, «wir gehen das nächste Mal zum Shira. Da sind wir ganz allein, und dort gibt es das beste Wasser, die größten Senecien, Elefanten und Elenantilopen. Und die Aussicht von Shira Cathedral ist ganz und gar irre!»

Ich weiß, Nelson, das schönste Meer ist, wie es ein Dichter gesagt hat, noch nicht befahren.

Er rülpst wieder, nach jedem Schluck, und das englische Paar am Nebentisch, dem schon mein Gesang missfallen hat, sieht angewidert herüber.

«Verzeihung», sage ich, «der Herr ist Japaner, bei denen ist das üblich.»

Sie sehen mich böse an und stehen auf.

Wir reden wieder über die Bäume und darüber, ob in fünfzig Jahren noch jemand ihre Heilkräfte kennen wird. Sie herauszufinden, mag Jahrtausende gedauert haben, aber dieses Wissen verschwindet vielleicht schon mit Peters Generation.

«Die Zwerge werden es bewahren», meint Nelson lächelnd und verblüfft und erfreut mich damit. Im Dunkel unserer Seelen tappt ja immer das Verlangen umher, der andere möge uns nachahmen.

«Irgendwann», fährt er fort, «sucht jemand nach den Zwergen. Dann erzählen sie ihm das alles, damit er es aufschreibt. Man kann sie finden.

Früher haben sie auf dem Gipfel gelebt und sind geflohen, seit wir hinaufsteigen. Mein Gott, sie wären sonst auch gezwungen worden, zur Schule zu gehen und eure abgelegte Kleidung zu tragen. Ich weiß nicht, wo sie jetzt leben. In den Märchen hieß es zum Schluss immer: Dann tat sich die Erde auf, und die Zwerge verschwanden darin.»

Nun, das tun wir alle einmal. Die Kalebasse ist leer. Ich bestelle also eine Runde Flaschenbier und noch eine Cola für William.

Zwei Tage später. In der Fokker nach Entebbe ist es eng. Bedrückend, nach drei Wochen Wanderschaft im vertikalen Panorama nun in einem Schneckenhaus aus Aluminium zu hocken. Während draußen schon die Propeller surren, bringe ich dem Steward die Tasche mit dem Kamerastativ. Sie passt nicht in das Gepäckfach. Mein Sitznachbar, ein sehr kleiner Mann mit auffallend großem Kopf, musste zum zweiten Mal aufstehen. Als ich zurückkomme, sagt er ärgerlich:

«Wo wollen Sie denn nur hin?»

«Ich bin mir nicht mehr sicher», antworte ich, «aber zunächst einmal auf meinen Platz.»

Was weiß man denn schon? Mit der Weisheit verhält es sich schließlich wie mit dem Affenbrotbaum: Keiner kann ihn umfassen.

Routen am Kibo (vereinfachte Übersicht)

Anmerkungen

Die von Joseph Matoli erzählte Legende von einer Begegnung mit Zwergen auf dem Kibogipfel habe ich nicht korrekt dokumentiert, sondern in Notizen festgehalten. Als ich den Wortlaut der Sage mit jenem in Bruno Gutmanns «Volksbuch der Wadschagga» (Leipzig 1914) verglich, fühlte ich mich berechtigt, meine Nacherzählung daraus zu ergänzen, obwohl zumindest der Butterreim der Zwergenfrauen Gutmanns geistiges Eigentum ist. Überdies sind Benennungen von Geistern und Fabelwesen, die ich sicherlich fehlerhaft aufgezeichnet habe, denen in Bruno Gutmanns «Dichten und Denken der Dschagganeger. Beiträge zur ostafrikanischen Volkskunde» (Leipzig 1909) angeglichen worden.

In dem beschriebenen Gebiet weichen Schreibweisen geografischer Namen nicht selten voneinander ab. Austauschbar sind insbesondere die Konsonanten r und l, sodass der Ort Naremoru sowie die von ihm ausgehende Route ebenso als Nalemoru oder Naremolu erscheinen und für Mererani auch Merelani gebräuchlich ist. Erwähnenswert wäre zudem, dass der Kifinikahügel jetzt häufig Kifunika genannt wird; es handelt sich in solchen Fällen also nicht um Satzfehler. Ich habe hier ausschließlich die in der Ordnance Survey Map of Kilimanjaro, Southampton 1989, verwendeten Schreibweisen benutzt.

P. Werner Lange